Bibliografische Information Der Deutschen Bibliothek
Die Deutsche Bibliothek verzeichnet diese Publikation in der
Deutschen Nationalbibliografie; detaillierte bibliografische Daten
sind im Internet über http://dnb.ddb.de abrufbar.

Die Informationen in diesem Produkt werden ohne Rücksicht auf einen eventuellen Patentschutz veröffentlicht. Warennamen werden ohne Gewährleistung der freien Verwendbarkeit benutzt. Bei der Zusammenstellung von Texten und Abbildungen wurde mit größter Sorgfalt vorgegangen. Trotzdem können Fehler nicht vollständig ausgeschlossen werden. Verlag, Herausgeber und Autoren können für fehlerhafte Angaben und deren Folgen weder eine juristische Verantwortung noch irgendeine Haftung übernehmen. Für Verbesserungsvorschläge und Hinweise auf Fehler sind Verlag und Herausgeber dankbar.

Fast alle Hardware- und Softwarebezeichnungen und weitere Stichworte und sonstige Angaben, die in diesem Buch verwendet werden, sind als eingetragene Marken geschützt. Da es nicht möglich ist, in allen Fällen zeitnah zu ermitteln, ob ein Markenschutz besteht, wird das ® Symbol in diesem Buch nicht verwendet.

Umwelthinweis:
Dieses Buch wurde auf chlorfrei gebleichtem Papier gedruckt.

Herausgeber:
Arndt von Koenigsmarck

Femme digitale

3D-Charaktere modellieren
und in Szene setzen

 ADDISON-WESLEY

Namhafte 3D-Künstler
stellen ihre Arbeiten vor:

Von Kopf bis Fuß:
Durchgängige Arbeitsbeispiele für die Modellierung virtueller Charaktere

  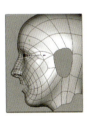    

Vorwort

Reale oder fiktive Figuren abzubilden, hat von jeher die Kunst beschäftigt. Die moderne Computergrafik führt dies fort und ermöglicht immer realistischere 3D-Darstellungen. Den Figuren lässt sich sogar in Animationen Leben einhauchen, was schon so mancher virtuellen Person zu glühenden Verehrern und einer realen Fangemeinde verholfen hat. Charaktere wie Lara Croft aus dem Computerspiel Tomb Raider oder die Wissenschaftlerin Aki Ross aus dem Kinofilm Final Fantasy sind häufig selbst Menschen ein Begriff, die sich ansonsten nicht mit dem Thema 3D-Grafik beschäftigen. Dabei fällt auf, dass der Großteil dieser Figuren weiblichen Geschlechts ist. Das mag hauptsächlich daran liegen, dass der typische Computerspielfan noch immer männlich ist.

Ich beschäftige mich bereits seit vielen Jahren beruflich mit dem Thema 3D-Grafik und bin vielleicht dem einen oder anderen Leser unter Ihnen bereits als Autor zahlreicher Artikel und Bücher u.a. zur 3D-Software Cinema 4D bekannt. Trotz der in meinem Unternehmen Vreel 3D Entertainment (*www.vreel-3d.de*) hauptsächlich angefragten Visualisierung von Bauvorhaben, Produkten oder Arbeitsprozessen, hat für mich die Arbeit an 3D-Charakteren nie ihren Reiz verloren. Ich möchte mich daher recht herzlich bei meinem Verlag Addison-Wesley und speziell bei Cornelia Karl für die Gelegenheit bedanken, zu diesem spannenden Thema ein eigenes Buch für Sie zusammenstellen zu dürfen.

Aufbau des Buchs

Um Ihnen ein möglichst umfangreiches Spektrum an Tipps und Inspirationen zu 3D-Figuren präsentieren zu können, habe ich dieses Buch in zwei große Blöcke aufgeteilt. In der ersten Hälfte des Buchs präsentiere ich Ihnen die weltweit besten 3D-Künstler in Sachen 3D-Charaktere. Kennern der Branche sind Namen wie Steven Stahlberg, Liam Kemp oder Marco Patrito längst ein Begriff. Aber auch die normalerweise im Verborgenen arbeitenden Künstler wie Sze Jones von der kalifornischen Effektschmiede Blur Studio kommen hier ausführlich zu Wort. Sie lernen so die verschiedenen Konstruktionsarten von 3D-Figuren kennen und können sich davon für Ihre eigenen Arbeiten inspirieren lassen. Dabei gebe ich jedem Künstler zudem den Raum, auch etwas über sich selbst zu erzählen. Sie erhalten somit nicht nur wertvolle Tipps zur Arbeitsweise der Profis, sondern erfahren auch etwas über deren Ausbildung, über die bevorzugte Software und deren berufliches und privates Umfeld. Ich bin diesbezüglich den präsentierten Künstlern sehr dankbar für ihre Offenheit und auch etwas stolz darauf, dass ich Ihnen in diesem Buch teilweise exklusives Material präsentieren kann.

Der zweite Teil des Buchs fordert Sie auf, selbst 3D-Figuren zum Leben zu erwecken. Ich präsentiere Ihnen dort zwei umfangreiche Workshops, die den kompletten Arbeitszyklus der Modellierung von 3D-Figuren beschreiben. Dabei sind alle notwendigen Arbeitsschritte von der ersten Skizze bzw. von der Aufbereitung von Bildvorlagen, über die Modellierung und Texturierung der Figuren, bis hin zur Ausleuchtung und der Bildberechnung lückenlos dokumentiert. Nachdem Sie diese Workshops durchgearbeitet haben, sind Sie in der Lage, selbst beliebige 3D-Figuren zu entwickeln und in Szene zu setzen. Da wir auf keinerlei vorgefertigte Objekte zurückgreifen, sind Ihrer Fantasie bei der Erzeugung eigener virtueller Persönlichkeiten keine Grenzen gesetzt.

Welche Software ist dazu notwendig?

Hierbei spielt es keine Rolle, mit welcher 3D-Software Sie arbeiten, solange Sie die Möglichkeit haben, Objekte aus Polygonen zu konstruieren und z.B. über Subdivision Surfaces zu glätten. Diese Funktionalität ist in allen gängigen Programmen, wie z.B. 3ds Max, Maya, Softimage XSI, Lightwave 3D oder Cinema 4D, gegeben.

Arbeitsdateien downloaden

Damit Sie allen Workshops folgen können, stelle ich Ihnen mein Ausgangsmaterial mittels Download zur Verfügung. Sie können die benötigten Bilder und Referenzen hier laden:

http://www.vreel-3d.de/3DCharacter/Referenzen.zip.

In diesem Zusammenhang möchte ich mich auch recht herzlich bei Dania Dobslaf, die sich als Modell zur Verfügung stellte, sowie bei Richard Polak und Peter Levius von der Internetseite *www.3d.sk* bedanken, die mir zusätzliches Referenzmaterial zur Verfügung stellten.

Nun bleibt mir nur noch, Ihnen viel Spaß beim Schmökern und viel Erfolg beim Durcharbeiten der Workshops zu wünschen.

Ihr
Arndt von Koenigsmarck

Steven Stahlberg

In Australien geboren, in Schweden aufgewachsen, in Hong Kong und Malaysia zuhause, ist Steven Stahlberg wohl einer der bekanntesten Künstler auf dem Gebiet der Modellierung übernatürlich schöner 3D-Frauen. Dabei ist er jedoch keinesfalls nur auf dieses Thema fixiert.

Seine Arbeiten erscheinen regelmäßig weltweit in Magazinen und Büchern.

» Computer faszinierten mich bereits von frühen Kindheitstagen an. Es verging dann aber doch noch einige Zeit, bis ich mir in den frühen 90ern meinen ersten PC samt AutoCad zulegte.
Kaum hatte ich mein erstes Modell, einen Stuka-Bomber, damit modelliert, stolperte ich in einem Geschäft für Bürobedarf in Hong Kong über einen Silicon Graphics-Rechner.

Fasziniert von der für damalige Zeiten rasanten Arbeitsgeschwindigkeit und Darstellungsqualität, griff ich sofort zu.

Auf dem Rechner waren bereits diverse Programme installiert, wie z.B. Alias Quickmodel und Wavefronts Personal Visualizer, die ich über die Jahre zu Alias Animator und schließlich Power Animator aufrüstete.

Dies waren schöne Zeiten, in denen man eine Art von Magie zu spüren glaubte. Die Arbeit hatte etwas von einem Abenteuer, da sich zu dieser Zeit noch kaum jemand mit der 3D-Visualisierung beschäftigte und man sich alles selbst erarbeiten musste. Teilweise fotografierte ich sogar die Modelle vom Bildschirm ab, um sie einfacher reproduzieren, weitergeben und drucken zu können.

Ich arbeitete von meinem winzigen Büro in Hong Kong im eigenen Wohnzimmer aus und erledigte von dort aus Aufträge am laufenden Band. Keine leichte Aufgabe, wenn um einen herum diverse Kleinkinder spielen, da meine Frau damals einen provisorischen Kindergarten betrieb.

Zu dieser Zeit ergab sich dann eine engere Bindung zu der Firma Optimage in Kuala Lumpur, mit der ich hauptsächlich Werbung realisierte. Später stieg ich dort als fester Partner ein.

Die Geschäfte liefen sehr gut, doch nach acht Jahren begann ich mich ausgebrannt zu fühlen. Zudem fielen die Preise für 3D-Illustrationen stetig, so dass die Finanzen knapp wurden. Es wurde also Zeit, sich nach etwas anderem umzusehen.

Der Zufall wollte es, dass mir aus Texas ein Job angeboten wurde. Man hatte meine Arbeiten über das Internet gesehen und sich daraufhin bei mir gemeldet. Man muss das Internet einfach lieben.Mir kam dieser Job natürlich gerade recht, obwohl es dann fast noch ein ganzes Jahr dauerte, bis ich endlich die nötigen Papiere für die Arbeitserlaubnis bekam.

Bereits seit 1996 arbeite ich an einem realistischen weiblichen 3D-Charakter. Dies führte dazu, dass ich die weltweit erste kommerzielle 3D-Figur für die Modelagentur Elite erstelle durfte. Zur damaligen Zeit eine kleine Sensation, über die in diversen Fernsehsendungen und Artikeln berichtet wurde.

Im Zuge des Platzens der Internetblase Ende der 90er Jahre wurde das Projekt leider nicht mehr weiterverfolgt und 2002 zog ich deshalb zurück nach Malaysia und arbeitete wieder bei der Agentur Optimage, die nun Optidigit hieß. 2005 schloss Optidigit die Pforten und ich bin nun wieder mein eigener Herr. »

Arbeitsproben, Workshops und weitere Informationen zu Steven Stahlberg finden Sie auf seiner Internetseite *www.androidblues.com*.

Arbeiten

Rhayne

Katrina

Phone Girl

MADADAYO

Monobike

One last time

Smokin

Stool

Psycho Girlfriend

The french maid and the mummy

Einblicke in ein Arbeitsbeispiel

Die folgende W.I.P.-Sequenz von Steven Stahlberg demonstriert die Entstehung eines Plakatmotivs für einen Kunden. Aufgrund der Komplexität der Szene und der zur Verfügung stehenden Zeit bis zum Abgabetermin enthält diese Arbeit auch traditionell gemalte Anteile, z.B. im Hintergrund. Generell hat Steven Stahlberg keine Berührungsängste, verschiedene Darstellungstechniken und Stile zu mischen.

Die Grundidee besteht aus der Zähmung eines Monsters durch eine Zauberin. Die Echse und die weibliche Figur wurden daraufhin bereits in passender Pose modelliert und nur minimal für die Animation vorbereitet.

So ist das Gesicht der Magierin zwar für verschiedene mimische Bewegungen ausgelegt, aber der Körper ist nur mit starren Gelenken versehen. Ein Zugeständnis an den engen Zeitrahmen und das zur Verfügung stehende Budget.

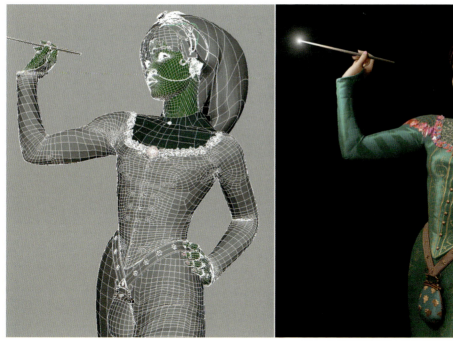

Die Zauberin

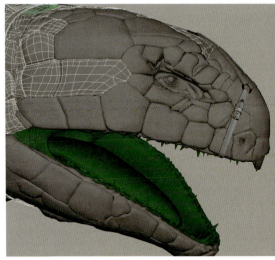 

Die Echse

Dem Auftraggeber war dies zu wenig dynamisch. Das Motiv sollte etwas mehr nach einem drohenden Kampf aussehen. Es musste also nach einer einfachen Lösung gesucht werden, um die Bedrohung durch das Monster zu verstärken. Der ursprüngliche Zauberstab wirkte als Gegenpol nun zu schwach und auch die eher entspannte Mimik und Pose der Figur passte nicht länger.

Das Lösen der linken Hand von der Taille und die nicht mehr ins Gesicht fallenden Haare verleihen der Pose mehr Spannung. Die futuristische Waffe lässt nun keinen Zweifel mehr an der Bedrohlichkeit der Szene.

Allerdings stört die Waffe nun den Gesamteindruck der eher traditionell als futuristisch gekleideten Figur. Auch die Echse wirkt trotz ihrer Größe weniger futuristisch als mehr romantisch und erinnert an eher mythische Kreaturen. Wenn es schon eine Waffe sein muss, dann zumindest etwas aus der passenden Epoche.

Eine neue Pose

Eine neue Waffe wird entworfen

Es entsteht eine viktorianische Pistole mit reich verziertem Lauf und Griff. Die Pose der Figur erscheint nun stärker ausgerichtet auf einen Gegner, ähnlich einem Duell.

Um die nur in separaten Szenen zu handhabenden Figuren zusammenzuführen, werden Bilder des Grand Canyon als Vorlage genommen, übermalt und neu komponiert. Die Gegner treffen nun erstmals aufeinander.

Die Farben der Kleidung werden dem neuen Hintergrund angepasst und auch unterstützende Effekte, wie z.B. der Glanz auf den Haaren, werden ergänzt. Letzteres wird hineingemalt, da es schneller zu erstellen und zu korrigieren ist und zudem in den meisten Fällen besser aussieht, weil natürlicher.

Nach einigen Gesprächen mit dem Kunden wurde die Waffe schließlich doch wieder verworfen, da sie trotz aller Bemühungen nicht recht zu dem mystischen Thema der Szene passen wollte. Also wieder zurück zu einer eher magischen und romantischen Zähmung des Biests durch die Schönheit.

Die Waffe verschwindet vollständig und wird durch eine Art Energiefeld ersetzt. Diverse Experimente mit verschiedenen Handhaltungen und Gesichtsausdrücken werden unternommen, um einerseits den Energiefluss zu verdeutlichen und andererseits eine gewisse Laszivität der Magierin darzustellen.

Schließlich werden die Lichteffekte noch durch Übermalen von Blitzen unterstützt. Die Schwierigkeit bestand darin, diesen Effekt nicht zu übertreiben, um den Betrachter nicht zu sehr von den Figuren abzulenken.

Nachfolgend sehen Sie schließlich das vom Kunden abgenommene Bild. Dieses W.I.P. demonstriert eindrucksvoll, wie viel Arbeit auch noch in eine Szene mit bereits perfekten Figuren zu investieren ist, damit die Geschichte des Bilds glaubwürdig bleibt und den Betrachter in ihren Bann zu ziehen vermag.

Ein erstes Compositing der Figuren

Umsetzung eines Energiefelds

Die finale Komposition

Marco Patrito

Marco Patrito ist einer der wenigen Künstler, die sich professionell mit dem Thema 3D-Grafik und traditionelle Comics auseinander setzen.

Konsequent und nun bereits über mehrere Jahre hinweg veröffentlicht er seine Arbeiten sowohl in gedruckter als auch in multimedialer Form. Dies gibt ihm jegliche Freiheit, um z.B. seine Figuren auch animiert zu präsentieren oder einzelne Passagen der Geschichte gezielt mit eigens komponierter Musik zu hinterlegen.

» Ich hatte einen traditionellen Hintergrund als Illustrator, bevor ich mit 3D in Berührung kam. Dabei bestand mein Handwerkszeug hauptsächlich aus einem Bleistift, Pinseln und einer Airbrush-Pistole.
Zu der Zeit war es so, dass fast alle, die sich mit 3D-Grafiken beschäftigten, einen eher technischen Hintergrund hatten. Viele waren z.B. klassische Programmierer, wogegen ich bislang mein Geld mit Zeichnungen, Fotografien, als Comic-Autor und mit Hunderten von Cover-Illustrationen für Science-Fiction-Bücher verdient hatte.

In der Rückschau war diese Vorbildung sehr vorteilhaft, da sie mir half, technische Hürden mit Kreativität und künstlerischem Geschick zu nehmen. Man muss bedenken, dass 3D derzeit noch in den Kinderschuhen steckte.

Wir sprechen hier vom Jahr 1991, wo mir auch die Idee zu Sinkha kam, einem Science-Fiction-3D-Comic in gedruckter und multimedialer Form auf CD-ROM. Es sollte dabei etwas nie Dagewesenes entstehen – was mir wohl auch teilweise gelungen ist, wobei die Zeitspanne bis zur tatsächlichen Veröffentlichung dann doch meinen ursprünglichen Enthusiasmus etwas dämpfte.

Letztlich war es aber diese Zeit, in der mein Sinkha-Projekt das Licht der Welt erblickte und mich bis heute mit 3D-Grafik verbindet. «

Das technische Rüstzeug

Ich arbeitete zu dieser Zeit mit der Software Strata-vision, die bereits über eine sehr gute Renderengine verfügte. Beim Modellieren der Körper und Gesichter konnte man jedoch den Verstand verlieren.

Ich stieg daher zuerst auf Lightwave und von Zeit zu Zeit auf Studio Max um, wobei ich Letzteres haupt-sächlich für 3D-Architektur einsetzte.

Schließlich blieb ich bei Maya hängen, was mir trotz einiger Schwächen noch immer als kompletteste 3D-Software erscheint.

Über die Jahre hinweg haben sich die Programme rasant entwickelt und machen damit viel der früher notwendigen Kreativität, um Probleme und Aufgaben zu lösen, überflüssig. In anderen Bereichen eröffnen sich gleichzeitig neue Spielwiesen für individuelle Fähigkeiten.

Was die Modellierung und Animation angeht, gab es sicherlich außerordentliche Veränderungen. In Bezug auf das Rendering lässt sich dies nur bedingt übertra-gen. In meiner persönlichen Arbeit suchte ich immer nach einer Balance zwischen gefälliger Bildwirkung und Hyperrealismus, wobei ich den Motiven tradi-tioneller Science-Fiction- und Fantasy-Illustration folge.

Wenn es nicht gerade um Fotorealistik geht, ist die Qualität meiner ersten 3D-Software gar nicht so weit von den aktuellen Möglichkeiten entfernt.

Schon zur damaligen Zeit beherrschte Stratavision Radiosity, wenn auch nicht in annehmbaren Zeiten. Dies ist aber weniger der Software als mehr den derzeit zur Verfügung stehenden Rechnern zuzu-schreiben.

Hyleyn

Die „gute" alte Zeit

Die erste Version des Hauptcharakters Hyleyn entstand 1992. Ich modellierte sie mit nur einer Hand-
voll Polygonen. Die Geometrie war so einfach, dass
man heute wohl nur noch lachend den Kopf darüber
schütteln würde, selbst wenn sie nur für ein Videospiel modelliert worden wäre.

In diesen ersten Jahren standen aber auch mehr die
technischen Probleme im Vordergrund. So beschäftigte ich mich hauptsächlich mit dem Rendering und
der Datensicherung. Heute kaum noch vorstellbar,
musste ich dafür die Figur sogar in zwei Teile zer-
schneiden, um sie auf zwei Floppys verteilt sichern
zu können.

Im Jahr darauf investierte ich dann in ein externes
Magnetlaufwerk, das mich ungefähr doppelt so viel
wie mein aktueller PC gekostet hat. Immerhin konnte
ich nun bis zu 40 MB auf einem Medium sichern.

Das alte Hyleyn-Modell und die übrigen Figuren der
ersten Sinkha-Episode waren nicht für die heute
übliche Animation vorbereitet. Sie wurden stattdessen wie Puppen über Gelenke in Pose gesetzt. Die
Körperteile steckten also als separate Objekte einfach
lose ineinander.

In der Postproduktion ergänzte ich dann leichte
Bewegungsunschärfe, um die teilweise sichtbaren
Überlappungen an den Gelenken zu verstecken. Zu
dieser Zeit gab es einfach noch keine allgemein

Hyleyn im Raumtransporter

zugänglichen und bezahlbaren Werkzeuge für die 3D-Charakteranimation.

Als ich im Jahr 2000 wieder begann, an einer neuen Episode des Sinkha-Projekts zu arbeiten, entschied ich mich, alles von Grund auf neu zu erstellen. Ich sah mich nach einer guten Animationssoftware um und entschied mich schließlich für Maya. Alle Figuren wurden damit neu modelliert und erstmals auch für die spätere Animation ausgelegt.

Arbeitsweise

Grundsätzlich starte ich die Arbeit an einem neuen Charakter auf einem Blatt Papier mit dem guten alten Bleistift in der Hand. Es folgen jede Menge Skizzen

und oft auch nur grob umrissene Details, die wohl nur ich alleine wieder zu entschlüsseln vermag. Schließlich habe ich dabei bereits eine grobe Vorstellung von der fertigen Figur im Kopf.

Im nächsten Schritt geht es an die eigentliche Modellierung, wobei ich Polygone den NURBS vorziehe.

Außer meinen Skizzen verwende ich keine Referenzbilder von realen Personen. Ich habe auch nie 3D-Scanner oder -Abtaster eingesetzt. Für die Animation benutze ich die Rigid Skin-Technik. Auf den ersten Blick erscheint diese etwas eingeschränkt, mit fortlaufender Komplexität komme ich damit aber besser zurecht als mit Smooth Skin. Skin Paint und einen riesige Anzahl an Deformatoren – vorwiegend

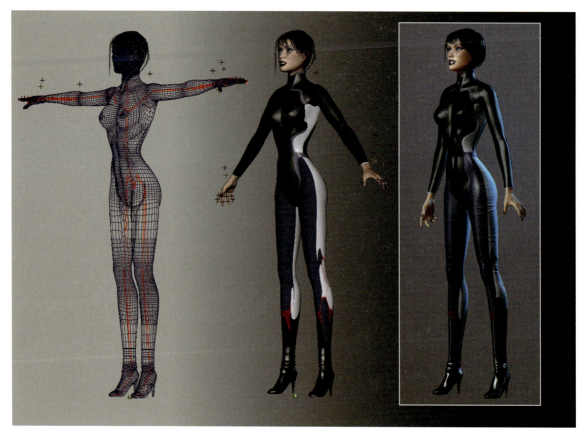

Rigging der Figur Darshine

FFD Lattices – hauchen den Hauptfiguren Hyleyn und Darshine Leben ein und simulieren zudem ein realistisches Muskelverhalten.

Was die Mimik angeht, verwende ich Blend Shapes, wobei immer mindestens zwei unterschiedliche Gesichtsausdrücke untereinander gemischt werden.

Bevor dafür alle notwendigen Zielzustände geschaffen werden, benutze ich diverse Deformer und Polygon-Werkzeuge, um einen neutralen Gesichtsausdruck als Basis zu erstellen.

Aufgrund meiner gewählten Methode für die Animation ist es nicht möglich, Kopf und Körper fest miteinander zu einem Objekt zu verbinden. Ich muss daher einen Trick anwenden, um beide Objekte unsichtbar miteinander zu verknüpfen.

Ich richte dafür zuerst den Bereich an Hals und Kopf sorgfältig aufeinander aus. Dabei lasse ich drei Polygonreihen von beiden Objekten so überlappen, dass ein transparenter Verlauf im Hautmaterial einen Teil der Überdeckung wechselseitig ausblendet. Diese Technik hat sich beim optischen Verbinden diverser Polygon-Objekte bewährt.

Das nachfolgende Einkleiden der Figuren darf ebenfalls nicht unterschätzt werden. Alles, was nicht wie ein locker herabhängendes, schmuckloses Kleid aussehen soll, verlangt nach umfangreicher Arbeit.

Ich benutze die Kleidungssimulation von Maya nur für weite Mäntel oder Umhänge, da mir schnell klar wurde, wie viel Zeit die Umsetzung realistischer Kleidung damit verschlingen kann.

Besonders die Kontrolle des Ergebnisses fällt mir schwer. Oftmals sieht alles aus einer Richtung perfekt aus, während ein anderer Blickwinkel diese Illusion wieder gnadenlos zerstört.

Nach zahlreichen Tests verwende ich daher lieber separate Modelle für die Kleidung, die ich an das verformende Skelett der Figur knüpfe. Zusätzliche FFD Lattices, die über Driven Keys gesteuert werden, geben der Kleidung ein individuelles und stofffähnliches Verhalten.

So gleitet z.B. der Rock bei Hyleyn realistisch am Bein entlang, wenn sie ihr Bein anwinkelt.

Mimik für den Charakter Darshine

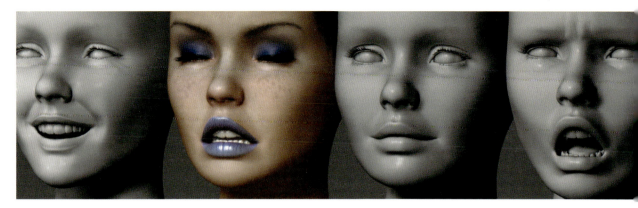

Blendshapes für den Hauptcharakter Hyleyn

Letztlich muss ich gestehen, dass meine Wahl, den Hauptcharakteren Overall-ähnliche Kleidungsstücke zu geben, mein Leben leichter gemacht hat. Zudem sieht eng anliegende Kleidung einfach sexier aus.

Schließlich ist es jedoch besonders wichtig, hochwertige Materialien zu verwenden, um ein glaubhaftes Ergebnis zu erzielen. Ich beginne daher bereits während der Modellierungsphase, auch an diesen zu arbeiten.

Für die Texturierung der Haut verwende ich ein Maya-Werkzeug namens Surface Luminance. Nachdem man einmal die Arbeitsweise verstanden hat, erlaubt es einem, verschiedene Texturen für die diversen Schichten der Haut zu mischen. Dies passiert automatisch basierend auf der aktuellen Beleuchtung der Oberfläche. Letztlich läuft es dann auf die Anpassung der Farb- und Helligkeitswerte zwischen den beleuchteten und den im Schatten liegenden Teilen der Oberfläche hinaus. Mit etwas Geschick lassen sich so Sub Surface Scattering-Effekte simulieren, ohne deren oft lange Berechnungszeit in Kauf nehmen zu müssen.

Die Texturen erstelle ich entweder in Photoshop oder in einem 3D-Painter, wobei ich kein Referenzmaterial benutze.

Hyleyn samt automatisierter Kleidungssimulation

Was die Zukunft betrifft, so arbeite ich gerade erstmals an der Integration von 3D-Elementen in reale Umgebungen. Aktuelle Berechnungsmethoden wie Radiosity, globale Illumination, bildbasierte Beleuchtung mit HDR-Bildern und bessere Materialqualitäten machen dies möglich.

Wohin meine Reise geht, liegt zwar auch für mich noch etwas im Dunkeln, aber zwei weitere Hauptcharaktere nehmen bereits erste Formen an. Es werden wieder weibliche Figuren sein, wobei eine ein syn-

thetisches Wesen und die andere eine außerirdische Kreatur sein werden.

Hier erfahren Sie mehr über die Sinkha-Saga: *www.sinkha.com.*

Arbeiten

Die beiden Hauptcharaktere Hyleyn und Darshine

Viel Arbeit steckt auch in den Umgebungen

Hyleyn

Hyleyn und Darshine besuchen fremde Welten.

Immer wieder spielt Marco Patrito auch mit neuen Outfits und Designs für seine Charaktere.

Immer neue Accessoires und wechselndes Make-up lassen die Figuren lebendiger erscheinen.

Umsetzung eines technischen Vorgangs

In der aktuellen Ausgabe der Sinkha-Saga müssen sich die beiden Hauptcharaktere durchleuchten lassen. Da dabei Knochen und innere Strukturen der Figuren sichtbar werden und zudem die Figur als solches präsent bleiben sollte, musste eine möglichst einfache Lösung gefunden werden.

Marco Patrito fand eine Lösung, indem er der Skanner durch eine glasartige Oberfläche darstellte, die einen geringen spiegelnden Anteil bekam. Auf diese Weise blieb eine davor platzierte Figur zumindest schemenhaft als Spiegelung sichtbar.

Durch den hohen transparenten Anteil des Materials konnte nun ein zweites Modell mit den Innereien der Figur hinter der Scheibe platziert werden. Besonderes Augenmerk galt dabei der passenden Pose, damit die Knochen hinter der Scheibe auch glaubhaft in den Körper passten.

Dies ließ sich teilweise durch Spiegelung und Übertragung der Bone-Struktur der Figur auf das Modell der Knochen automatisieren. Im Extremfall funktioniert dieses Setup also auch bei Animationen zuverlässig.

Wie ansprechend die Figuren und der erzielte Effekt dabei aussehen, geben die beiden Bilder auf Seite 33 wieder.

Hyleyn muss sich durchleuchten lassen.

Hyleyn

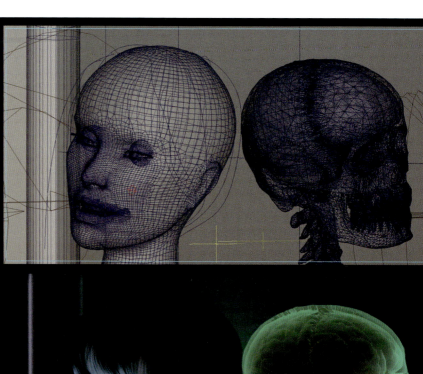

Setup für die Darstellung der
Durchleuchtung der Figuren

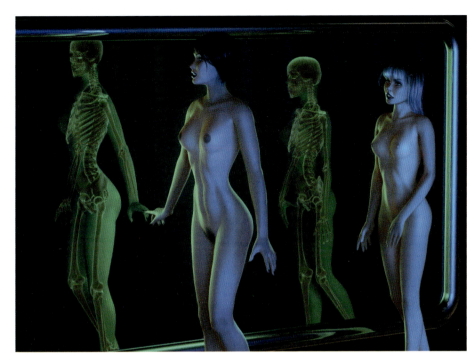

Überlagerung von
Knochen-Modell und
Spiegelung

Auch als Skelett noch
eine Augenweide

Daniel Moreno Diáz

» 1972 in Madrid geboren, hatte ich schon von frühester Jugend an Spaß am Zeichnen, Malen und Modellieren, damals allerdings noch mit Bleistift und Tusche bzw. Ton. Ein Schwerpunkt lag dabei schon immer auf der Darstellung von Menschen und Figuren aller Art. Ich studierte daher auch traditionelles Grafikdesign.
Die Arbeit am PC erlernte ich über Kurse während des Studiums.

Mit dem harten Arbeitsalltag konfrontiert, arbeitete ich nach dem Studium als Freiberufler und entwickelte dort vorwiegend interaktive CD-ROMs. Dann, es waren ungefähr drei Jahre vergangen, stolperte ich mehr per Zufall in ein Projekt, das sich mit Videospielen beschäftigte. Es handelte sich dabei um das Team von Pyrostudios, das u.a. Commandos 2 und später auch den dritten Teil dieser erfolgreichen Reihe entwickelt hatte.

Diese Arbeit vereint so viel von dem, was ich schon immer tun wollte, so dass ich seit nunmehr 1998 dabei geblieben bin.

Ich bin bei Pyrostudios vorwiegend für die Modellierung und Texturierung von Spielfiguren sowie für das Verpackungsdesign und Werbematerial verantwortlich.

Was mich und meinen Arbeitsstil betrifft, so lasse ich mich von unterschiedlichen Medien beeinflussen und inspirieren. Dazu gehören Kinofilme, Comichefte, aber durchaus auch Arbeiten anderer Künstler, die nicht unbedingt etwas mit 3D-Grafik zu tun haben müssen. Dabei macht mir die Arbeit an Charakteren am meisten Spaß oder zumindest an Objekten mit organischen Formen.

Ich verwende gerne Fotos als Referenzmaterial, um auf ein solides Grundgerüst für meine Arbeit zurückgreifen zu können. So kann man zumindest sicher sein, dass so grundlegende Eigenschaften wie z.B. die Proportionen stimmig sind.

Ist zu der geplanten Figur kein gutes Bildmaterial zu finden, kombiniere ich oft aus diversen Bildern etwas in Photoshop. Die Improvisation ist dabei fester Bestandteil des künstlerischen Prozesses.

Neben diesen Vorlagen benutze ich auch simple Scribbles und Skizzen, die mir bei der Planung der Pose und des Betrachtungswinkels helfen. Es kommt hierbei nicht auf die Qualität der Zeichnung an. Vielmehr hilft schon die Skizzierung des Motivs dabei, die spätere Bildwirkung herauszuarbeiten.

Bislang bevorzuge ich bei meinen privaten Arbeiten eine Mischung aus realistischen Elementen und einer illustrativen Darstellung, so wie es teilweise auch in Comics eingesetzt wird. Ich versuche, die Figuren dabei möglichst lebendig aussehen zu lassen.

Letztlich ist für mich das Ergebnis jedoch nur von untergeordneter Rolle. Ich liebe einfach die Arbeit mit 3D-Objekten und freue mich, während der Arbeit an einem Projekt immer wieder etwas Neues dazuzulernen.

Es ist jedes Mal eine Herausforderung, wenn man versucht, sich in technischer oder künstlerischer Hinsicht zu verbessern. **《**

Mehr über Daniel Moreno Diáz erfahren Sie auf seiner Internetseite *www.guanny.com*.

Tundra

Arbeiten

Für den Körper verwende ich eine Reihe von anatomischen Aufnahmen von Frauenkörpern als Referenz. Der Torso wird aus einem Würfel herausgearbeitet (Boxmodelling), wobei hier die Schwierigkeit darin besteht, das richtige Maß für die hinzugefügten Unterteilungen zu finden. Arme und Beine werden aus dem ehemaligen Würfel herausextrudiert.

> **Extrudieren:** Bei diesem Arbeitsschritt werden einzelne Flächen oder größere, zusammenhängende Abschnitte der Oberfläche verdoppelt und verschoben. So können sehr schnell Vertiefungen oder Ausstülpungen erzeugt werden.

Dabei beginne ich mit einem Mesh sehr geringer Dichte. Erst wenn die Edge Loops zu meiner Zufriedenheit platziert und arrangiert sind, beginne ich, weitere Unterteilungen vorzunehmen. Dieses Vorgehen garantiert einen relativ geringen Aufwand, da die nachträglich hinzugefügten Unterteilungen automatisch den vorhandenen Edge Loops folgen.

> **Mesh:** allgemeine Umschreibung für das aus Polygonen zusammengesetzte 3D-Objekt.

Wie generell üblich, modelliere ich meine Figuren in einer neutralen Pose. Ich verwende dabei jedoch nicht den T-Stance, sondern eine für die spätere Verformung günstigere Körperhaltung. Dabei sind alle Gelenke leicht angewinkelt. Dies erleichtert die Verformung z.B. der Knie und im Schulterbereich.

> **T-Stance:** Eine Pose, bei der die Arme seitlich parallel zum Boden gehalten werden. Die Beine sind gestreckt und die Füße stehen eng zusammen.

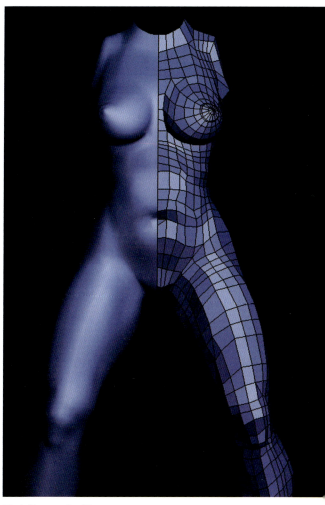

Modellierung des Körpers

Da ich bereits vor der Arbeit im 3D-Programm eine recht genaue Vorstellung von dem fertigen Projekt habe, modelliere ich nur die Teile, die später auch im Bild oder in der Animation zu sehen sein werden.

Da diese Figur hohe Stiefel und einen Helm tragen wird, kann die Modellierung der Unterschenkel und für einen Großteil des Kopfs entfallen.

Einteilung der Oberfläche in Gruppen

Wie in der Abbildung farbig hervorgehoben zu sehen, unterteile ich die Figur nach der Modellierung in verschiedene Gruppen. Dies erleichtert die Abwicklung des Mesh für die Erzeugung der UV-Koordinaten.

UV-Koordinaten: Jedem Polygon kann ein bestimmter Abschnitt eines Bilds oder eines Materials zugewiesen werden. Dies stellt sicher, dass bei der Bewegung der Figur das Material nicht auf der Haut „verrutscht". Dafür ist es jedoch notwendig, jedem Polygon seine exakte Position auf dem Material zuzuordnen. Diese Information wird in den UV-Koordinaten gesichert. Dieses Prinzip funktioniert dann am besten, wenn jedes Polygon des Objekts seinen eigenen Materialabschnitt hat. Es sollten also keine Überlappungen zwischen diesen Abschnitten bestehen.

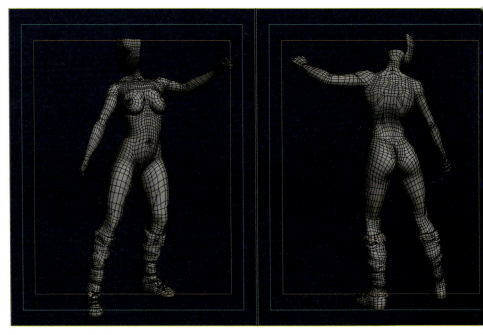

Die in Pose gebrachte Figur

Wie auf Seite 38 unten zu sehen, habe ich hier die Figur bereits in Pose gestellt. Es handelt sich um eine Kriegerin. Sie wird daher noch eine leichte Rüstung, ein Schild und ein Schwert erhalten. Die Stiefel wurden bereits modelliert. Wie man sieht, fallen die fehlenden Unterschenkel nicht mehr auf.

Da mir die Pose gut gefällt, fahre ich damit fort, am Körper anliegende Teile der Kleidung und Rüstung zu ergänzen. Dazu gehören der Lendenschurz, das Oberteil sowie die Unterarmschoner. Helm, Waffe und Schild können ebenfalls leicht separat erstellt und einfach an den passenden Stellen platziert werden.

Auf diese Weise erstelle ich alle gewünschten Posen der Figur. Würde man die Kämpferin für die Animation benötigen, wäre sicherlich ein anderes Vorgehen sinnvoller, aber da es hier nur um Standbilder geht, muss ich mich nicht weiter mit der Wichtung der Figur und deren Rüstung beschäftigen.

> **Wichten:** Hierunter versteht man das Binden der Polygon-Eckpunkte der Oberfläche an eine Deformation. Dabei kann prozentual für jeden Punkt festgelegt werden, wie stark er sich von einer Deformation beeinflussen lässt. Durch abgestufte Wichtungsverläufe können weiche Deformationen über eine gewisse Wegstrecke erzielt werden, die sehr natürlich wirken und nicht abrupt, wie bei einem mechanischen Gelenk.

Die Figur mit hinzugefügten Kleidungsteilen und Waffen

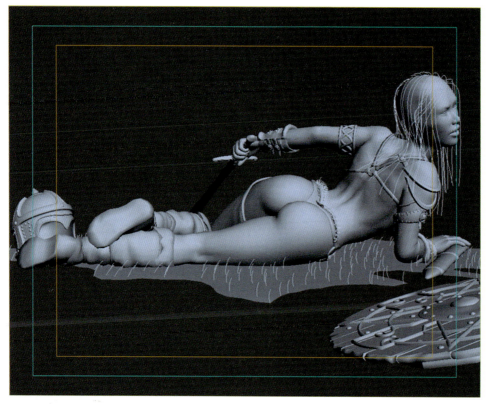

Eine alternative
Pose

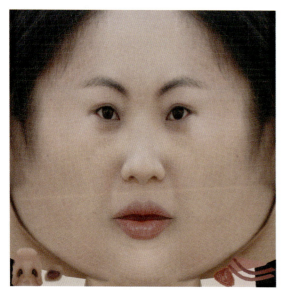

Farbtextur des Gesichts

Nachdem die Figur fertig modelliert und mit allen nötigen Accessoires ausgerüstet wurde, beginne ich damit, die Oberfläche mit Materialien zu belegen.

Für die Haut greife ich auch auf Fotos zurück. Die Abbildung oben zeigt z.B. die Farbtextur für das Gesicht.

Feine Falten und Poren werden mit einer Bump-Textur zugewiesen. Dabei werden nur die Helligkeiten der Pixel ausgewertet. Je heller das zugewiesene Bild ist, desto stärker hebt sich die Stelle scheinbar aus der Oberfläche hervor. Dies ist jedoch nur ein optischer Schattierungseffekt. Die 3D-Oberfläche wird in ihrem Verlauf nicht verändert.

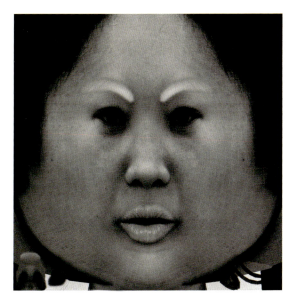

Die Bump-Textur für das Gesicht

Eine Reflektionstextur

Dies betrifft vor allem das Glanzverhalten der Haut. So sind in der Regel die Nase und die Stirn glänzender als z.B. die Wangen.

Das folgende Bild zeigt das Resultat nach Zuweisung der Texturen. Die fertig texturierte Figur sehen Sie auf Seite 34.

Nahaufnahme nach der Texturierung

Schließlich benutze ich auch noch eine Reflektions-textur, die durch ihre Helligkeit festlegt, wie stark das Gesicht auf Licht reagiert.

Beleuchtungstests

Einen großen Anteil an dem Erscheinungsbild der Figur haben neben der Oberflächencharakteristik auch die Lichtquellen. Durch Verwendung eingefärbter Lichter lässt sich die Figur zusätzlich färben und der Umgebung der Szene besser anpassen.

Deutlich ist zu erkennen, wie die Glanzlichter in Verbindung mit rötlichen und blauen Lichtern die Figur zum Leben erwecken. Diese Art von warm/kalt-Farbkontrast kommt unseren Sehgewohnheiten entgegen und lässt Gegenstände plastischer erscheinen.

Vampirella

Mein Projekt „Vamiprella" gefällt mir derzeit am besten, obwohl mir im Laufe der Zeit immer mehr Dinge auffallen, die ich jetzt anders machen würde.

Ich denke, sie ist eines meiner gelungensten organischen Modelle, vor allem weil ich bei diesem Projekt auf ZBrush zurückgegriffen habe, um die Symmetrie der Figur aufzubrechen. Kleine Störungen der Symmetrie vor allem im Gesicht bringen einen ein großes Stück weiter auf dem langen Weg zu mehr Realismus, denn kein Lebewesen ist zu 100% symmetrisch.

Modelliert habe ich Vampirella in Studio Max mit Polygonen und Subdivision Surfaces. Mit ZBrush wurde die Oberfläche ausmodelliert und texturiert, wobei auch Photoshop involviert war. Schließlich gerendert wurde mit V-Ray.

Gesicht und Körper modellierte ich nach dem gleichen Schema wie bei der Kriegerin. Was die Pose angeht, so habe ich mich von alten Comicheften inspirieren lassen. Ich wollte ihr einen klassischen, aber dennoch aktuellen Look geben. Wie an den Wireframe-Bildern zu erkennen ist, habe ich es mir an einigen Stellen leicht gemacht.

Nach und nach werden Kostüm, Armreifen und Ohrschmuck ergänzt. Die Vampirzähne sind ebenfalls separate Objekte, die in die Mundhöhle eingesetzt werden.

Die Augen bestehen aus einfachen Kugelobjekten, die später mit realistischen Augentexturen belegt und spiegelnden Eigenschaften versehen werden.

> **Wireframe:** Eine Darstellungsart von 3D-Objekten, bei denen die Polygonflächen selbst unsichtbar bleiben. Es werden nur die Kanten der Polygone eingeblendet. Man erkennt dadurch z.B., wie ein Objekt an der gegenüberliegenden Seite strukturiert ist, da man durch die fehlenden Polygone auch auf ansonsten verdeckte Flächen blicken kann.

So habe ich z.B. die Ohren als separate Objekte einfach seitlich an den Kopf gelegt, ohne diese aufwändig aus dem Kopf herauszuarbeiten oder für passende Verbindungspolygone zu sorgen. Da die Ohren später wahrscheinlich sowieso großräumig von den Haaren verdeckt werden, ist dies völlig ausreichend.

Zu diesem Zeitpunkt exportierte ich die Figur dann zur weiteren Bearbeitung nach ZBrush. Der große Vorteil von ZBrush ist, dass Objekte sehr hoch unterteilt werden können, um mit Malwerkzeugen weitere Veränderungen an der Oberfläche vornehmen zu können. Dabei kann häufig noch in Echtzeit gearbeitet werden, was die Arbeit fast wie beim Modellieren mit Ton gestaltet.

> **Echtzeit:** In Verbindung mit der Bearbeitung von 3D-Objekten spricht man von Echtzeit, wenn die Ergebnisse einer Manipulation nahezu augenblicklich erfolgen. Man muss also nicht auf die Berechnung einer Aktion wie z.B. der Verformung der Oberfläche warten, sondern kann das Ergebnis sofort begutachten.

Innerhalb von ZBrush werden Feinheiten, wie z.B. die Falte an den Stiefeln oder der Kleidung sowie Unregelmäßigkeiten der Symmetrie der Figur herausgearbeitet. Diese Veränderungen können im Anschluss als Bump-, Normal- oder Displacement-Textur ausgegeben werden.

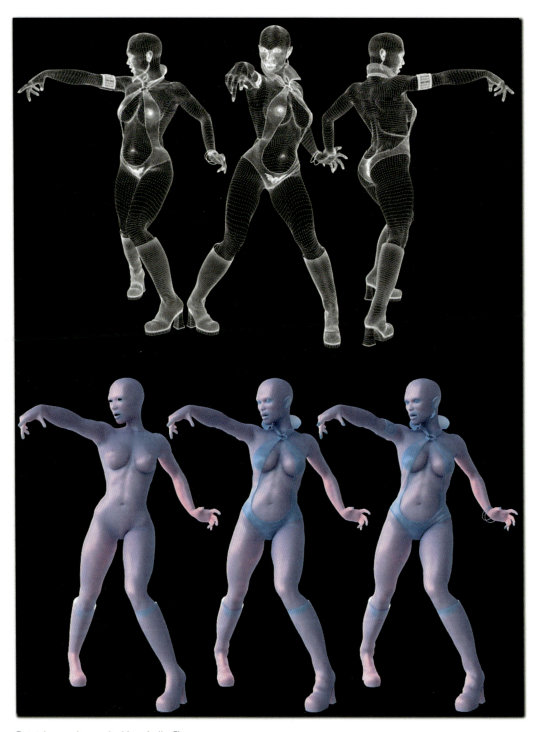

Entstehungsphasen der Vampirella-Figur

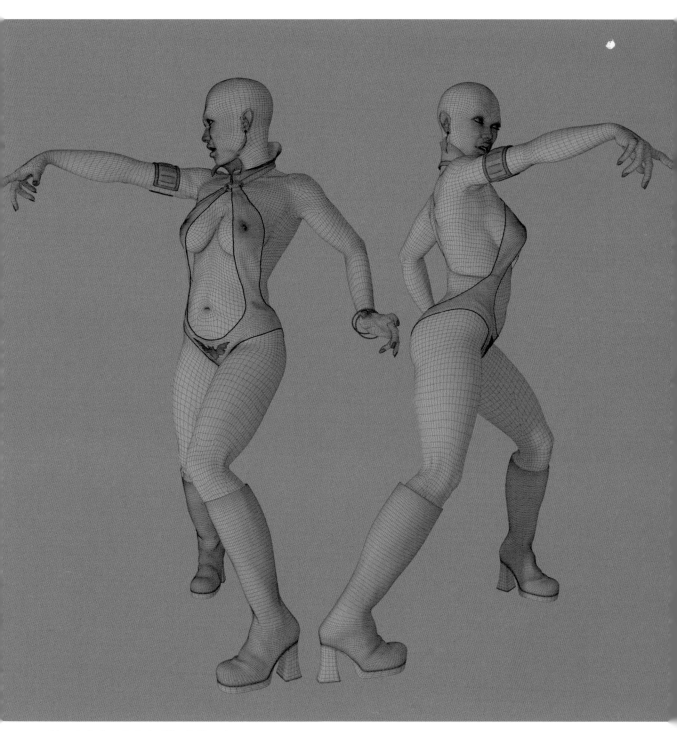

Vampirella innerhalb der ZBrush-Umgebung

Normaltextur: Die Ausrichtung der Oberfläche kann als Farbbild kodiert werden. Auf diese Weise lassen sich feine Details eines stark unterteilten Objekts auf ein Objekt mit nur wenigen Flächen realistisch übertragen. Diese Technik wird vor allem bei Computerspielen angewendet.

Displacement: Hierbei werden die Eckpunkte der Polygone verschoben, um die Oberfläche zu verformen. Dieser Effekt wird über ein Graustufenbild gesteuert. Auf diese Weise können Details einfach aufgemalt werden, was sehr viel einfacher zu handhaben ist, als wenn diese tatsächlich modelliert werden müssten.

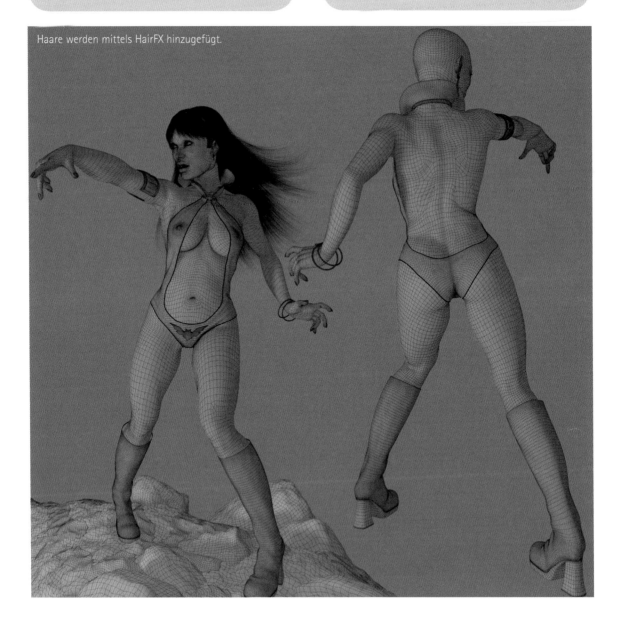

Haare werden mittels HairFX hinzugefügt.

Ein in Photoshop erstelltes Hintergrundbild wird mit der Figur zusammen arrangiert.

Detailaufnahmen der
Hauttextur von Vampirella

Nachdem zusätzliche Elemente wie der Felsen und das Hintergrundbild erstellt wurden, werden die Objekte mit Texturen belegt. Die Haut besteht dabei aus mehreren in Ebenen angelegten Noise-Shadern, die für Farbvariationen der Oberfläche und ein dezentes Netzwerk aus Adern unter der Haut sorgen.

Shader: Dies sind Muster oder Oberflächeneigenschaften, die praktisch in der 3D-Software schon eingebaut sind. Es sind also oftmals keine Bilder nötig, um Oberflächen zu gestalten. Der Vorteil an Shadern ist das im Vergleich zu Bildern geringere Speicheraufkommen und die weitestgehende Unabhängigkeit von Auflösungen. Eine mit Shadern belegte Oberfläche zeigt daher auch in extremen Nahaufnahmen oder Vergrößerungen keine Aufpixelung, wie man es sonst bei der Skalierung von Pixelbildern gewohnt ist.
Es gibt zahllose Shader, die z.B. automatisch Metalle, Holz oder Stoff darstellen.

Die fertig texturierte Figur und Proben der verwendeten Oberflächen

Nachdem alle Materialien zugewiesen wurden, werden verschiedene Beleuchtungstest durchgeführt, um z.B. die Glanzeigenschaft der Haut zu überprüfen.

Für die Umsetzung der Haare benutzte ich zuerst Hair FX, aber ich bin gerade dabei, erste Tests mit Hair and Fur zu machen (eines der in Studio Max v7 neu eingeführten Features). Erste Tests sehen vielversprechend aus.

Schließlich habe ich alle Bestandteile der Szene separat berechnet und in Photoshop zusammen montiert. Dies erlaubt die einfachere Farbabstimmung der einzelnen Elemente Fels, Figur und Hintergrund und das kontrollierte Hinzufügen von Tiefenunschärfe.

Der hauptsächliche Vorteil dieses Workflows über ZBrush liegt meiner Meinung nach darin, dass die Figuren aufgrund ihrer großen Bandbreite an möglichen Details gleichermaßen für Film, Videospiel oder Print eingesetzt werden können.

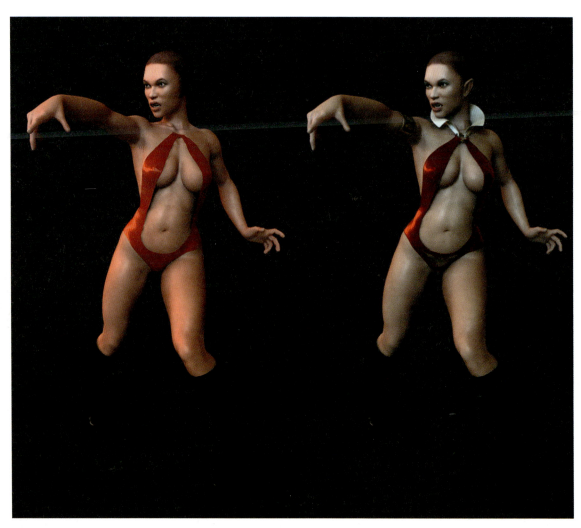

Beleuchtungstests

Vampirella

Andrea Bertaccini

» Ich studierte Architektur an der Universität von Florenz. Als ich dort erstmals mit einem Computer in Berührung kam, erwachte sofort meine Liebe zu dieser Maschine. Die Vorstellung, damit allem Leben einhauchen zu können, was mir in den Sinn kam, begeisterte mich.

Nach einer kurzen Phase des Ausprobierens und Spielens begann ich mit dem Architekturbüro Studio Lucchi & Biserni (*www.studiolb.com*) zu arbeiten und entdeckte, dass sich meine Begeisterung für den Computer durchaus auch als Broterwerb einsetzen ließ.

Danach bündelten wir unsere Kräfte und gründeten im Jahr 2000 TREDISTUDIO (*www.tredistudio.com*). Unser Ziel ist die Integration verschiedener Bereiche, wie z.B. Grafikdesign, Industrie- und Möbeldesign, Kommunikation, Webdesign, Eventmanagement, aber vor allem 3D-Grafik samt Postproduktion.

Meine Arbeit mit 3D-Grafik begann mit der Software 3D Studio Max, die ich noch heute hauptsächlich verwende. Natürlich wagte ich auch den Blick über den Tellerrand und probierte andere Programme wie Rhino, Maya, Lightwave oder Cinema 4D aus. Letzt-lich halte ich es jedoch für unmöglich, verschiedene Programme perfekt bedienen zu können. Ich konzentriere mich daher darauf, eine Software optimal zu beherrschen, statt mit mehreren Programme nur mittelmäßig umgehen zu können. «

Biker Eyes

Die Idee, ein virtuelles Model zu schaffen, begleitet mich schon seit Jahren. Es sollte sowohl schön als auch ausdrucksstark sein. Auf keinen Fall wollte ich eine der oftmals beliebigen „Puppen" entwickeln.

Bei der Suche nach geeignetem Referenzmaterial sichtete ich Bilder von Schauspielerinnen und Models, wie z.B. Jennifer Connelly oder Linda Evangelista, deren Augen mich begeisterten.

Elisha Cuthbert und Charlize Theron inspirierten mich durch die Form ihrer Lippen und die Ausdrucksstärke ihrer Gesichter. Das Resultat sollte eine begehrenswerte, aber auch etwas aggressiv wirkende Motorradfahrerin sein.

Wireframe-, Editor- und gerenderte Ansicht

Für mich sind die Lippen und die Augen die für den Gesamteindruck eines Gesichts wichtigsten Elemente. Für mich war daher klar, dass ich mich besonders auf diese Bereiche konzentrieren musste. Leider sind diese Bereiche aufgrund ihrer feuchten und teilweise sogar spiegelnden Oberflächen nur mit großem Aufwand zu realisieren. Mein Vorgehen erläutert der folgende Workshop.

Die Modellierung des Kopfs

Alle nun folgenden Arbeitsschritte wurden in Studio Max Version 8 realisiert. Tatsächlich dürften diese Arbeiten aber ebenso gut in jedem anderen 3D-Programm zu reproduzieren sein.

Ich beginne damit, die Grundform des Kopfs aus einer Kugel herauszuarbeiten. Dabei kann eine Hälfte der Kugelflächen gelöscht werden. Die fehlende Hälfte wird später durch symmetrische Spiegelung wieder ergänzt.

Augenlider, Nase und Mund werden grob umrissen und die Proportionen einander angepasst.

Mithilfe des Cut Modifier und der übrigen Werkzeuge der Edit Poly-Gruppe füge ich zusätzliche Kanten und Flächen dort hinzu, wo ich mehr Detail herausarbeiten möchte.

Dies ist vor allem um das Auge und die Lippen herum der Fall. Der Halsansatz wird durch Extrudierung der unteren Kugelflächen erzeugt.

Dort, wo später das Auge liegen soll, werden die Flächen gelöscht und die Ränder der nun entstandenen Öffnung leicht in das Innere des Kopfs hinein verlängert. Dies verleiht den Lidern später Volumen und Dicke.

Da die Figur später einen Helm tragen wird, können die Ohren und der Hinterkopf etwas vernachlässigt werden.

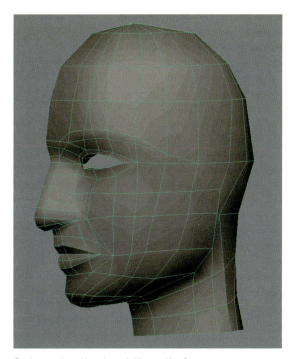

Nach und nach nimmt die Komplexität des Modells zu. Punkte werden verschoben und neue Kantenzüge eingezogen. Hierbei ist es wichtig, erst dann weitere Flächen durch Schnitte zu erzeugen, wenn die Möglichkeiten der vorhandenen Flächen erschöpft und benötigte Details anders nicht zu erzeugen sind.

Grob aus einer Kugel modellierter Kopf

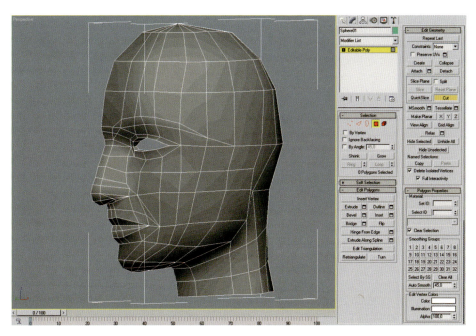

Zusätzliche Unterteilungen entstehen durch Schnitte durch die Flächen

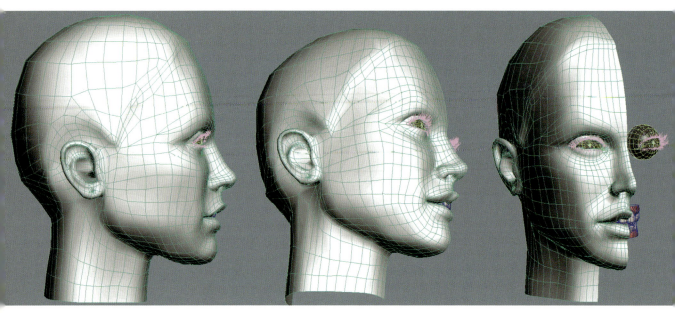

Mittels Mesh Smooth geglättete Oberfläche

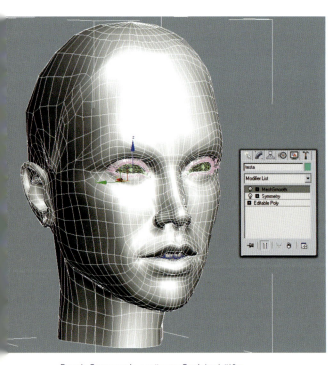

Durch Symmetrie ergänzte Gesichtshälfte

Sobald ich mit der Formung des Gesichts zufrieden bin, benutze ich den Symmetry Modifier, um die vorhandene Gesichtshälfte zu duplizieren und zu spiegeln. Der Kopf ist nun erstmals komplett zu sehen.

Um die vorhandenen Flächen des Gesichts zusätzlich zu glätten, benutze ich den Mesh Smooth Modifier.

Dieser erzeugt innerhalb der vorhandenen Oberflächen neue Polygone und passt deren Lage so an, dass eventuell vorhandene sichtbare Kanten geglättet werden.

Nach den gleichen Prinzipien erzeuge ich Zahnfleisch und Zähne, wobei ich dort kein komplettes Gebiss, sondern nur das kurze Teilstück einsetze, das zwischen den leicht geöffneten Lippen sichtbar ist.

Nachdem die Modellierung des Gesichts soweit fertig ist, suche ich mir eine geeignete Kameraposition aus und verändere die Lage des Kopfmodells so, dass die gewünschte Kopfhaltung dargestellt wird.

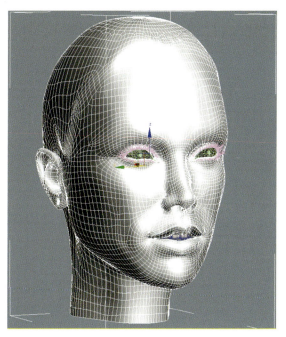

Geglättetes Gesicht

Die Materialien

Ich benutze den Unwrap Modifier, um die UV-Koordinaten des Kopfmodells flächig abzuwicklen. Die so entstandene Fläche belege ich mit in Photoshop vorbereiteten Bildern. Diese basieren auf einer Kombination von Fotos und handgemalten Elementen.

Ich verwende für das Material des Gesichts fünf verschiedene Texturen. Die aufwändigste davon ist die Farbtextur. Übermalte Variationen dieser Textur werden für Bump, Glanzeigenschaften und Spiegelung eingesetzt.

> **Bump:** als Graustufenbild kodierte Höheninformation der Oberfläche. Wird zur Beeinflussung der Oberflächenschattierung eingesetzt.

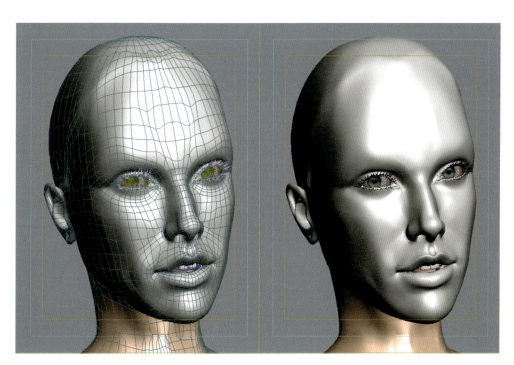

Posen des Models

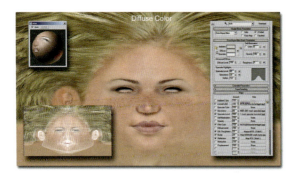

Die verschiedenen Texturen des Gesichtmaterials

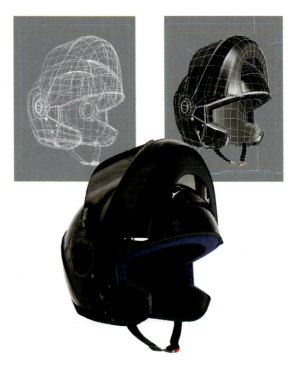

Die Modellierung des Helms

Nach dem gleichen Prinzip wie bei der Modellierung des Gesichts entsteht nun der passende Motorradhelm. Ich verwendete dabei meinen eigenen Helm als Referenz.

Schließlich muss die Größe des Helms nur noch an den Kopf und dessen Haltung angepasst werden.

Die Augen

Wie eingangs angesprochen, lege ich besonderen Wert auf die Ausdrucksstärke der Augen. Ich schildere daher hier etwas ausführlicher mein Vorgehen.

Es wird wohl niemanden wundern, dass ich mit einer einfachen Kugel beginne. Die Polfläche sollte nach vorne gedreht werden. Die Anordnung der Flächen und die kreisförmigen Kantenzüge um den Pol herum erleichtern uns später die Formung der Pupille und der Hornhaut.

Im Edit Poly-Modus wird die Kugel zuerst in reine Polygone konvertiert. Anschließend selektiere ich die hintere Halbkugel und lösche diese Flächen.

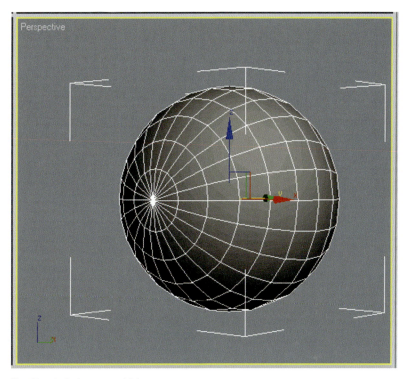

Eine Kugel als Ausgangsobjekt

Es bleibt also nur die vordere Hälfte des Auges sichtbar. Dies hat einfach den Sinn, unnötige Polygone einzusparen, da man die Rückseite des Auges auch bei extremen Blickrichtungen niemals sehen wird.

Die Augen-Halbkugel wird dann dupliziert und das Duplikat leicht verkleinert. Ich verwendete dabei eine Größe von 99% der ursprünglichen Abmessung.

Selektieren Sie dann alle Flächen an der kleineren Halbkugel, die direkt an den vorderen Polpunkt angrenzen. In diesem Bereich soll nun die Pupille entstehen.

Löschen Sie die selektierten Flächen und benutzen Sie anschließend den Cap Modifier. Dieser verschließt die Öffnung am Pol mit einer neuen Fläche. Die Halbkugel wirkt dadurch, als hätte man vorne am Pol eine kleine Scheibe abgeschnitten.

Selektieren Sie diese neue Polfläche und benutzen Sie den Inset-Befehl aus der Edit Polygons-Gruppe. Dadurch wird die Fläche verdoppelt und gleichzeitig in sich selbst verkleinert.

Diese neue Fläche lässt sich verwenden, um eine Art Trichter zu formen, der die Pupille darstellen wird. Dies ist zwar anatomisch nicht korrekt, da die Pupille durch den Druck der dahinter platzierten Linse sogar etwas nach außen gekrümmt ist, führt aber zu einem besseren Ergebnis bei der Berechnung. Das Auge erhält dadurch mehr Tiefe und Ausdrucksstärke.

Die folgenden Seiten dokumentieren die bis hierhin beschriebenen Arbeitsschritte noch einmal im Bild.

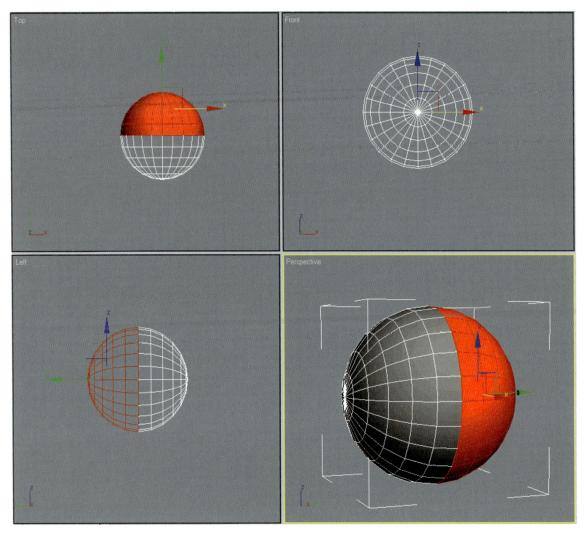

Zu Polygonen konvertierte Kugel mit Hervorhebung der zu löschenden Polygone

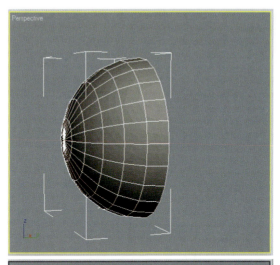

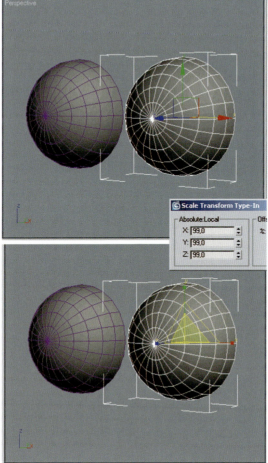

Verdopplung und Skalierung
der Halbkugel

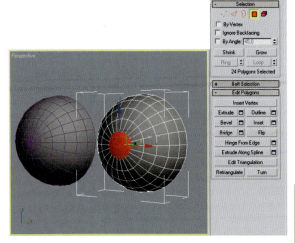

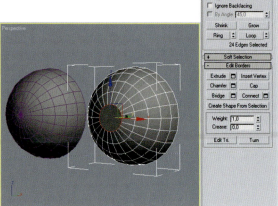

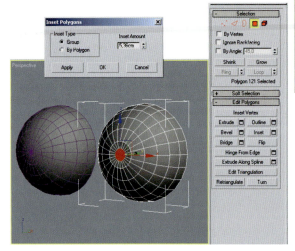

Neustrukturierung der vorderen Polflächen und Inset-Aktion
an der neu verschlossenen Öffnung

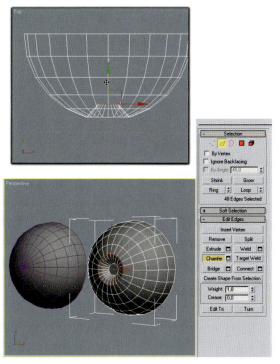

Ausformung der Pupille und der Iris

Ein Phong-Winkel von ca. 45° sollte ausreichen, um die Trichterwände optisch optimal zu glätten.

Die folgenden Bilder geben diesen Arbeitsschritt wieder und erläutern die Wirkungsweise des Phong-Winkels zur Oberflächenschattierung.

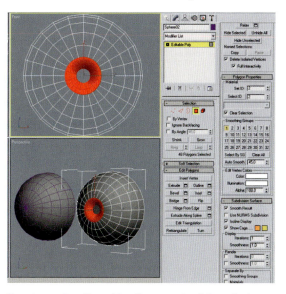

Zuweisung einer Smoothing Group zu den Seitenwänden des Trichters

Das nun in der Mitte des ehemaligen Pols liegende Polygon wird in das Auge hinein verschoben. Es entsteht ein kleiner Trichter.

Mithilfe des Chamfer-Befehls wird eine zusätzliche Unterteilung in die Trichterwand eingezogen. Durch Skalieren und Verschieben dieses zusätzlichen Kantenrings wird der Trichter in seinem Verlauf abgerundet.

Dies sorgt später für eine weiche Oberflächenschattierung im Trichter, der ja die Pupille darstellen wird.

Um die noch immer recht grobe Unterteilung des Pupillen-Trichters weiter zu mildern, weisen Sie den Seitenflächen des Trichters eine Smoothing Group mit erhöhtem Phong-Winkel zu. Die Fläche im Zentrum, am Boden des Trichters, bleibt von dieser Gruppe ausgeschlossen, damit deren Rand weiterhin sichtbar bleibt.

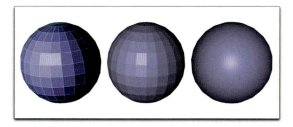

Wirkung des Phong-Winkels

Die Bildfolge oben erläutert, wie der Phong-Winkel die Schattierung einer Oberfläche beeinflusst.

Ganz links sehen Sie dort eine Kugel und die Struktur der Polygone, die deren Oberfläche bilden. Wie besonders bei der mittleren Abbildung zu erkennen ist, bleiben die Flächen mit einem Phong-Winkel, der kleiner als der Winkel zwischen den Flächen ist, deutlich sichtbar.

Erhöht man den Phong-Winkel, nimmt die Schattierung Flächenabweichungen unterhalb dieses Winkels nicht mehr wahr. Die Oberfläche erscheint optimal gerundet, obwohl die Anzahl der Flächen nicht erhöht wurde. Wie man an der weiterhin leicht eckigen Silhouette der Kugel ganz rechts erkennt, ist dies ein rein optischer Effekt.

Das äußere Auge

Damit ist die Modellierung des inneren Auges bereits abgeschlossen und wir können uns mit der etwas größeren Halbkugel beschäftigen.

Diese wird später das kleinere Augenmodell komplett umhüllen und die Hornhaut und die spiegelnde Oberfläche des Auges darstellen.

Diese Zweiteilung des Auges in unterschiedliche Objekte ist notwendig, da das Auge vorne keineswegs kugelförmig, sondern über der Pupille nach außen gewölbt ist.

Diese Auswölbung wirkt wie eine vorgeschaltete Linse. Zudem, und dies ist für ein realistisches Erscheinungsbild des Auges wichtig, kommen durch diese Krümmung der Oberfläche charakteristische Glanzpunkte und Spiegelungen der Umgebung zustande.

Selektieren Sie daher den vorderen Polypunkt an der größeren der beiden Halbkugeln und ziehen Sie diesen Punkt etwas nach vorne, vom Zentrum der Halbkugel fort.

Es entsteht eine kleine Spitze am Pol. Selektieren Sie die von diesem Punkt ausgehenden Kanten und teilen Sie diese durch zwei zusätzliche Segmente, so wie in den folgenden Bildern dargestellt.

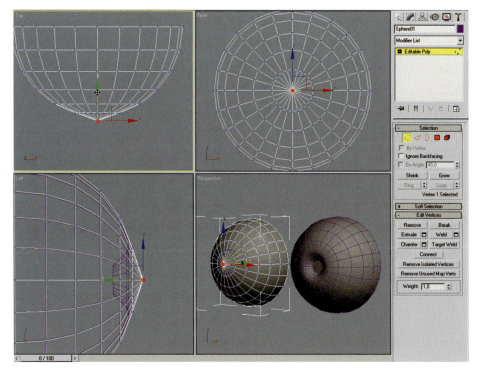

Vorziehen des
Polpunkts

Die beiden neuen kreisförmigen Kantenzüge ziehen Sie leicht nach vorne und skalieren Sie so, dass die ehemalige Spitze am Polpunkt zu einer weich auslaufenden Kuppel wird. Dies ist die bereits angesprochene Auswölbung der Hornhaut über der Pupille.

Damit ist die Modellierung des Auges abgeschlossen und Sie können die beiden separaten Objekte übereinander platzieren, falls noch nicht geschehen.

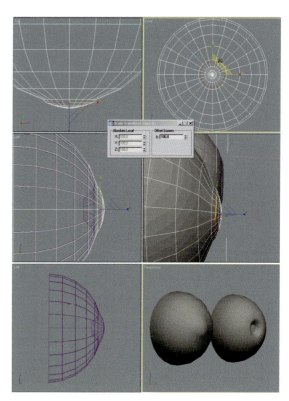

Abrundung der Hornhautauswölbung

Die Modellierung der Wimpern

Die Grundform einer Wimper ist nicht gerade, sondern folgt einem leichten Bogen vom Ansatz bis zur Spitze. Wie in obiger Abbildung zu sehen, benutze ich dafür einen einfachen linearen Spline mit drei Punkten.

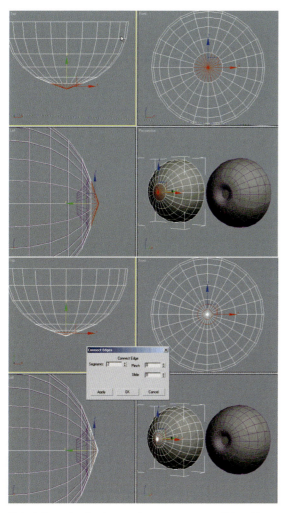

Unterteilung der Kanten um den vorgezogenen Polpunkt

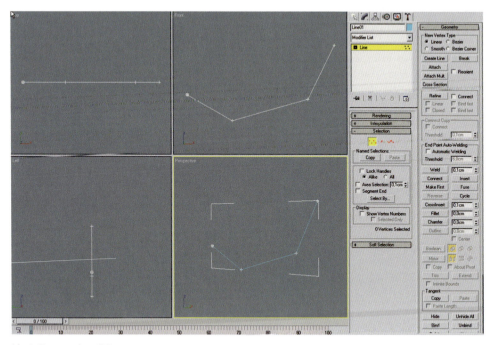

Modellierung einer Wimper

Spline: Dies sind Kurven oder Pfade. Es gibt diverse Interpolationsarten für Spline-Kurven. Diese legen fest, wie sich die Kurve zwischen den gesetzten Punkten verhält. Die einfachste Spline-Art ist ein linearer Spline. Dort werden die vorgegebenen Punkte durch Geraden untereinander verbunden.

Andere Spline-Typen benutzen z.B. Tangenten, um die Kurve auch zwischen den gesetzten Punkten individuell steuern zu können. Ähnliche Funktionen stehen ebenfalls in 2D-Programmen zur Verfügung, um z.B. Zeichen- oder Freistellungspfade zu definieren.

Splines lassen sich für diverse Funktionen nutzen. Sie können z.B. die Form von Objekten definieren, Bewegungspfade vorgeben oder das zeitliche Verhalten von Parametern während der Animation steuern.

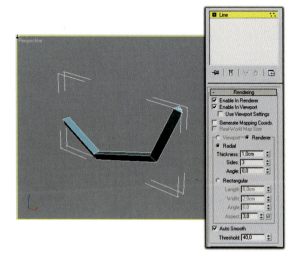

Der zu Polygonen konvertierte Spline

Die Spline-Form wird dann mithilfe der Edit Poly-Werkzeuge in ein Polygonobjekt umgewandelt. Ein dreiseitiger Querschnitt reicht für diese Form völlig aus. Die Wimpern sind schließlich recht klein im Vergleich zur gesamten Szene.

Was man jedoch nicht auslassen sollte, ist die Spitze der Wimpern. Dazu selektiere ich die drei Punkte am vorderen, hochgebogenen Ende der Wimper und kollabiere diese zu einem einzigen Punkt. Eine Spitze entsteht.

Der gebogene Verlauf der Wimpern ist noch etwas zu eckig. Wir verwenden daher das Chamfer-Werkzeug, um die beiden mittleren Querschnitte der Wimper zu glätten.

Aus den vormals drei Abschnitten werden dadurch fünf Segmente. Die Wimper wirkt dadurch ausreichend rund in ihrem Verlauf.

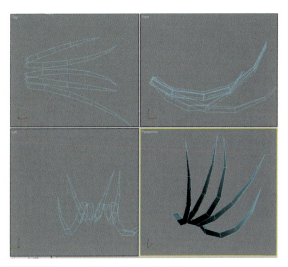

Multiplizieren und Gruppieren der Wimper

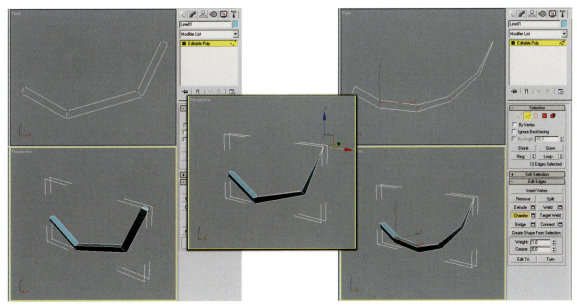

Ausformung der Wimper

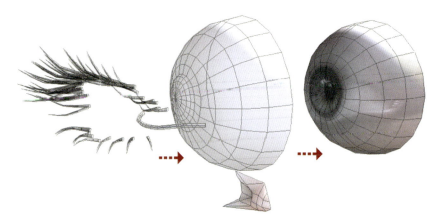

Zusammenführen der Einzelteile

Die Wimper wird dann mehrfach dupliziert und in Größe und Ausrichtung so variiert, dass eine glaubhafte Anzahl für den Rand des oberen und des unteren Lids entsteht.

Ein zusätzliches, schlauchförmiges Objekt folgt kurz über dem Rand des unteren Lids der Oberfläche des Auges. Dieses Objekt wird mithilfe eines geeigneten Materials die sich am Unterlid sammelnde Flüssigkeit simulieren.

Die Materialien des Auges

Kommen wir zu den Oberflächen der Objekte am Auge. Hierbei greife ich hauptsächlich auf Fotografien zurück. Ich habe dafür so ziemliche jede Person in meiner Umgebung vor die Kamera gezogen, derer ich habhaft werden konnte.

Aus diesen Einzelaufnahmen entstanden in Photoshop Collagen, bis ich die sichtbare Fläche des Auges komplett abgebildet hatte.

Eine Kopie dieses Farbbilds wurde in Graustufen umgewandelt und so modifiziert, dass dadurch die Helligkeit des Auges wiedergegeben wird. Unter normalen Lichtbedingungen entsteht so unter den Wimpern des Oberlids ein abgeschatteter Bereich.

Effekte wie diesen direkt in das Material zu integrieren, kann später viel Arbeit bei der Feineinstellung der Beleuchtung sparen.

In der unteren Abbildung erkennen Sie, wie ich das Abbild des Auges und das angesprochene Graustufenbild in dem Material verwendet habe.

Die Abbildungen auf den beiden folgenden Seiten zeigen die übrigen Materialien, die vorwiegend die glänzenden und spiegelnden Eigenschaften der Hornschicht, der Tränenflüssigkeit und des Tränenwärzchens wiedergeben.

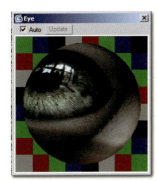

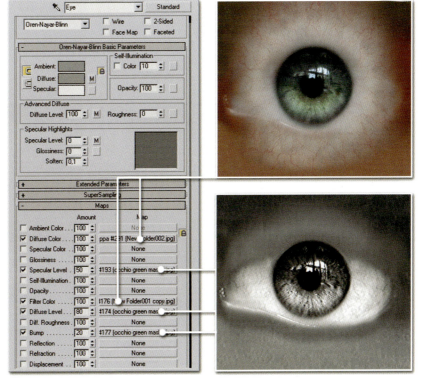

Material des Auges

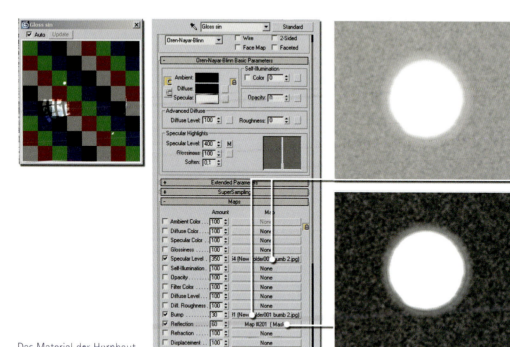

Das Material der Hornhaut

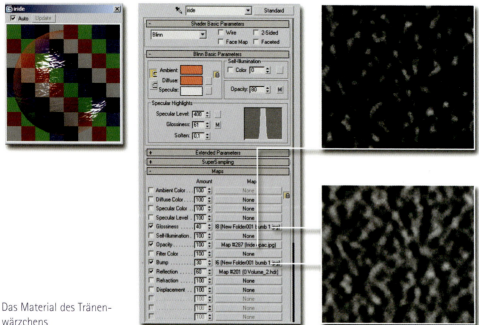

Das Material des Tränen-
wärzchens

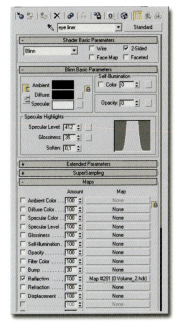

Das Material der Tränen-
flüssigkeit am unteren
Lidrand

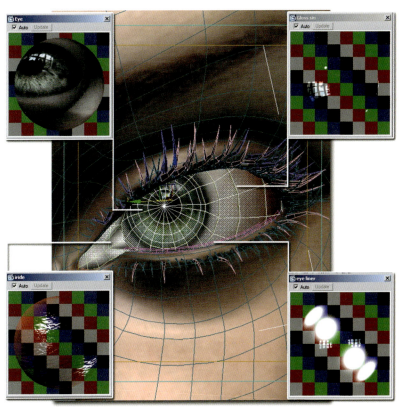

Die Zuordnung der Materialien
zu den Objekten

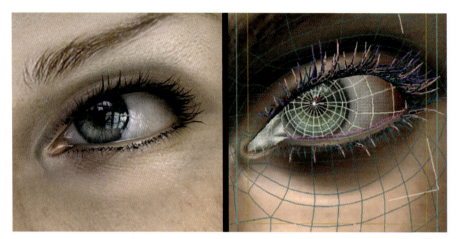

Das fertig texturierte
Auge

Die Haarsträhne

Unter dem Helm schaut seitlich eine kurze Haarsträhne heraus. Sie soll die ansonsten recht harte
Linie zwischen Helm und Gesicht aufweichen. Dieses
Haarbüschel besteht nur aus einer einfachen Ebene
mit entsprechender Opacity-Map. Diese führt dazu,
dass Teile der Ebene durchsichtig erscheinen, und
zwar überall dort, wo die Opacity-Map schwarz ist.
Übrig bleiben also die in dieser Textur weiß gehal-

tenen Stellen, die zusätzlich über eine separate Textur
die gewünschte Haarfarbe zugewiesen bekommen. In
Kombination mit entsprechenden Glanzeigenschaften, die über das Material gesteuert werden, wirkt
die Illusion perfekt. Diese Technik lässt sich generell
gut für individuelle Haarbüschel einsetzen, da nur
sehr wenige Polygone benötigt werden und die Haare
sehr viel schneller berechnet werden können, als mit
komplexeren Lösungen.

Die Struktur der Haarsträhne

Beleuchtung und Effekte

Die Szene wurde hauptsächlich mit Standardlichtquellen von Studio Max beleuchtet. Dabei half mir ein MAXScript von Ronnie Olsthoorn, das sich E-light nennt (*http://home.wanadoo.nl/r.j.o/skyraider/e-light.htm*). Es simuliert die ambiente Beleuchtung, wie sie bei dem ansonsten sehr viel rechenintensiveren Radiosity- und GI-Berechnungen erzeugt wird.

> **Radiosity:** Dies ist eine Rechenmethode für 3D-Szenen, wobei das Licht beliebig oft von Flächen abprallen und wieder auf andere Objekte treffen kann. Das Licht wird dadurch in die Szene gestreut und simuliert so das natürliche Verhalten von Licht. Derart berechnete Szenen wirken oft sehr realistisch, benötigen jedoch je nach Einstellung auch sehr viel länger für die Berechnung. Diese Technik kommt daher meist nur bei der Berechnung von Standbildern und weniger bei Animationen zum Einsatz.

> **GI:** Dies ist eine Weiterentwicklung von Radiosity, bei der Licht nicht nur von Lichtquellen, sondern auch von Objekten ausgehen kann. Über aufgebrachte Materialien kann so z.B. sehr einfach das vom Himmel auf eine Landschaft geworfene Licht simuliert werden, indem man ein Himmelspanorama auf einer Halbkugel als Lichtquelle benutzt. Oftmals wird GI auch zusammen mit den bereits erwähnten HDR-Bildern verwendet, die eine noch natürlichere Farb- und Helligkeitswiedergabe ermöglichen.

Die Szene wurde schließlich in mehreren Passes berechnet und anschließend mit Combustion zum finalen Ergebnis zusammen komponiert.

> **Passes:** Darunter versteht man die Aufsplittung eines Bilds in eine Auswahl an Bestandteilen, wie z.B. die Glanzlichter oder auch den Tiefenkanal. Auf diese Weise können Nachbearbeitungen beispielsweise bei der Tiefenunschärfe oder bei den Farbwerten vorgenommen werden, ohne nach jeder Veränderung eines Werts das Bild in dem 3D-Programm neu berechnen zu müssen.

Auf diese Weise wird auch ein weichgezeichnetes Bild in den Hintergrund integriert und die Schärfe des Gesichts mit zunehmender Entfernung von der virtuellen Kamera manipuliert.

Für den Austausch mit Combustion verwende ich das RPF-Datenformat, um die Tiefenmaske, Alpha-Masken für einige Objekte und Render-IDs aus Studio Max direkt übernehmen zu können.

Tiefeninformation der Szene und das verwendete Hintergrundbild

Das fertige Model mit einer Drahtgitter-Überlagerung

Sze Jones

Sze Jones ist Character Modeller bei den bekannten Blur Studios in Kalifornien (*www.blur.com*). Sie war dort maßgeblich an vielen Projekten beteiligt, u.a. an der Modellierung und Texturierung von Figuren aus den Computerspiel-Zwischensequenzen von Everquest 2, Hellgate:London, Fight Club, Aeon Flux, Bloodraven und Warhammer. Ihre Geschichte gibt Ihnen einen Einblick, welche Menschen hinter den fantastischen Bildern und Filmen tatsächlich stehen, die uns so faszinieren. Lassen wir sie aber selbst zu Wort kommen.

» Kunst gehört seit meiner frühesten Kindheit zu meinen größten Leidenschaften. Aufgewachsen in Hong Kong, hatten Mangas und Anime großen Einfluss auf mich. Öfter sparte ich mir damals mein Mittagsgeld auf, um nach der Schule im örtlichen Manga-Shop ein Manga samt großem Schokoriegel zu kaufen.
Meine Großmutter und meine Mutter sind beide Künstler, wenn auch in verschiedenen Bereichen. Meine Oma spielt gerne hawaiianische Musik auf der Orgel und meine Mutter studierte in den sechziger Jahren Modedesign.

Seit ich mich erinnern kann, habe ich mit meinem Bruder Videospiele gespielt, Violine und Klavier geübt und verrückte Dinge gezeichnet. Wir erzählten uns gegenseitig Fantasiegeschichten, bauten gemeinsam Modellbausätze zusammen und verkauften diese später an unsere Mitschüler usw. Letztlich taten wir den ganzen Tag immer irgendwelche kreativen Dinge.

Meine Mutter ist eine so aufgeschlossene Person, dass sie uns gewähren ließ. Sie unterstützte uns sogar und meldete uns in einer speziellen Klasse für Kunst und handwerkliche Arbeiten an. Bis heute ist sie einer der Menschen, die mich am stärksten beeinflussen und fördern.

Später dann, im Jahr 1986, wurde ich das erste Mal im Rahmen eines schulischen Kunstwettbewerbs geehrt. Von diesem Zeitpunkt an hörte ich praktisch nicht mehr auf zu zeichnen und gewann anschließend noch sechs andere ähnliche Wettbewerbe in Hong Kong.

Ich kann mich noch gut daran erinnern, wie ich stundenlang zu 80er Jahre Musik jede freie Stelle in Schulbüchern vollgezeichnet habe.

Bleistiftskizze von Sze Jones

Ich meldete mich schließlich an einer speziellen Kunsthochschule in Hong Kong an und lebte dort für zwei Jahre auf dem Campus. Mein Leben drehte sich ausschließlich um die Kunst, egal ob vor, während oder nach der Schule. An den Wochenenden lernte ich zusätzlich mit meinem Nachbarn, der Lehrer an der Universität für Chinesische Kunst war.

Die Ausbildung

Es ist schon so lange her, dass ich Gelegenheit bekomme, mich an mein Leben in Hong Kong zurückzuerinnern. Mittlerweile bin ich seit 13 Jahren in den USA. Ich verließ damals meine Familie, um in Kanada zu studieren. Seitdem hat sich mein Leben stark verändert.

Die kulturellen Unterschiede machten es schwierig, Freunde zu finden, mit denen man lachen und Dinge des Alltags teilen konnte.

Zu dieser Zeit fand man mich häufig in Kinos, beim Musikhören und beim Zeichnen, um das fehlende soziale Umfeld zu ersetzen. Ich wurde ziemlich ruhig und ernst, wobei sich dies heute etwas pathetisch anhört.

Neben diesen Problemen inspirierten mich die kulturellen Unterschiede aber auch sehr stark und brachten mich künstlerisch weiter. Es war enorm inspirierend, mit meinem Lehrer zu arbeiten, der eine unglaubliche Passion für die Kunst hatte.

Am Ende des Semesters erhielt ich von ihm einen Brief, in dem er mich ermutigte und unterstützte. Ich halte diesen Brief auch heute noch in Ehren, da er schließlich den Ausschlag gab, meinen einmal eingeschlagenen Weg weiter zu verfolgen.

1993 setzte ich meine Grafikdesign-Ausbildung dann in den USA fort.

Zu dieser Zeit waren Adobe Illustrator und Photoshop meine bevorzugten Werkzeuge. Mit 3D-Grafiken hatte ich damals noch keinen Kontakt. Diese Branche steckte noch in ihren Kinderschuhen.

Im zweiten Jahr belegte ich einen Kurs über Film- und Fernsehgrafiken. Dies war der Zeitpunkt, zu dem ich mich in die Magie des Films verliebte und eine

Faszination für das Team an Künstlern entwickelte, die solche Effekte realisierten.

Zu dieser Zeit kam ich erstmals mit Computergrafik in Kontakt und hatte zudem das große Glück, in dem beliebten Kurs noch einen Platz zu ergattern.

Bleistiftskizze von Sze Jones

Bleistiftskizze von Sze Jones

Ich erinnere mich noch daran, wie begeistert ich davon war. Ich verpasste keinen Kurs, kam morgens als Erste und verließ den Raum als Letzte, um möglichst viel Zeit an den Rechnern verbringen zu können. Ich arbeitete die Benutzerhandbücher zur Software von vorne bis hinten durch, um möglichst viel darüber zu erfahren.

Das erste System, mit dem ich dabei arbeitete, nannte sich Wavefront 3130. Mein erstes Modell sollte eine Tischlampe darstellen. Ich scheiterte kläglich.

Dies konnte mich aber nicht wirklich aufhalten. Ich verschlang diverse Magazine und Bücher zum Thema. Online-Foren gab es damals noch nicht.

Natürlich konnte ich mir auch keine entsprechende Hardware und Software privat leisten. Eine SGI kostete um die 15.000 US $ und mit UNIX-Befehlen zu arbeiten, ist auch nicht jedermanns Sache. Nun, dies ist alles schon eine Weile her.

Wavefront entwickelte sich schließlich zu Alias|Wavefront und dann zu Power Animator. Die Arbeit mit NURBS erlernte ich an der Schule. Abends belegte ich zusätzliche Seminare am Joe Kubert Art Center. Meinen Master of Art in Computeranimation machte ich an der William Paterson-Universität.

Während dieser vier Jahre lernte ich eine Menge über Kunst und deren Geschichte in der westlichen Welt und verbrachte viele Stunden mit dem Zeichnen und 3D-Modellieren. Vieles davon war mit Trial and Error verbunden. Ich habe dabei gelernt, den Computer als Werkzeug und Medium für die Kunst zu benutzen.

Der Computer hilft mir dabei, meine Passion für Farben auszuleben, Formen zu modellieren, Dinge zu animieren, Töne und Musik mit Bildern zu verknüpfen und – das Wichtigste – ich kann jederzeit Undo oder CTRL-Z benutzen. Was will man mehr? Alle nur denkbaren Medien verbinden sich in einer Maschine und lassen sich allein mit deiner Hand dirigieren und arrangieren. **《**

Die praktische Arbeit

Gleich nach dem Abschluss fand ich meine erste Stelle in einem örtlichen Computerspiele-Studio. Ich erstellte dort Figuren und Zwischensequenzen für Spiele. Ich hatte es bereits als Kind geliebt, Computerspiele zu spielen, und schon damals inspirierte mich das Spiel Final Fantasy, etwas in dieser Richtung zu machen. Ich nahm den Verlauf eines Spiels und dessen Zwischensequenzen auf Video auf, um für mich zu analysieren, wie es technisch umgesetzt wurde.

Meine absoluten Lieblinge bei den Zwischensequenzen waren zu dieser Zeit Tekken, Final Fantasy, Resident Evil, Metal Gear Solid, Parasite Eve und Grand Turismo. Das Größte ist für mich noch heute, einen Level oder ein Spiel komplett durchzuspielen und dann mit einer imposanten Zwischensequenz belohnt zu werden.

Der Augenblick, als das erste von mir mitgestaltete Spiel mit meinem Coverbild in den Regalen stand, bleibt mir für immer unvergesslich.

Blood Rayne, Majesco

Ein Jahr später erhielt ich dann ein Angebot von Viewpoint, einer bekannten Firma, die 3D-Objekte online anbietet. Ich lernte dort, Objekte zu modellieren, zu texturieren und Skripte für deren Online-Veröffentlichung zu erstellen. Ich gewann Einblicke in viele der eher technischen Hintergründe, die mit 3D-Modellen zu tun haben. Dies umfasste ebenfalls die Optimierung von 3D-Daten und das Scannen von realen Objekten.

Obwohl ich viel über diese Dinge bei Viewpoint gelernt hatte, sagte eine Stimme in mir, dass ich mich wieder mehr mit der künstlerischen Seite beschäftigen sollte. Ich kündigte daher dort nach zwei Jahren.

Derzeit arbeite ich bei Blur Studio als Character Modeller für Spiele-Zwischensequenzen. Ich betreute u.a. Spiele wie Blood Rayne von Majesco und die weibliche Tempelritterin im Spiel Hellgate:London von Flagship Studio.

Alle Mitarbeiter bei Blur sind irgendwie ähnlich. Alle haben eine große Passion für ihre Arbeit. Jeder versucht 110% zu geben, um das bestmögliche Bild zu erschaffen und sein Bestes als Künstler zu geben.

Über die Jahre bin ich in engen Kontakt mit Künstlern aus aller Welt gekommen und wir sind zu einem starken Team geworden. Jeden Morgen, wenn ich das Studio betrete, beginnt für mich ein Tag voller Spaß und kreativer Arbeit zusammen mit Freunden und Menschen, die ich respektiere.

Mittlerweile bin ich seit vier Jahren hier und für mich ist es wie ein wahr gewordener Traum. Es gibt nichts Schöneres für mich, als in diesem Team harmonisch mitzuarbeiten und die Passion der anderen zu teilen.

Female Templar, Hellgate:London, Flagship Studio

Liam Kemp

Zuerst nur unter Insidern bekannt, werden seine Bilder mittlerweile auch normalen Magazinlesern ins Auge gefallen sein. So tauchen seine hyperrealistischen Frauen u.a. in Werbekampagnen von Autodesk oder auch im Magazin Maxim auf.

Dahinter steckt jedoch einiges mehr als nur die mögliche Perfektion der Darstellung. Die Grundform seines weiblichen Characters geht bis in das Jahr 2001 zurück, als er mit der Arbeit an dem ehrgeizigen Animationsprojekt „This Wonderful Life" begann. Es wird dort die etwas melancholische, aber filmisch unglaublich schön umgesetzte Geschichte einer Frau geschildert, die an einem Fluss ein ausgesetztes Baby findet.

Dieser Film entstand mit sehr viel Geduld auf einem für heutige Verhältnisse stark veralteten Computer innerhalb von 23 Monaten.

Mittlerweile machte dieses Projekt auf zahlreichen Film-Festivals die Runde und wurde vielfach prämiert. Nähere Informationen über dieses und andere seiner Projekte finden Sie auf der Website von Liam Kemp: *www.this-wonderful-life.com*

Lassen wir ihn jedoch selbst zu Wort kommen.

» Ich bin 33 Jahre alt und wohne in Derby, England. Nach der Schule begann ich ein Studium mit Schwerpunkt Illustration. Bis es dazu kam, machte ich eine wahre Odyssee durch. Ich wurde von mehr als einem Dutzend Universitäten im ganzen Land abgelehnt, da man dort meinen fotorealistischen Ansatz bei der Illustration nicht einordnen konnte.
Gegen Ende des Studiums begann ich, mit Stop-Motion-Animationen zu experimentieren. Ich baute Figuren und Sets aus allem, was gerade zur Hand war. Auf diese Weise entstanden einige Kurzfilme.

Nach meinem Abschluss hatte ich wieder extreme Schwierigkeiten, einen Job zu finden. Über 30 Absagen musste ich verkraften. Hauptsächlich wieder wegen meiner Neigung zum Realismus bei Illustrationen.

Nachdem ich dann mittlerweile drei Jahre mit der Jobsuche verbracht hatte, entschied ich mich, mich mehr mit dem Thema Computer zu befassen.

Ich kam günstig an eine Lizenz von Studio Max und an einen alten PC und brachte mir die Bedienung selbst bei. Ich hatte weder Zugang zum Internet noch Freunde, die mir dabei helfen konnten. Die Einarbeitung in die Software und in das Thema 3D mussten also auf dem harten Weg vollzogen werden.

Im Laufe der Zeit fasste ich dann auf diesem Gebiet Fuß und gab sogar Schulungen für die Software. Ich fand einen Job in der Spielebranche. Ich animierte dort Sequenzen für die bekannten Computerspiele aus der „Worms"-Reihe.

Bild aus der Serie Photo-Shoot

Nach einigen Jahren dort arbeitete ich dann bei Core Design im Bereich Modellierung und Texturierung. Meine derzeit letzte Station ist eine neue Spielefirma namens Circle Studio.

Momentan arbeite ich an einer neuen Animation mit dem Titel „The Normals". Es handelt sich dabei um ein selbst finanziertes Projekt, das ich in meiner Freizeit durchführe. Ich bin bereits seit 18 Monaten damit beschäftigt und plane, es in den kommenden sechs Monaten abzuschließen. Es wird dann auf einigen Festivals gezeigt und an Fernsehsender verschickt.

Ich hoffe, dass diese Arbeit dort als Basis für eine neue Serie dient. Es war immer schon mein Traum, meine Arbeiten einem größeren Publikum präsentieren zu können. Beide Arbeiten, „This Wonderful Life" und „The Normals", bedeuten mir sehr viel. Mir ging es immer so, dass mich die aus eigenen Ideen entstandenen Bilder und Projekte viel stärker ausfüllen und kreativ fördern.

Was meine Hard- und Software betrifft, so arbeite ich noch immer mit 3DS Max für die Modellierung und setze Brazil für das Rendering ein. Zusätzlich benutze ich einige Plug-ins für die Simulation von Haaren und Kleidung sowie Photoshop für die Texturierung. **«**

Einblicke in ein Arbeitsbeispiel

Im Oktober 2004 machte das belgische MAXIM-Magazin eine Leserbefragung über das attraktivste virtuelle Geschöpf. Die folgenden Bilder geben Einblicke in das für diesen Wettbewerb von mir eingereichte Projekt.

Ich begann mit der Modellierung der Augen. Meine Technik dabei ist, zwei hoch aufgelöste Kugeln zu erzeugen, wobei eine etwas größer als die zweite ist.

Die äußere Kugel wird später das Augenweiß und die Wölbung der Hornhaut darstellen. Die innere Kugel simuliert die Pupille samt Iris.

Zuerst selektiere ich die größere Kugel und wähle dort den vorderen Polpunkt aus. Diese Selektion weite ich dann mithilfe der Soft-Selection-Funktion von 3DS Max so aus, dass ein weicher Übergang zu den umliegenden Punkten entsteht.

Zieht man nun den Polpunkt nach vorne, folgen die benachbarten Punkte weich mit und formen so automatisch die Wölbung der Hornhaut.

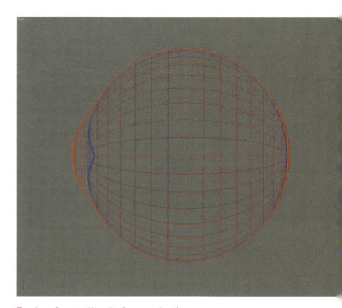

Zwei verformte Kugeln formen das Auge

Mit der inneren Kugel verfahre ich nach dem exakt gleichen Muster, ich drücke dort den Polpunkt jedoch nach innen. Die obige Abbildung zeigt das Resultat. Damit ist die Modellierung bereits abgeschlossen.

Was das Mapping der Texturen betrifft, so projiziere ich das Material für beide Kugeln mit der Shrink-Wrap-Methode, wobei diese auf den vorderen Pol ausgerichtet ist. Zusätzlich benutze ich bei der inneren Kugel die Flächenprojektion, um die Weite der Iris einfacher steuern zu können.

Was die eigentlichen Texturen für das Auge betrifft, so lege ich vier Bilder an. Diese steuern dann die Farbe, den Bump-Effekt, die Spiegelung und die Lichtdurchlässigkeit.

Ich beginne damit, die Farben für die Pupille festzulegen. Ich benutze häufig das Airbrush-Werkzeug, um eine Basisfärbung zu erzeugen. Auf dieser Ebene erzeuge ich dann streifenförmige Variationen, die radial von der Iris ausgehen.

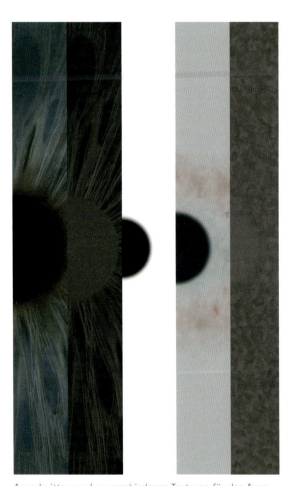

Ausschnitte aus den verschiedenen Texturen für das Auge

Auch hierfür verwende ich gerne das Airbrush-Werkzeug. Was die verwendeten Farben angeht, so kann ein Spiegel nützlich sein, in dem man die Verteilung der Farben im eigenen Auge beobachten kann.

Weicht die eigene Augenfarbe zu stark von derjenigen ab, die das 3D-Modell haben soll, müssen andere Referenzen besorgt werden. Diese sind unbedingt zu benutzen, da die verschiedenen Augenfarben ganz bestimmte Farbschemen haben, was z.B. die Umrandung der Pupille angeht.

Aus der Farb-Map kann dann durch Konvertierung zu Graustufen eine Bump-Map generiert werden. Dabei sollten der Kontrast zusätzlich verstärkt und die Helligkeit angepasst werden. Ansonsten sind aber keine weiteren Details selbst hinzuzufügen.

Was die Glanzeigenschaften der Pupille betrifft, so weise ich dafür nicht extra eine eigene Map zu. Sorgen Sie nur dafür, dass die Oberfläche später genügend Licht auffängt und wieder reflektiert.

Sind diese Texturen fertig, beginne ich mit den Maps für die äußere Kugel. Auch hier starte ich wieder mit der Farb-Map und zeichne dort auf hellem Hintergrund die feinen Äderchen ein. In der Mitte, dort wo die Pupille liegt, ergänze ich einen dunkelgrauen Kreis. Der Rand dieses Kreises wird später die ringförmige Abdunklung um die Pupille herum erzeugen.

Für die Bump-Map erzeuge ich in Photoshop eine subtile Struktur aus verschiedenen Störungen. Diese sollen auf dem Objekt die feinen Unregelmäßigkeiten darstellen. Achten Sie nur darauf, den Bereich über der Pupille auszusparen. Dort verwende ich nur einen einheitlichen Grauton.

Schließlich erzeuge ich die Map für die Transparenz bzw. die Lichtdurchlässigkeit der äußeren Kugel. Diese Map besteht wenig spektakulär nur aus einer weißen Fläche mit einem weichgezeichneten schwarzen Kreis in der Mitte, dort wo die Wölbung der Hornhaut liegt. Dieser Bereich wird dadurch transparent und gibt den Blick frei auf die darunter liegende Pupille.

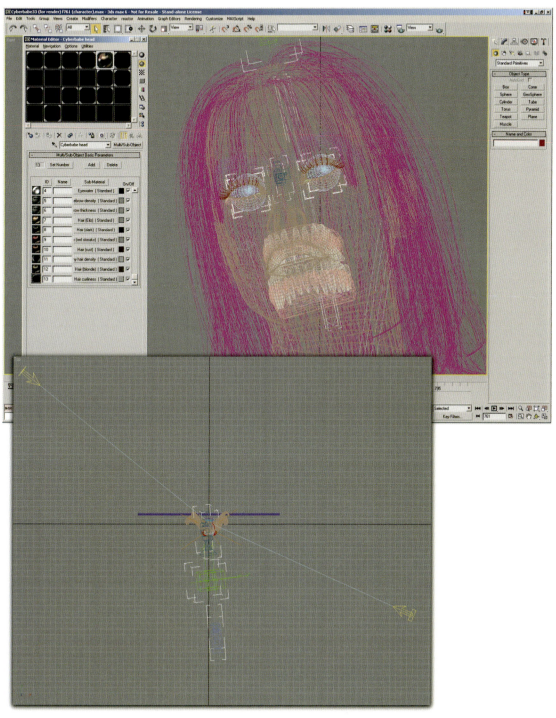

Die in Szene gesetzte Figur

Im Material selbst aktiviere ich zusätzlich 20% spiegelnde Eigenschaften für die äußere Kugel. Dies sorgt dafür, dass sich die Umgebung im Auge spiegelt. Der Effekt ist dabei aber dezent genug, dass die farblichen Eigenschaften des Auges weiterhin sichtbar bleiben.

Die Augen werden dann in den Kopf der Figur eingesetzt und mit entsprechenden Verknüpfungen versehen, damit die Ausrichtung der Augen leicht gesteuert werden kann.

In der unteren Einblendung der Abbildung auf der vergangenen Seite sehen Sie die beiden Bezugsobjekte für die Augen als grüne Würfel dargestellt. Der Abstand zwischen diesen Zielobjekten muss dabei natürlich so gewählt werden, dass die Augen weder schielen noch deren Blickrichtung auseinander geht.

Zudem muss die richtige Achse für die Augen gewählt werden, damit auch tatsächlich die Pupillen auf die Zielobjekte ausgerichtet werden und nicht z.B. die Rückseite der Augen.

Neben diesen Hilfsobjekten und der Kamera erkennen Sie dort im Bild auch, wie ich die Beleuchtung angelegt habe. Ich orientiere mich dabei an der klassischen Studiobeleuchtung. Die Hauptlichtquelle liegt hier rechts hinter der Kamera. Dieses Licht sorgt für die Grundausleuchtung und die Glanzlichter im Auge und auf der Flanke des Modells.

Eine zweite Lichtquelle steht dieser Position praktisch gegenüber, hinter der Figur. Dieses Licht ist wesentlich schwächer und simuliert die von der Studioumgebung auf die Figur zurückgeworfene Beleuchtung. Zudem ist die Lichtfärbung bei dieser Lichtquelle etwas wärmer und somit dem rötlichen Farbverlauf angepasst, der für den Hintergrund geplant ist.

Beide Lichtquellen werfen Schatten auf die Figur und das als Accessoire zusätzlich in die Szene eingebrachte Geländer.

Die dritte Lichtquelle ist steil über der Figur platziert und rötlich eingefärbt. Dieses Licht verleiht der Haut eine natürlichere Färbung und erzeugt zusätzliche Lichtreflexe z.B. auf den Lippen.

Wie unschwer in der Abbildung auf Seite 89 zu erkennen, benutze ich eine komplexe Haarsimulation aus einzelnen Strähnen, um die Variationen der Frisur abbilden zu können.

Die Abbildungen auf der folgenden Seite zeigen weitere schattierte Ansichten der Szene samt der finalen Komposition und Pose. Das daraus resultierende Bild ist gleich zu Beginn der sich anschließenden Galerie meiner Arbeiten zu finden.

Weitere Arbeitsproben finden Sie unter *www.this-wonderful-life.com*.

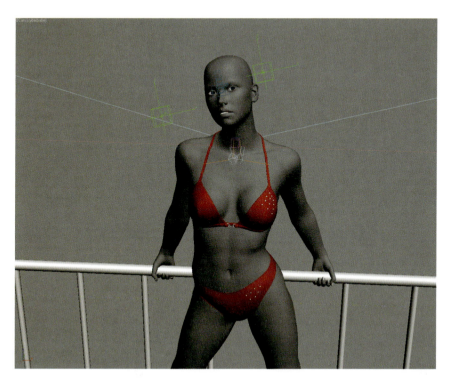

Editoransichten der Szene

MAXIM-Cyberbabe

Bild aus der Serie Photo-Shoot

Bild aus der Serie Photo-Shoot

Bild aus der Serie Photo-Shoot

Bild aus der Serie Photo-Shoot

Bild aus der Serie Photo-Shoot

Francois de Swardt

Nicht immer geht es bei der Modellierung um eine möglichst realistische Darstellung. Gerade die Vielfalt möglicher Techniken und Stilrichtungen macht ja die Faszination von 3D-Grafiken aus.

Aus meiner Sicht zwischen Comicfiguren und moderner Barbie-Puppe angesiedelt sind die Arbeiten von Francois de Swardt aus Südafrika. Lassen wir ihn selbst etwas über sich und seine Arbeiten erzählen.

» Ich bin 33 Jahre alt, gelernter Designer und komme aus Pretoria, Südafrika. 3D-Grafik betreibe ich derzeit mehr als Hobby als beruflich.
Solange ich mich erinnern kann, mochte ich das Zeichnen, ich war aber auch immer schon an 3D-Grafiken interessiert. Ihren Ursprung hat diese Passion, als ich 1989 eine Dokumentation des australischen Fernsehens namens „Beyond 2000" zum Thema 3D-Animationen sah.

Diese Dokumentation ging davon aus, dass eine auch nur halbwegs realistische Darstellung von Menschen für immer eine Utopie bliebe, da die dafür notwendige Rechenleistung niemals zur Verfügung stehen würde. Wie schnell sich doch die Welt und vor allem die technischen Möglichkeiten wandeln können.

Einmal abgesehen von ein paar 3D-ähnlichen Vektorgrafiken, die ich so um 1989 auf meinem XT-Computer erstellte, begann ich erst ca. 1995, mit der Software CorelDREAM 3D und Corel MOTION 3D echte 3D-Grafiken zu erstellen.

Die Animationsmöglichkeiten waren noch extrem begrenzt und auch die Modellierung beschränkt sich eher auf die Kombination diverser Grundobjekte, wie Würfel, Kugel oder Zylinder und 3D-Text. Zudem waren die Renderzeiten auf meinem 486er AT Computer so hoch, dass an Animationen gar nicht zu denken war, ganz zu schweigen von der Erzeugung von 3D-Figuren.

In den folgenden Jahren arbeitete ich mit Ray Dream Studio 5 und Poser 3 (*www.e-frontier.com*), wurde damit aber auch nicht glücklich. Ray Dream Studio war nicht wirklich für die Modellierung organischer Objekte oder Figuren ausgelegt und Poser-Figuren sahen zwar qualitativ schon recht gut aus, waren aber irgendwie alle gleich. Es fehlte die Möglichkeit der Individualisierung der Figuren.

Ich sah mich daher nach einer alternativen Software um, mit der sich besonders die organische Modellierung gut erledigen ließe. Zugleich musste ich mir aber auch eingestehen, dass ich nicht unbedingt talentiert in Sachen 3D-Modellierung war und das alles schließlich nur ein Hobby darstellte. Ich war also nicht unbedingt bereit, Unsummen für die Software auszugeben. Ich recherchierte tagelang im Internet und stieß dabei schließlich auf die Software Hash's Animation Master (*www.hash.com*), die mich auch finanziell nicht überforderte.

Zuerst war ich überwältigt von der Funktionsvielfalt und den komplexen Arbeitsabläufen, die nun einmal zur Modellierung einer Figur gehören. Ich versuchte, mir Tipps von anderen Animation Master-Benutzern zu holen, aber die wenigsten beschäftigten sich dabei mit Realismus. Der Großteil arbeitete eher an Karikaturen und Comicfiguren. Ich musste mir also alles selbst beibringen.

Ich arbeitete damals bereits an einer ersten Version meines Angelique-Charakters, wenngleich auch noch nicht mit zufriedenstellenden Resultaten. Als Ziel hatte ich, Angelique für ein Musikvideo zu einem Titel einzusetzen, den ich selbst komponiert und produziert hatte.

Ich setzte mir dabei eine Frist von einem halben Jahr, was aus heutiger Sicht sehr blauäugig war. Natürlich schaffte ich es in dieser Zeitspanne weder, die Figur nach meinen Vorstellungen fertig zu modellieren, noch, sie zu animieren. Ich wusste damals noch nicht, dass die Arbeit an einem bestimmten 3D-Character eine Aufgabe sein kann, die sich über Jahre hinzieht.

Dies demotivierte mich damals so, dass ich die Arbeit für einige Monate ganz ruhen ließ. Schließlich packte mich Mitte 2004 wieder die Passion für 3D und ich entschied mich abermals zu einem Wechsel der Software, diesmal zu Cinema 4D (*www.maxon.net*).

Die zahlreichen erhältlichen Plug-ins und die sehr gute Anbindung an die Animationssoftware Alias Motionbuilder (*www.alias-systems.de*) machten die Entscheidung leicht.

Um Arbeit zu sparen, übernahm ich die Geometrie der Figur aus Animation Master und importierte sie in Cinema 4D. Dort standen mir nun Möglichkeiten der Kleidungssimulation und der Haarsimulation, z.B. über Joe Alter's Shave and a Haircut-Plug-in zur Verfügung (*www.joealter.com*).

Beim Rigging, also der Vorbereitung der Figur für die Animation z.B. mit Bone-Deformatoren, half mir Fabian Rosenkranz, der u.a. auch Plug-ins für Cinema 4D programmiert. Ich konnte nun erstmals meinen Angelique-Character auch Animationen ausführen lassen.

Als ich dann durch Zufall die Arbeiten von Steven Stahlberg (*www.androidblues.com*) und dessen Demoreel sah, wusste ich, wie lang der Weg für mich noch sein würde, wenn ich diese Qualität überhaupt je erreichen sollte. Diese Erfahrung führte dazu, dass ich meine Figur löschte, um völlig neu zu beginnen.

Die derzeit aktuelle Version der Figur ist somit bereits die dritte und sicher noch lange nicht die letzte. **《**

Ein Arbeitsbeispiel

Für mich hat sich eine gewisse Arbeitsaufteilung zwischen verschiedenen Programmen bewährt. So setze ich derzeit Cinema 4D für die Modellierung, die Vorbereitung zur Animation, sowie für die Texturierung Ausleuchtung und Berechnung ein.

Animation Master benutze ich sowohl für Stills als auch bei Animationen zum Posen der Figur. Dort ist einfach aufgrund der schnellen OpenGL-Darstellung auch komplexer Figuren ein zeitnahes Arbeiten möglich.

Die Software Blender nutze ich für die Simulation von Flüssigkeiten. Unglaublich, was diese frei erhältliche Software leistet (*www.blender.org*).

PhotoImpact nutze ich für die Nachbearbeitung von Bildern und für die Arbeit an Texturen. Handelt es sich um Animationen, nutze ich Mediastudio Pro für das Editieren der Filme.

Wenn Sie wie ich 3D eher als Hobby betreiben, kann ich Ihnen für den Aufbau Ihrer Szenen nur ans Herz legen, sich auch ruhig einmal fertige Objekte aus dem Internet zu laden. Vieles ist bereits frei erhältlich oder für einen relativ zum Arbeitsaufwand geringen Betrag direkt bei 3D-Künstlern oder einschlägigen 3D-Diensten wie Turbosquid (*www.turbosquid.com*), 3D Export (*www.3dexport.com*) oder dem Klassiker 3D Cafe (*www.3dcafe.com*) zu bekommen.

Achten Sie stets darauf, wo Sie diese Objekte einsetzen. Nicht alle sind auch für kommerzielle Projekte freigegeben. Fragen Sie bei Zweifeln direkt beim 3D-Künstler nach, der das Objekt zum Verkauf anbietet.

Dieser Möglichkeit habe ich mich bei diesem Beispiel auch bedient. So benötigte ich für die Szene ein modernes Motorrad.

Sie können sich vorstellen, wie zeitaufwändig dessen Modellierung sei kann, zudem wenn es nur als „Nebendarsteller" oder Requisite in einer Szene benötigt wird. Ich habe ein passendes Objekt daher beim Künstler Jamie Hamel Smith gefunden und dort auch erworben.

Den Character erstellen und vorbereiten

Beginnt man ganz neu mit der Modellierung einer Figur, kann ich nicht genug betonen, wie wichtig die Benutzung geeigneten Referenzmaterials ist. Dies können Bilder oder Skizzen sein.

Fotos sind generell zu bevorzugen, da sich bei Handskizzen z.B. oft kleine Fehler bei den Proportionen der Gliedmaßen einschleichen. Diese übertragen sich dann auf die Figur und oftmals merkt man viel zu spät, dass irgendetwas mit dem Modell nicht stimmt.

Das Internet ist voll von geeigneten Bildern, wobei für die Modellierung aufbereitete Referenzen auch etwas kosten können. Schwebt Ihnen eine bestimmte Pose vor, wäre es natürlich ideal, wenn Sie eine echte Person selbst abfotografieren können.

Für mich ist die weibliche Körperform mit die schwierigste, wenngleich auch die faszinierendste Aufgabe bei der Modellierung. Besonders das Gesicht, der Busen und der Po sind unheimlich schwierig, gut zu modellieren. Oftmals sind es nur Nuancen, die solche Formen dann unnatürlich wirken lassen.

Der Körper kann perfekt modelliert sein, wenn dann aber das Gesicht in seiner 3D-Umsetzung Schwächen zeigt oder gar zu männlich wirkt, ist die Gesamtwirkung der Arbeit dahin. Es sollte daher immer auf alle Körperteile die gleiche Sorgfalt verwendet werden. Besonders die Augen spielen eine wichtige Rolle.

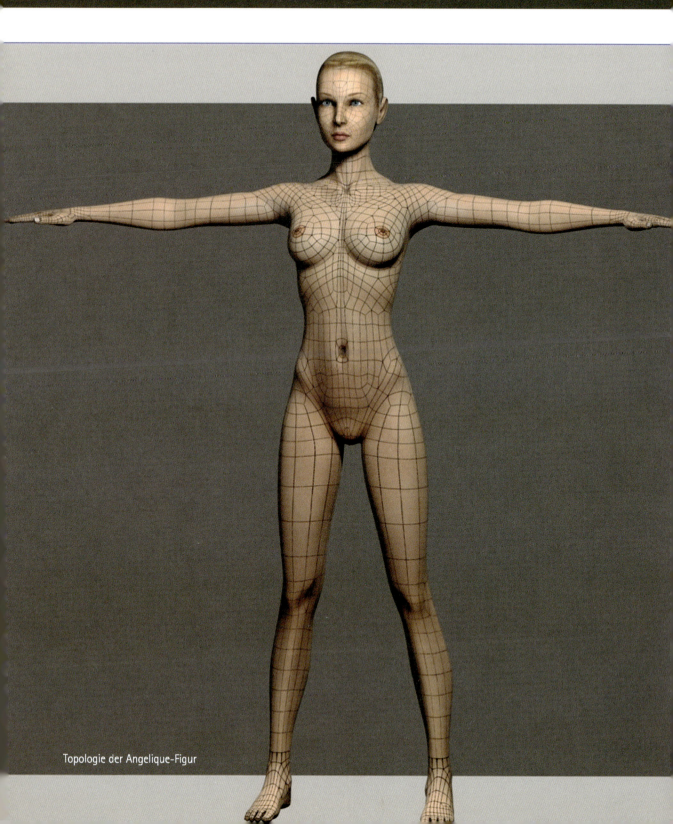

Topologie der Angelique-Figur

Ich habe zwölf Bilder verschiedener Frauen zu einem neuen Gesicht verschmolzen und dieses dann als Referenz für Angelique genommen. Später nahm ich dann noch kleine Veränderungen vor, um das Gesicht noch stärker meinem Verständnis von Schönheit anzupassen.

Was die Topologie, also die Anzahl und Anordnung der Polygone auf der 3D-Oberfläche der Figur angeht, so sollte man diese frühzeitig planen. Im Nachhinein kann die Umstellung der Polygone arbeitsintensiver als das Neumodellieren sein.

Soweit ich weiß, existiert die perfekte Topologie nicht, es gibt jedoch Ansätze, die besser funktionieren als andere.

Sinn und Zweck einer guten Topologie sollte es sein, die Polygone so anzuordnen, dass sich die Oberfläche möglichst natürlich verformen lässt. Dies ist vor allem im Bereich der größeren Gelenke, wie z.B. den Knien oder Schultern, aber auch im Bereich der Augen und des Munds sehr wichtig.

Wie Sie an der letzten Abbildung erkennen können, sind die Bereiche um die großen Gelenke herum zusätzlich höher unterteilt, damit sich diese Stellen besser mit Deformatoren biegen lassen.

Für die Texturierung setze ich gerne Bilder ein, die ich direkt auf die Geometrie lege. Die dafür notwendige Software Bodypaint 3D ist bereits in meiner Version von Cinema 4D enthalten. So kann ich diesen Arbeitsschritt erledigen, ohne Programme zu wechseln.

Ich lege zuerst die Texturen mit den wichtigsten Hauttönen auf und ergänze dann fehlende oder in den Bildern verdeckte Stellen mit dem Clone-Brush-Werkzeug.

Letztlich ergänze ich noch einen speziellen Shader, der die Lichtstreuung in tieferen Hautschichten und den leichten Flaum auf der Haut simuliert. Gerade Letzteres gibt der Haut eine zusätzliche Weichheit und Zartheit. Dieser Effekt lässt sich gut auch mit einem Fresnel-Shader simulieren.

Fresnel: Unter diesem Begriff versteht man die Auswertung der Oberflächenneigung in Relation zum Blickwinkel. Flächen, die frontal zur Kamera stehen, können dann anders berechnet werden als diejenigen, die flacher zur Kamera liegen und somit vom Blick nur gestreift werden.

Dieser Effekt wird plastisch nachvollziehbar, wenn Sie sich vor eine Glasscheibe stellen und gerade hindurchsehen. Die Scheibe selbst wird dabei im Idealfall unsichtbar und wir können uns ganz auf die Objekte hinter dem Glas konzentrieren.

Blicken wir dann aber einmal parallel zur Glasscheibe oder in einem flacheren Winkel, wirkt das Glas plötzlich wie ein Spiegel und wir können kaum noch etwas von den Objekten hinter dem Glas erkennen.

Diesen Effekt kann man nun in 3D-Programmen für viele Zwecke einsetzen. Einerseits kann darüber das Verhältnis zwischen Transparenz und Spiegelung geregelt werden, so wie oben im Beispiel der Glasscheibe beschrieben. Zusätzlich kann aber z.B. auch die Helligkeit eines Objekts damit so gesteuert werden, dass die Umrisse des Modells heller als die frontal betrachteten Flächen wirken. Dies gaukelt dem Auge vor, dass die Oberfläche von feinen Strukturen wie z.B. von Fusseln oder Härchen bedeckt ist, die zusätzliches Licht einfangen.

Der Effekt ist daher auch sinnvoll bei verschiedenen Stoffen, wie z.B. Samt oder Wolle.

Anschließend bereite ich die Figur für die Animation vor. Dies ist auch notwendig, wenn nur ein Standbild erzeugt werden soll, da die Figur in der neutralen T-Pose erstellt wurde. Diese macht es einfacher, die Figur zu texturieren und für die Animation vorzubereiten.

Ich ziehe die benötigten Bone-Objekte in die Figur und weise jedem Bone Bereiche der Oberfläche zu, die entsprechend der Bone-Bewegung nachfolgen sollen. Für die Simulation der Bekleidung verdopple ich die Figur zuerst. Dies stellt sicher, dass sich die Kleidung und die Figur bei Deformationen ähnlich verhalten, da die Unterteilungen an beiden Objekten an den gleichen Stellen liegen. Zudem wird dadurch die Texturierung der Kleidung vereinfacht, da die UV-Koordinaten der Figur auch für die Kleidung benutzt werden können.

Setup der Szene

Simulation der Haare

Seit in Cinema 4D auch ein eigenes Modul für die Erzeugung und Simulation von Haaren integriert ist, hat sich die Erstellung der Haare sehr vereinfacht.

Die Software übernimmt die dynamische Simulation, so dass ich mich nur noch um die Formgebung und die Farbe der Haare kümmern muss. Dies ist gerade beim Angelique-Character entscheidend, da sie recht lange Haare hat. Ich gehe dabei meistens so vor, dass ich die Figur in der neutralen T-Pose belasse und dort die Haare nach Belieben ergänze. Ist dies abgeschlossen, animiere ich die Figur in der gewünschten Pose.

Durch die dynamischen Eigenschaften der Haare folgen diese Objekte dann der Animation der Figur und prallen natürlich von Körper und Kleidung ab. Hat die Figur schließlich in der Animation ihre Endposition erreicht, wirkt die Frisur sehr viel natürlicher, als wenn ich sie von Hand in die gewünschte Form gebracht hätte.

Generell versuche ich, die Szenen sehr einfach aufzubauen, damit die Aufmerksamkeit des Betrachters nicht von der Figur abgelenkt wird. Dies erleichtert auch mir die Arbeit, da ich mich ganz auf Angelique konzentrieren und sie ins rechte Licht rücken kann.

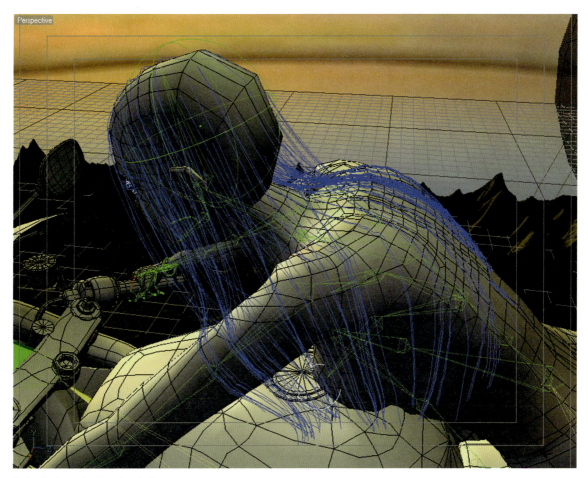

Nahaufnahme der Haarsimulation

Da die Szene mit dem Motorrad als Animation gedacht ist, exportiere ich dann das Motorrad und die Figur nach Motionbuilder. Damit ich dort auch die Lenkerbewegung steuern kann, habe ich das Motorrad ebenfalls mit einigen wenigen Bones versehen.

Da das fertige Bild aus einer Komposition von zwei Motiven bestehen soll, fand ich es eine gute Idee, einfach zwei verschiedene Animationen innerhalb von Motionbuilder zu erzeugen und aus diesen dann später zwei Bilder zu extrahieren.

Dazu exportiere ich die animierten Objekte wieder aus Motionbuilder in Cinema 4D und platziere dort die Kamera und zusätzliche Lichtquellen. Zudem ergänze ich einfache Objekte, wie Felsen und Himmel, um der Szene einen Rahmen zu geben. Auch hier gilt für mich die Regel „weniger ist mehr", um die Rechenzeiten niedrig zu halten.

Da meine Szenen generell sehr simulationslastig sind, wegen der langen Haare und der Kleidungssimulationen, habe ich mir eine gewisse Reihenfolge der Arbeiten angewöhnt.

Die finale Komposition

Ich beginne immer damit, die Kleidungsstücke einzeln berechnen zu lassen. Da in dieser Szene keine Kleidungsstücke in mehreren Ebenen übereinander liegen, benötige ich dafür nur einen Durchgang. Ansonsten müssten die Kleidungsstücke von innen nach außen berechnet werden, damit die Kollisionserkennung weiterhin funktioniert. Bei eng anliegender Kleidung versuche ich natürlich, möglichst ganz ohne dynamische Simulationen auszukommen. Hier kann sich der Stoff einfach mit der Figur verformen.

Die Haare sind dann der letzte Teil der Simulation, damit diese auch auf den Kleidungsstücken reagieren können. Zusätzlich können Kleidung und Haare dann noch mit Turbulenzen und Wind belegt werden, um sie während der Animation nicht so statisch wirken zu lassen. In der Abbildung auf Seite 106 sehen Sie schließlich die finale Komposition.

Angelique

Angelique

Angelique

Angelique Version 3 - Epiphany Press Kit Photo 1 — Created by Francois de Swardt - ©2005 Epiphany Sound & Imag

Angelique

Angelique

Max Edwin Wahyudi

Nicht nur kommerziell arbeitende Künstler sind dem Reiz der Modellierung von 3D-Figuren erlegen. Stellvertretend für die vielen so genannten Hobby-User, Schüler und Studenten möchte ich hier Max Edwin Wahyudi vorstellen, dessen Arbeiten mich spontan begeisterten.

Er beschäftigt sich hauptsächlich mit der Rekonstruktion bekannter Hollywood-Größen, wie z.B. Natalie Portman, Angelina Jolie oder auch Bratt Pitt. Man könnte dies als bloße Fanart abtun, der Perfektion seiner Modelle würde man damit jedoch nicht gerecht. Aber lassen wir ihn selbst zu Wort kommen.

» Ich bin 23 Jahre alt und stamme aus Indonesien. Ich kam vor ca. zwei Jahren das erste Mal mit 3D-Programmen in Berührung und war sofort von deren Möglichkeiten begeistert. Ich kann diese Begeisterung nicht an etwas Speziellem festmachen, vielleicht lag es einfach daran, dass ich schon immer gerne gezeichnet und mit Bildern gearbeitet habe.

Was den Umgang mit den Programmen angeht, so erlernte ich diesen ausschließlich mithilfe der beiliegenden Dokumentationen. Zudem halfen mir die mitgelieferten Tutorials und die im Netz verfügbaren Arbeitsbeispiele sehr.

Ich brachte mir auf diese Weise 3ds Max und Photoshop bei. Noch recht neu in meinem Arsenal ist die Software ZBrush, die mich mit ihren intuitiven Werkzeugen zur 3D-Modellierung und Oberflächengestaltung sehr an die Arbeit mit Ton oder Knete erinnert.

Letztlich ermöglichte es mir erst dieses Programm, die mir vorschwebende Detailtreue zu erzielen. Die Vorgehensweise ähnelt dabei sehr dem traditionellen Zeichnen.

Was meine Pläne für die Zukunft angeht, so bin ich derzeit auf der Suche nach einer geeigneten Schule, an der ich mehr über 3D-Grafik und Modellierung lernen kann. «

Natalie Portman

In diesem Kurzworkshop möchte ich einen Einblick in die Entstehung meines Modells von Natalie Portman geben. Die Modellierung erfolgte dabei ausschließlich in ZBrush. Die Texturierung sowie das Hinzufügen der Haare und die Berechnung wurden dann in Studio Max erledigt.

Für alle diejenigen unter Ihnen, die ZBrush noch nicht kennen, hier ein kurzer Abriss, wie dort die Modellierung gehandhabt wird.

Arbeiten mit ZBrush

Grundsätzlich gibt es zwei Möglichkeiten, mit der Modellierung zu beginnen. Die gängige und auch von mir mittlerweile empfohlene Methode besteht darin, ein niedrig aufgelöstes Polygonobjekt in einer anderen 3D-Software zu erstellen. Man versucht also, mit nur wenigen Polygonen bereits die Grundform des zu modellierenden Objekts anzunähern. Man sollte dabei darauf achten, möglichst nur viereckige Polygone zu verwenden, da diese später besser mit den Unterteilungsalgorithmen von ZBrush funktionieren.

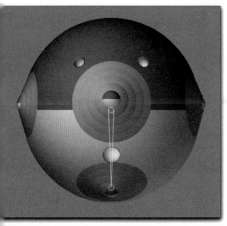
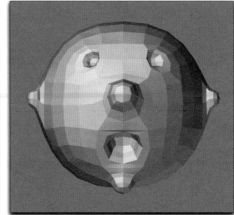
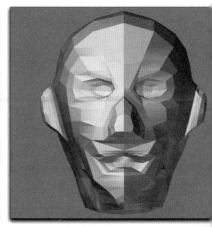
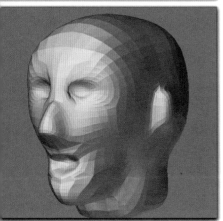
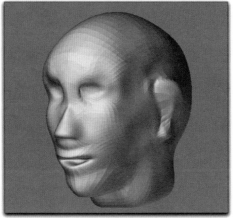
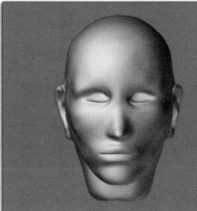

Beispielhafte Erstellung von Grundmodellen in ZBrush

Falls möglich, sollte man dann auch gleich die UV-Koordinaten dieses Modells abwickeln. Diese können dann sofort von ZBrush mit eingelesen werden. ZBrush kann UV-Koordinaten zwar auch selbständig erzeugen, diese sind dann aber von ihrer Anordnung her nicht mehr so gut zur Weiterverarbeitung in anderen 3D-Programmen geeignet.

Das so vorbereitete Objekt kann dann vorzugsweise im OBJ-Format an ZBrush übergeben werden.

Der zweite Weg beginnt gleich in ZBrush, wo mithilfe von so genannten Z Spheres zuerst eine stark stilisierte Form entsteht. Ausgehend von einer Startkugel können beliebig viele Kugelketten erzeugt werden, die z.B. Arme und Beine darstellen können. Bezogen auf die Modellierung eines Kopfs, können Z Spheres auch in sich selbst verschoben werden und so Löcher oder Höhlungen erzeugen.

Dies lässt sich z.B. für die Darstellung von Augen- und Mundhöhlen nutzen. Die Abbildungen auf der Seite zuvor zeigen links oben eine solche Z Sphere-Anordnung, wie sie für einen Kopf benutzt werden kann.

Diese Kugelketten lassen sich dann mit einer Polygonhülle umgeben, die durch wie Magnete wirkende Werkzeuge verzerrt und verschoben werden kann. Die Bilder in der ersten Reihe auf Seite 114 zeigen, wie

sich dadurch sehr schnell eine Grundform für einen Kopf erstellen lässt.

Nun gilt es, das Modell weiter zu unterteilen, um mit den zahlreichen Werkzeugen weitere Details hinzufügen zu können.

Durch den intuitiven Umgang mit den Malwerkzeugen können Formen sehr schnell und fast spielerisch erzeugt werden. Ich möchte aber dennoch die vorherige Modellierung des niedrig aufgelösten Objekts in einer anderen 3D-Software empfehlen.

Die Arbeit mit Bildvorlagen und das Anlegen individueller Loop-Verläufe sind dort einfach noch komfortabler. Bei der Ausmodellierung hat dann ZBrush wieder die Nase vorne. So konnte der einfache Kopf aus der letzten Abbildungsserie z.B. in nur wenigen Minuten modelliert werden.

Als ich mit der Modellierung von Natalie Portman begann, arbeitete ich allerdings noch mit Z Spheres, wie die obige Bildfolge belegt. Als Referenz wurden zahlreiche Bilder benutzt, die sich über das Internet finden lassen. Durch kontinuierlichen Vergleich von Modell und Fotos wurde dann die Form so verfeinert, bis sie der Schauspielerin ausreichend ähnlich sah.

Nachdem die Grundform stand, konnte ich dann das Objekt immer stärker unterteilen, um feinste Details

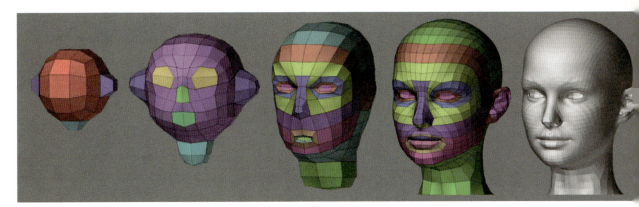

Arbeitsschritte der Modellierung aus Z Spheres

wie die Falten um die Augen und die Riefen auf den Lippen oder auch die leichten Erhebungen bei den Leberflecken zu modellieren.

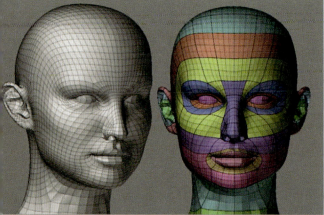

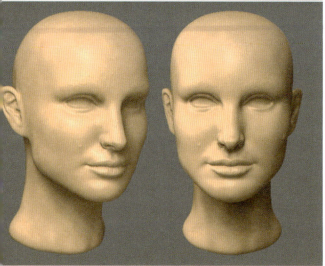

Zwischenstadium der Modellierung

Hinzufügen feinster Details

Die Möglichkeit, nahezu ungebremst auch noch an Objekten mit 1 oder 2 Millionen Polygonen arbeiten zu können, verführt natürlich dazu, diese Dichte an Informationen auch mit Details zu füllen, die man ansonsten nur über Bum-Maps realisieren würde.

So fuhr ich fort, auch Poren und andere feinste Strukturen der Haut mit Stempelwerkzeugen und Pinseln herauszumodellieren.

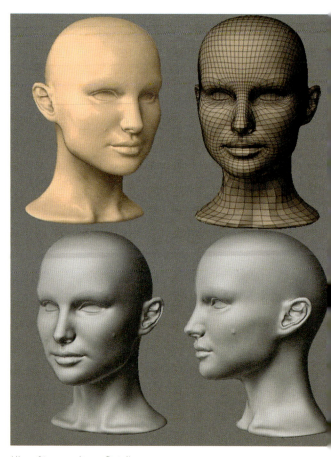

Hinzufügen weiterer Details

Die obige Bildfolge gibt zudem wieder, wie ich den Kopf langsam auch in Richtung Oberkörper ausformte, um mehr Gestaltungsfreiraum bei der späteren Bildkomposition zu haben.

Im Prinzip kommt man bei der Gestaltung der Haut bereits mit den bei ZBrush mitgelieferten Pinselformen und Pinselspitzen aus. Oftmals kann man bereits mit feinen, sich überkreuzenden Linien Fältchen oder mit kleinen in die Oberfläche gedrückten Kugeln Poren realistisch darstellen.

Auf diese Weise ergänzt man Schicht für Schicht immer mehr Details, wie das vorliegende Objekt aufgrund seiner Polygondichte einfach nicht mehr Details darstellen kann.

Falls nötig, erhöht man dann die Unterteilung eine weitere Stufe und fährt damit fort. Wird der Bildschirmaufbau zu träge, um noch in Echtzeit arbeiten zu können, steht ein besonderes Werkzeug namens Projection Master zur Verfügung. Mit dessen Hilfe lässt sich der aktuelle Bildinhalt einfrieren und als Bild weiter bearbeiten. Dies geht natürlich um einiges schneller, als wenn das Programm direkt die Polygone verschieben müsste.

Hat man genügend Details aufgemalt, verlässt man den Projection Master wieder und die Bildinformationen werden auf das 3D-Objekt umgerechnet. Auf diese Weise lassen sich gleichzeitig Farben auftragen und Veränderungen an der Oberfläche durchführen.

Falls Sie noch nie mit ZBrush gearbeitet haben, werden Sie vielleicht über die hohe Anzahl an Polygonen erstaunt sein, die im Prinzip eine sinnvolle Weiterverwertung oder z.B. Animation in einem anderen Programm zumindest deutlich erschweren würde.

Der eigentliche Clou von ZBrush besteht jedoch darin, dass alle durchgeführten Veränderungen und Unterteilungen auf eine Displacement-, Bump- oder Normal-Map umgerechnet werden können. Diese kann dann in einer anderen 3D-Software wieder dem niedrig aufgelösten Ausgangsobjekt zugewiesen werden. Das Displacement wird dann erst während des Rendervorgangs aktiviert.

Dies erlaubt es uns, im Editor und z.B. bei der Animation mit dem niedrig aufgelösten Objekt zu arbeiten und gleichzeitig nach dem Rendering ein extrem hoch aufgelöstes Modell vorzugaukeln.

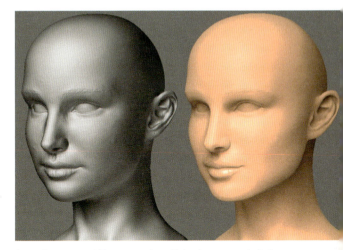

Augenbrauen und Lippen werden stärker herausgearbeitet

Das Faszinierende dabei ist, dass sich aufgrund der vorhandenen UV-Koordinaten das Displacement und damit all die feinen zuvor in ZBrush modellierten Details auch bei einer Animation des niedrig aufgelösten Objekts realistisch mit verschieben und verformen.

Verformt man die Lippen zu einem Lächeln und verlagert dabei die Wangen etwas näher an die Augen, wandern also die Fältchen realistisch mit.

Soweit gehen jedoch meine Experimente derzeit noch nicht. Ich beschränke mich auch wegen meines nicht so leistungsstarken Rechners noch auf Standbilder.

Wie auf den obigen und den folgenden Bildern zu sehen, arbeitete ich zuerst den gewünschten Detailgrad heraus und begann dann damit, Farben hinzuzufügen. Auch dies lässt sich direkt in ZBrush erledigen.

Man gibt einfach die gewünschte Größe der Textur in Pixeln an und beginnt damit, beliebige Farben und Muster mit diversen Pinsel-Werkzeugen aufzutragen. Auch hierbei hilft wieder der Projection Master, wenn mit sehr hoch unterteilten Objekten gearbeitet wird.

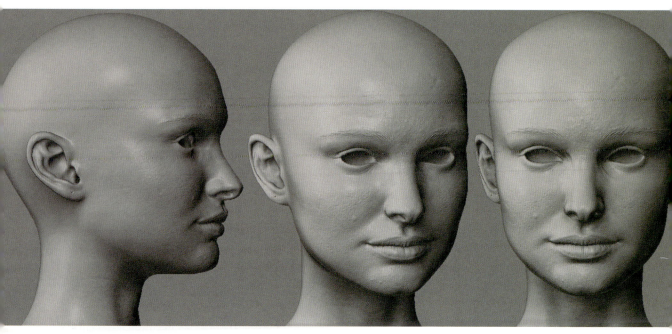

Der Endzustand nach der Modellierung in ZBrush

Neben den eher für Nahaufnahmen und Detailansichten des Kopfs interessanten Hautstrukturen kann
man auch recht viel Zeit mit anderen Bereichen verbringen. So habe ich z.B. auch versucht, die inneren
Strukturen der Ohren möglichst realitätsnah umzusetzen. Passendes Bildmaterial ist da schon etwas
schwieriger zu finden, da auch oft Haare im Weg
sind, aber schließlich habe ich doch noch brauchbare
Referenzen finden können.

Nebenstehend sehen Sie einige dieser Referenzen
und die entsprechenden Ansichten des 3D-Modells.

Die Augen

Als ich schließlich mit der Form des Kopfs zufrieden war, habe ich einen einheitlichen Hautfarbton
zugewiesen. Zu diesem Zeitpunkt war ich mir auch
noch nicht ganz klar darüber, wie ich die Augen am
besten umsetzen sollte. Erste Versuche gingen in die
Richtung, einfache Bilder auf die entsprechenden
Bereiche zu projizieren.

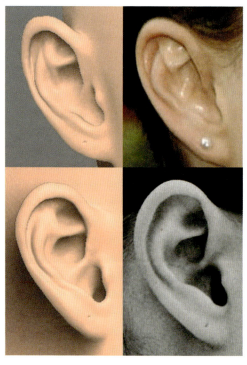

Referenzen für das Ohr

Das Problem besteht schlicht darin, dass das menschliche Auge seine Wirkung auf den Betrachter den Glanzpunkten und Spiegelungen verdankt. Zudem verleihen die von den Wimpern und den leicht überhängenden Lidern und Augenwülsten auf das Auge geworfenen Schatten eine gewisse Tiefe.

Es scheint also nur eine wirkliche Lösung zu geben, nämlich die tatsächliche Modellierung der Augen. Nur so kann später eine hinzugefügte Beleuchtung realistisch wirken.

Ich erledigte dies in 3ds Max und baute die Augen wie allgemein üblich aus zwei Objekten auf: der äußeren transparenten Hornhaut und dem inneren Auge mit der Pupille und den von dünnen Äderchen durchzogenen Augenweiß.

Dies erlaubt es mir, mich ganz auf die Farbe der Pupille zu konzentrieren. Die Spiegelungen und Glanzpunkte würden automatisch durch die Beleuchtung hinzukommen.

Erste Experimente gerieten farblich zu hell, die Augen wirken dann zu kühl und flach. Man darf sich hierbei nicht zu sehr von Fotos täuschen lassen, die oft unter Studiobedingungen mit perfekter Ausleuchtung erstellt werden.

Unter natürlichen Lichtverhältnissen sind die Pupillen sehr dunkel und auch das Augenweiß ist weniger weiß als vielmehr dunkelgrau mit einem leichten Hang zu Gelb- und Rottönen. Es hilft daher, sich mit der Pipette die Farbwerte aus Fotos im Bereich der Augen zu holen. Man ist dann oft überrascht, wie dunkel die Farben dort tatsächlich sind, obwohl die Augen auf dem Bild noch recht hell und strahlend aussehen.

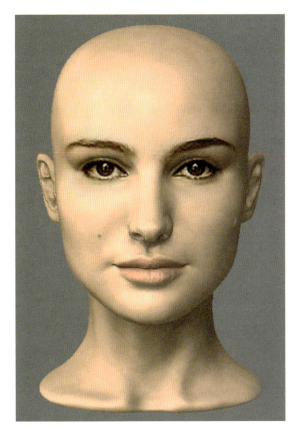

Per Projektion hinzugefügte Augen

Dies würde zwar die Bewegungsmöglichkeiten der Augen stark einschränken, jedoch ohne viel Aufwand realistisch aussehen.

Wie in der obigen Abbildung zu sehen, mag dies auf den ersten Blick eine gute Lösung sein. Als problematisch stellte sich jedoch heraus, dass alle Bilder bereits eine gewisse Beleuchtungssituation enthielten. Teilweise wiesen die Augen starke Glanzpunkte oder Schatten auf. Schwierig ist es auch, Bilder in ausreichend guter Qualität und Größe zu finden.

Letztlich habe ich diesen Weg dann doch wieder verworfen und als Nächstes selbst erstellte Bildcollagen verwendet. Diese hatten dann zwar eine ausreichende Größe und Detailtiefe, wirkten aber bei der Beleuchtung sehr flach und irgendwie leblos.

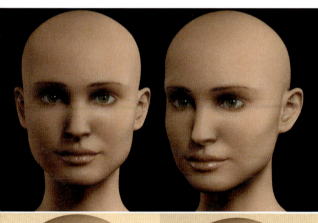

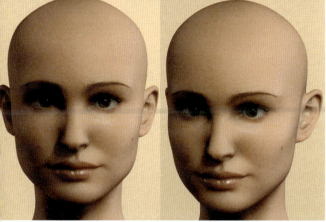

Variation der Augenfarbe und Helligkeit

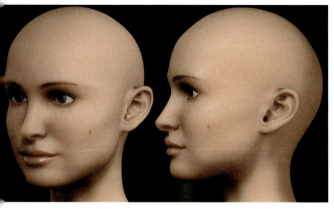

Erste Versuche mit dem Haut-Shader

Dies rührt von dem Helligkeitskontrast zur oft dunkleren Haut und den schwarzen Wimpern her. Schminke kann diesen Kontrast bei Frauen natürlich noch zusätzlich verstärken.

Wie in den nebenstehenden Abbildungen zu sehen, wirken die dunkleren Pupillen sehr viel natürlicher, zumal braune Augen sowieso tiefer und dunkler aussehen sollten.

Um die Augen passend einzurahmen, fehlen nun nur noch die Augenbrauen und Wimpern. Hier gibt es verschiedene Techniken. Wimpern können Stück für Stück einzeln z.B. aus gebogenen Zylindern und Splines nachmodelliert werden. Dies hat den Vorteil, dass die exakte Lage, Größe und Krümmung jeder Wimper individuell festgelegt werden kann.

Ich wählte einen anderen Weg und griff auf eine Haarsimulation zurück. Diese benutzt zwar auch Splines, also Kurven mit Stützpunkten, diese lassen sich jedoch durch spezialisierte Werkzeuge leichter „kämmen" und auch in großen Gruppen noch gut kontrollieren.

Zudem reichen oftmals wenige Kontrollsplines aus, um große Flächen mit Haaren oder Fell zu belegen. Die Frisur wird dann aus einer Interpolation der vorgegebenen Spline-Kurven ermittelt. Es muss also nicht wie bei den zuvor angesprochenen Techniken jedes Haar von Hand gesetzt und editiert werden, sondern es reichen einige wenige Kontrollsplines aus, die im Fall der Wimpern z.B. jeweils Anfang und Ende der Wimpernreihen auf den Lidern und noch eine Zwischenstellung in der Mitte der Lider wiedergeben.

Die gewünschte Gesamtzahl der zu erstellenden Wimpern kann dann bequem eingestellt werden. Die unterste Abbildung zeigt das Ergebnis an den Lidern und Brauen.

Die Haut

Was die Darstellung von Haut betrifft, so reicht eine einfache Farbtextur dafür nicht aus.

Wie man z.B. an den rot leuchtenden Ohren erkennen kann, wenn diese von hinten beleuchtet werden, dringt Licht in die Haut ein und durchdringt sogar dünne Stellen am Kopf, wie z.B. die Nasenflügel oder eben die Ohren. Sogar an den Fingern lässt sich dies gut beobachten.

Man spricht da in Zusammenhang mit der Berechnung in 3D-Programmen vom so genannten Sub Surface Scattering oder kurz SSS.

Unter diese Umschreibung fallen alle Effekte, bei denen Licht scheinbar in Objekte eindringt, dort gestreut wird und an anderen Stellen des Objekts wieder zutage tritt. Das Licht trifft also nicht nur auf die Oberfläche auf und wird dann gleich in Richtung der Kamera reflektiert, so wie man es z.B. von Metallen gewohnt ist.

Im Prinzip käme einem Großteil aller Materialien das SSS zugute und würde für mehr Realismus sorgen. Sogar Steine und Hölzer nehmen Licht auf und leiten es im Inneren weiter. Dieser Effekt ist jedoch leider recht rechenaufwändig und wird daher nur bei Objekten angewendet, denen besonderer Realismus abverlangt wird.

Um die Rechenzeit im erträglichen Rahmen zu halten, werden vereinfachte Modelle angeboten, die oftmals bereits in der 3D-Software als Shader integriert sind. Dort können diverse Bildern verschiedene Eindringtiefen des Lichts zugewiesen werden. Die Eindringtiefe wird dann über numerische Werte gesteuert und zusätzlich vom Einfallwinkel des Lichts auf die Oberfläche abhängig gemacht. Licht, das nur flach auf eine Oberfläche fällt, wird schließlich stärker reflektiert als senkrecht auftreffendes Licht.

Letzteres kann tiefer eindringen und nimmt mehr von den Farbinformationen der tiefer liegenden

Aufbau der Hauttextur

Hautschichten auf, bevor es an anderer Stelle wieder sichtbar wird. Da das Gewebe unter der Haut von Blutgefäßen durchzogen ist, wird bis dorthin vordringendes Licht durch das Blut rötlich eingefärbt. Daher leuchten z.B. auch die von hinten beleuchteten Ohren oder die vor eine Taschenlampe gehaltenen Fingerspitzen rot auf.

Für darüber liegende Hautschichten sollte die Färbung von der relativen Lage zu Knochen abhängig gemacht werden. Der relativ nahe, unter den Augen-wülsten verlaufende Schädelknochen verhindert dort ein tieferes Eindringen und die Streuung des Lichts, wogegen z.B. die Nasenspitze nur von weichem Knor-pel getragen wird.

Ich legte daher drei verschiedene Texturen an, die ich direkt in ZBrush auf den Kopf gemalt und dann zu 3ds Max exportiert habe.

Die erste Textur stellt die oberste Hautschicht mit markanten Verfärbungen dar, z.B. den Leberflecken und der Schminke.

Die zweite Schicht steuert, wo und wie weit Licht tiefer eindringen kann. Dafür reicht ein einfaches Graustufenbild aus, dessen Helligkeitswerte den Effekt prozentual steuern.

Das dritte Bild stellt Färbung und Intensität der tiefer liegenden Bereiche dar. Hier hob ich besonders die Wangen und die Nase in dunklen Rottönen hervor.

Lädt man diese Bilder in den SSS-Shader und passt die Intensitäten und Eindringtiefen des Lichts an, kann eine sehr natürliche Haut simuliert werden. Neben diesen Texturen ist der Effekt aber auch stark von den Positionen der Lichtquellen abhängig. Es muss daher auch dafür gesorgt werden, dass Streif-lichter von der virtuellen Kamera aus gesehen hinter oder oberhalb des Objekts platziert werden.

Nur so kann das Licht auch durch das virtuelle Gewebe transportiert werden und zu dem gewünsch-ten Effekt führen. Wichtig ist, diesen Effekt nicht zu übertreiben. Die Oberfläche wirkt ansonsten zu sehr wie Wachs.

Letztlich sollte dieser Effekt immer nur ergänzend und unterstützend zu der normalen Oberflächen-schattierung eingesetzt werden.

Die Abbildung zeigt das Endresultat mit dem Haut-material und einer passenden Beleuchtung.

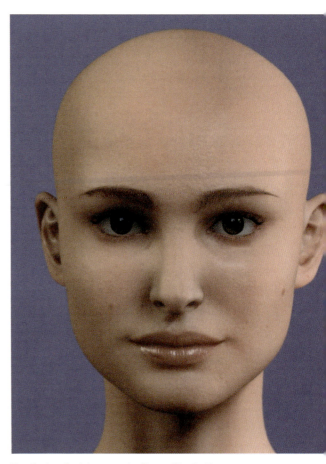

Das fertige Gesicht samt der Textur für die Haut

Die Haare

Wie bei den Wimpern, so gibt es auch für die längeren Haare auf dem Kopf verschiedene Lösungsansätze. So können Texturen mit Alpha-Masken auf einfachen Ebenen verwendet werden, um Haarsträhnen vorzutäuschen. Dies kann sehr gut funktionieren, sofern man mehrere Ebenen übereinander damit aufbaut, um der Frisur eine gewisse Dichte und ein Volumen zu geben.

Oftmals schneller, besser für eventuelle Animationen geeignet und zudem auch realistischer darzustellen sind spezialisierte Haar-Shader, die in Verbindung mit Haarsimulationen verwendet werden. Ich benutzte hier Hair & Fur innerhalb der 3D-Software 3ds Max.

Dabei bin ich so vorgegangen, dass ich die Frisur in mehrere Abschnitte unterteilt habe. Dies bietet sich z.B. dort an, wo der Scheitel erkennbar ist, oder auch am Haaransatz.

Für jeden dieser Abschnitte erstellte ich eine Kopie des Kopfmodells und nahm dort angepasste Flächenselektionen vor. So konnte ich die verschiedenen Haarrichtungen und Stile einfacher getrennt voneinander editieren. Die Bildfolge unten gibt grob wieder, wie ich dabei die Frisur aufgebaut habe.

Die größten Haargruppen fallen links und rechts neben dem Scheitel an. Danach ergänzte ich die kürzeren und stärker gekräuselten Haare am Haaransatz und den Schläfen. Bei Bedarf werden weitere Haargruppen ergänzt, um das Haarvolumen zu verstärken oder eventuelle Lücken aufzufüllen.

Wichtig ist, eine glaubhafte Dicke für die Haarwurzeln zu finden. Einerseits soll das Haar dicht, auf der anderen Seite aber nicht so massiv wirken, dass keine Kopfhaut mehr zu sehen ist. Gleiches gilt für die Anzahl der Haare, die sich recht einfach numerisch vorgeben lässt.

Einzig die Rechenzeit und der Speicherbedarf sind im Auge zu behalten, da diese direkt von der Anzahl der Haare abhängig sind. Sollte der Computer zu wenig Speicher besitzen, muss die Frisur in mehreren Passes berechnet werden. Sie berechnen dann also immer nur einen Teil der Haargruppen und montieren die Einzelbilder dann später wieder zu einem Bild zusammen.

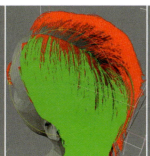

Phasen der Haar-Simulation

Schließlich gilt es noch, die richtige Farbe und das passende Glanzverhalten für die Haare zu definieren. Hier sind oft viele Probeberechnungen nötig. Die Haare sollten daher erst am Ende, nach der Modellierung, Texturierung und Ausleuchtung des Modells, ergänzt werden, da man deren Aussehen dann gleich an die jeweilige Lichtsituation und den Hautton anpassen kann.

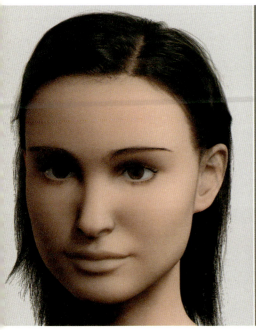

Die fertige Frisur

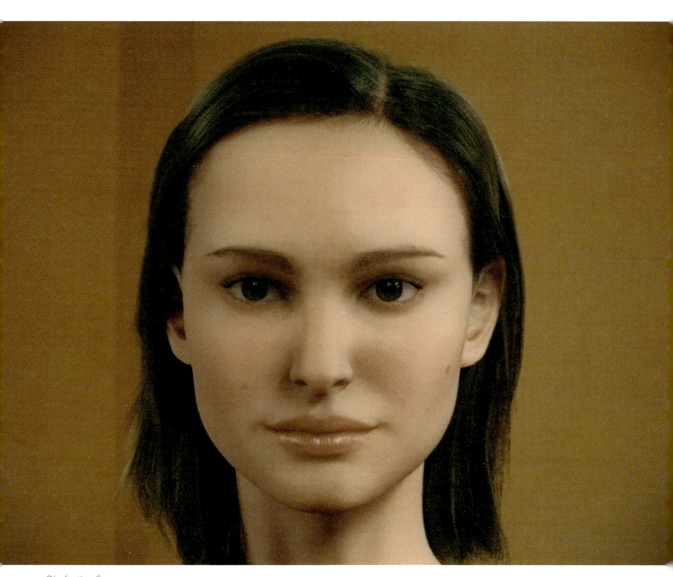

Die fertige Szene

Eine neue Szene

Ermutigt durch die doch recht realitätsnahe Darstellung, wollte ich mich anschließend an eine abgewandelte Pose wagen. Genügend Bildmaterial hatte ich ja mittlerweile gesammelt.

Durch die bereits angesprochene Fixierung der Materialien auf den UV-Koordinaten musste ich die Texturen in ZBrush nur leicht der neuen Pose anpassen. Hier und da würden Fältchen verstärkt oder neu hinzugenommen.

Das niedrig aufgelöste Objekt wurde zuvor in 3ds Max in die neue Pose gebracht. Diese bestand darin, Natalie Portman lächelnd zu zeigen. Ich musste daher noch die vorher nicht vorhandenen Zähne ergänzen. Der Oberkörper musste zudem noch etwas nach unten verlängert und Armansätze mussten ergänzt werden.

Ich holte mir während der Ummodellierung auch viel Rat von anderen, die z.B. in früheren Stadien das etwas aufgesetzte „Hollywood-Lächeln" bemängelten. Dabei zeigt der Mund zwar ein breites und offenes Lächeln, die Augen bleiben davon aber nahezu unbewegt.

Ich musste also die Augenpartie mit einbeziehen und dort vor allem mehr „Lachfältchen" unter dem Auge am Übergang zur Wange ergänzen.

Zudem lockerte ich die Form der Zähne und die Lage der Unterlippe etwas, um das Lächeln entspannter wirken zu lassen. Schließlich tauschte ich auch die Frisur aus, um sie dem mir vorliegenden Bild ähnlicher zu machen. Schauspieler mit ihrem ständig neuen Aussehen machen es einem wirklich nicht leicht.

Den Abschluss bildeten kleine Accessoires wie der Ohrstecker und das halbtransparente Kleid. Die Bildfolge unten zeigt einige Phasen der Ummodellierung und die nächste Seite zeigt schließlich die fertige Version.

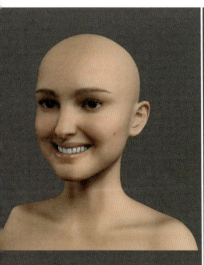 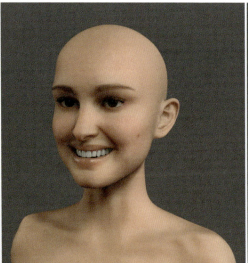 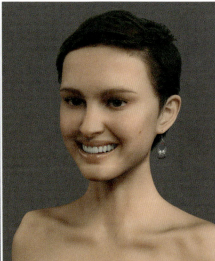

Entstehungsphasen der neuen Pose

Die neue Pose

K. C. Lee

Für mich persönlich immer wieder reizvoll und inspirierend ist ein Blick über den Tellerrand hinaus auf 3D-Künstler in Asien. Dort existiert eine viel engere Beziehung zwischen den dort auch unter Erwachsenen sehr beliebten Mangas und Anime-Filmen und den Arbeiten der 3D-Künstler, als dies in unseren Kreisen z.B. bei Comics zu beobachten ist.

Teilweise beobachten wir einen extremen Hang zu für uns kitschig wirkenden Farben und Formen, die aber immer eine Emotion transportieren und nie langweilig sind.

K. C. Lee ist in Hong Kong tätig und unterliegt daher sowohl westlichen als auch östlichen Einflüssen. Dies macht für mich auch die Faszination seiner Arbeiten aus.

» Was meine Ausbildung betrifft, so habe ich an der Universität in Otago, Neuseeland, meinen Abschluss in Computerwissenschaften gemacht. Ich begann dann in Hong Kong als Programmierer zu arbeiten.

Relativ schnell entdeckte ich meine Begeisterung für Computergrafik und 3D-Animationen. Ich versuchte, mir in meiner Freizeit möglichst viel an Praxis anzueignen und über das Thema zu lernen.

Der Zufall wollte es, dass ich bald darauf Gelegenheit bekam, bei Centro Digital Pictures als Animator zu arbeiten. Dies ist die größte Postproduction-Firma in Hong Kong.

Witzig war, dass ich zwar als Animator angestellt wurde, im Laufe meiner rund vierjährigen Tätigkeit dort aber kaum damit in Berührung kam. Ich hatte es hauptsächlich mit der Modellierung, Texturierung, dem Shading, der Beleuchtung und dem Rendering zu tun. Dazu gehörten dann auch Compositing-Aufgaben.

In meiner Freizeit programmiere ich weiterhin zum eigenen Vergnügen, was sich durchaus oft als nützlich erwies. So entstanden einige einfache, aber dennoch für meine 3D-Arbeit sehr nützliche kleine Helferroutinen.

Seit einem Jahr arbeite ich nun selbständig als Frei-berufler und habe es dabei hauptsächlich mit Arbei-ten für Fernsehspots oder mit Effekten fürs Kino zu tun. Mich treibt weiterhin die Freude an 3D-Grafiken und besonders an 3D-Figuren an, wobei ich eine Vorliebe für die möglichst realistische Darstellung entwickelt habe.

Bereits seit meinen frühen Kindergartenzeiten faszi-nieren mich japanische Mangas und Animes. Ich hole mir oftmals noch heute Inspirationen von dort, wenn ich Roboter, Maschinen oder einen neuen Character konzipiere. Die Dichte an Ideen und fantastischen Formen ist dort schier unerschöpflich. Und täglich erscheinen neue Geschichten und Bilder.

Meine Arbeiten realisiere ich mit Lightwave und Pho-toshop bzw. After Effects bei Animationen.

Weitere Informationen und Arbeitsbeispiele sind auf meiner privaten Homepage *www.gumfx.com* zu finden. **«**

Ein Arbeitsbeispiel

In diesem Beispiel möchte ich mein aktuelles Projekt präsentieren, dass das Porträt einer jungen chine-sischen Frau zeigt.

Ich beginne mit dem Modell für das Auge. Diverse Bilder kommen für die Texturierung der Oberfläche und dort besonders für die feinen Äderchen zum Einsatz.

Verschiedene Fotos dienen als Referenz für die Modellierung des Kopfs, wie er in der Abbildung auf Seite 128 zu sehen ist. Ich konzentriere mich dabei besonders auf das Gesicht, da dieser Teil später recht groß zu sehen sein würde.

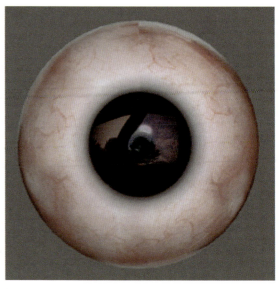

Das Auge

Da die Porträtaufnahme später frontal erfolgen soll, ist besondere Sorgfalt bei der Einhaltung der Pro-portionen gefordert. Auch die Beleuchtung wird eine wichtige Rolle spielen, damit das Gesicht trotz der beschränkten Perspektive nichts an Volumen und Details verliert. Besonders wichtig sind dabei die Augen, die durch ihre Reflexion dem Gesicht Lebendig-keit verleihen. Ich arbeite daher auch mit HDR-Bildern, die für die virtuelle Umgebung der Szene sorgen und später auch einen Teil der Beleuchtung des Objekts übernehmen.

Die Texturierung der Haut setzt sich zusammen aus einem Mix von komponierten Bildern und von Hand erzeugten Elementen. Dies erleichtert mir vor allem die farbliche Abstimmung der Schminke.

Ich war mir zu Beginn dieses Projekts noch nicht ganz über die spätere Frisur im Klaren und modelliere daher die Ohren komplett aus. Die Abbildung auf Seite 131 zeigt eine Ansicht des fertigen Ohrs. Später wird davon kaum noch etwas im Bild zu sehen sein.

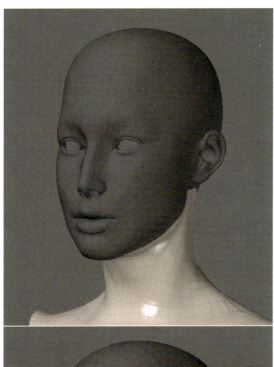

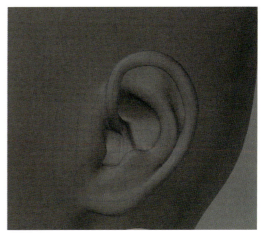

Das Ohr

Nach dem Zuweisen der Texturen beginnt die Arbeit an der Frisur und den Haaren. Ich baue diese schichtweise auf und starte dabei mit einer helmartigen Form. Dabei verlaufen die Haar-Guides von einem geraden Scheitel über dem linken Auge beidseitig des Kopfs in einem weichen Bogen bis herunter auf die Höhe des Kinns.

Die Haarsimulation sorgt automatisch dafür, dass die Haare später zwischen und um die Guides herum erzeugt werden. Dies ist zwar sehr praktisch, sieht aber auch oft recht künstlich aus, da alle Haare mehr oder weniger parallel zueinander verlaufen. Man sollte sich also die Mühe machen, mehrere Schichten von Haar-Guides zu erstellen, die zumindest leicht verschoben und im Verlauf der Guides variiert werden.

Eine besondere Rolle spielt auch das Verklumpen mehrerer Haare zu einer Strähne. Dabei laufen besonders die Enden der Haare in kleineren Grüppchen zusammen.

Die folgenden Abbildungen geben Ihnen einen Eindruck von der Entstehung der Frisur und meinem Aufbau der verschiedenen Haarschichten.

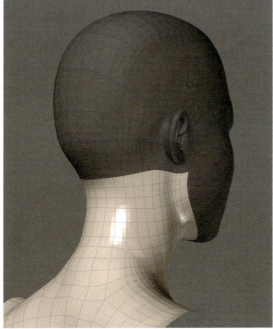

Das Modell des Kopfs

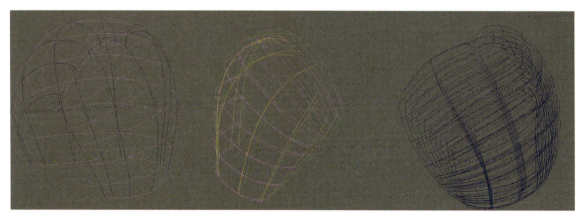

Aufbau der Frisur

In der Abbildung oben erkennen Sie links den Aufbau der obersten Guides-Schicht. Wie Sie sehen, laufen die Guides ausgehend vom Scheitel um den Kopf herum und spannen dabei die durch die rosa Linien angedeutete Oberfläche auf.

Unter dieser Schicht platziere ich für beide Seiten des Kopfs getrennte Guide-Setups, die am Beispiel einer Kopfhälfte in der Abbildung oben in der Mitte dargestellt sind.

Als unterste Ebene definiere ich mehrere kurze Guide-Setups, die wie Treppenstufen an beiden Seiten des Kopfs herunterführen. Dies verleiht der Frisur später ein fülligeres Aussehen und deckt eventuell durchscheinende Haut unter den Haaren ab.

Im letzten Schritt bündele ich unregelmäßige Gruppen von Haaren an deren Spitzen. Den Unterschied erkennen Sie in der nebenstehenden Abbildung. Dort ist oben der Ausgangszustand und unten das finale Resultat zu erkennen.

Fertigstellen der Frisur

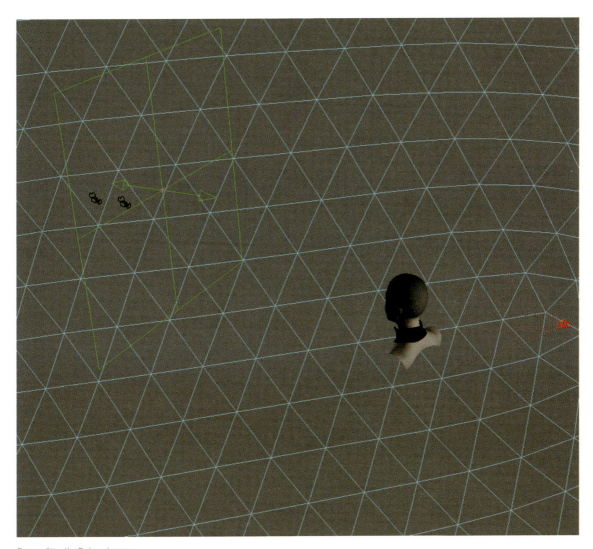

Setup für die Beleuchtung

Die Beleuchtung

Für die Ausleuchtung benutze ich zwei Flächen-lichter, die in der Abbildung oben als grüne Rahmen zu erkennen sind. Dabei begrenze ich diese Lichter so, dass eines ganz und das andere nur diffuse Beleuchtung erzeugt. Auf diese Weise kann ich diese Eigenschaften bequem getrennt voneinander steuern. Im Zentrum dieser Flächenlichter steht zusätzlich noch ein Spot-Licht, das ebenfalls nur Glanz erzeugt.

Darüber erzeuge ich den so wichtigen Glanzpunkt für die Augen. Ein weiteres Spotlicht steht gegenüber der Kamera hinter dem Kopf und sorgt für die Beleuch-tung der Haare von hinten. Umgeben ist die komplette Szene von einer großen Kugel, die mit dem HDR-Bild für die Umgebung belegt ist. Diese Kugel nutze ich als Reflektor für die Radiosity-Berechnung.

Von Kopf bis Fuß:
Durchgängige Arbeitsbeispiele
für die Modellierung virtueller Charaktere

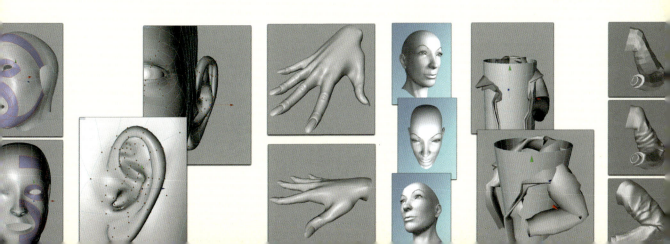

Vorlagen erstellen und aufbereiten

Egal, ob Sie bereits über Erfahrungen bei der Modellierung von Figuren und organischen Modellen verfügen oder sich erst einmal mit diesem Thema beschäftigen möchten, am Anfang sollte immer die Beschaffung passender Vorlagen stehen.

Dies können Fotografien, kleine Modelle oder Spielzeug sowie Skizzen sein. Vorlagen, die im Computer gespeichert oder erstellt wurden, sind zu bevorzugen, da alle 3D-Programme das Einblenden von Bildern in die Arbeitsumgebung erlauben. Es kann direkt auf diesem Bild modelliert werden, was die Einhaltung der Proportionen und die exakte Umsetzung der Vorlage natürlich erheblich erleichtert.

Bevor wir mit der eigentlichen Modellierung einer Figur beginnen, werde ich daher zwei Arten vorstellen, wie man zu geeigneten Bildvorlagen kommen kann. Der erste Weg erlaubt ein freieres Arbeiten, das besonders den zeichnerisch Begabten unter Ihnen entgegenkommen sollte. Die zweite Technik beinhaltet die Benutzung von Fotos als Referenzen und ist daher besser für alle die Figuren geeignet, die real existieren.

Mischformen beider Techniken sind natürlich denkbar, wenn es z.B. um die Modellierung einer außerirdischen Figur geht, die aber dennoch menschliche Gesichtszüge besitzt.

1.1   Gezeichnete Vorlagen

Das individuelle Zeichnen von Bildvorlagen hat den Vorteil, dass gänzlich freies Arbeiten möglich ist. Es können Formen und Figuren entwickelt werden, die weder real existieren noch realistisch sind. In letztere Kategorie fallen z.B. alle Comicfiguren.

Aber auch, wenn ein reales Wesen entworfen werden soll, kann eine Zeichnung hilfreich sein, denn mit ihrer Hilfe lassen sich sehr einfach Posen und Motive entwickeln. Auf diese Weise kann die spätere Bildwirkung bereits auf einem einfachen Blatt Papier getestet werden.

Dazu muss man nicht unbedingt ein Zeichenkünstler sein, denn oftmals reichen bereits ein paar lose Striche aus, um eine Stimmung oder einen Gesichtsausdruck zu skizzieren. Wie die über dieses Buch verteilten Einblicke in die Arbeit namhafter 3D-Künstler beweisen, gehen fast alle nach diesem Schema vor.

Betrachtet man beispielhaft die Skizzierung eines Kopfs, so kommt uns dabei entgegen, dass gewisse mathematische Regeln angewendet werden können. So liegen die Augen z.B. immer exakt in der Mitte des Kopfs. Frontal betrachtet ist ein Kopf ungefähr fünf Augen breit und zwischen die Augen passt exakt ein weiteres imaginäres Auge.

Regeln wie diese erleichtern die Skizzierung eines Standardkopfs, der dann weiter individualisiert werden kann. Wir werden daher in ein paar Schritten die Erstellung solcher Skizzen genauer betrachten.

Alles, was Sie dafür benötigen, ist praktisch nur ein Stift, ein Lineal und ein Blatt Papier. Um die Skizze später einfacher am Computer benutzen zu können, sollten Sie jedoch zum Zeichnen besser ein Malprogramm benutzen. Optimal wäre ein zusätzlich angeschlossenes Grafiktablett, das ein natürlicheres Zeichnen als mit der Maus zulässt. Zudem wird dadurch auch die spätere Texturierung der Objekte erleichtert.

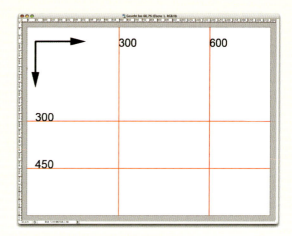

Abbildung 1.1: Arbeitsfläche mit Hilfslinien

1.1.1 Vorbereiten der Arbeitsfläche

In den folgenden Schritten benutze ich Adobe Photoshop für die Erstellung der Skizzen. Da dabei im Prinzip nur einfache Hilfslinien zu zeichnen sind, können Sie hierfür jedoch auch ein beliebiges anderes Malprogramm einsetzen.

Beginnen Sie mit dem Erzeugen einer neuen, weißen Arbeitsfläche. Als Abmessungen wählen Sie ein Seitenverhältnis von acht zu sechs, also z.B. eine Fläche von 800x600 Pixel.

Nichts kann beim Start eines neuen Projekts grausamer sein als ein weißes Blatt Papier. Wir werden dies also gleich ändern und fügen der Arbeitsfläche vier Hilfslinien hinzu. Damit diese später leichter wieder entfernt werden können, sollten Sie diese auf einer neuen Ebene anlegen.

Mit dem Koordinatenursprung des Bilds in der linken oberen Ecke messen Sie horizontal 300 Pixel ab und ziehen an dieser Stelle eine senkrechte Hilfslinie über die gesamte Höhe des Bilds. Wiederholen Sie dies bei einem horizontalen Wert von 600 Pixel.

Es folgen zwei horizontale Hilfslinien bei 300 und 450 Pixel auf der Senkrechten. Abbildung 1.1 gibt das Resultat wieder.

1.1.2 Umrisse einzeichnen

Diese wenigen Hilfslinien reichen bereits aus, um zumindest eine anatomisch korrekte Schädelform skizzieren zu können.

Beginnen Sie damit, die beiden von der horizontalen Mittellinie gekreuzten Senkrechten mit einem großen U zu verbinden, wie es Abbildung 1.2 zeigt. Es handelt sich dabei um die Linie, die vom Ohr, den Kieferknochen hinab, vorne bis zum Kinn und dann aufwärts bis zur Nasenwurzel verläuft. Da wir einen weiblichen Kopf skizzieren wollen, verläuft der Bogen vom Ohr zum Kinn sehr weich und rund. Je weiter die Linie vom Ohr nach unten gezogen wird, bis sie schließlich in Richtung Kinn abbiegt, desto männlicher wirkt das Gesicht später.

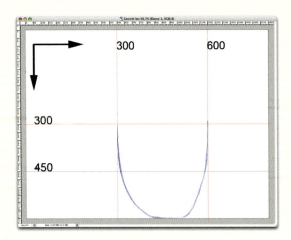

Abbildung 1.2: Kieferknochen und untere Gesichtshälfte

Versuchen Sie bei diesem und allen folgenden Schritten nicht, die beschriebenen Linien in einem Zug zu zeichnen. Dies wird bei ungeübten Zeichnern nur in seltenen Fällen gelingen. Es fällt oft leichter, wenn die Linien aus kurzen, separaten Abschnitten zusammengesetzt werden.

Legen Sie zudem für alle neuen Zeichenabschnitte neue Ebenen an. Dies macht es Ihnen später einfacher, Teile der Skizze zu korrigieren oder auch zu spiegeln, was z.B. bei den Ohren oder Augen sinnvoll sein kann.

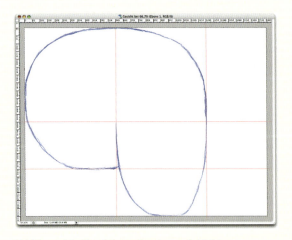

Abbildung 1.3: Einzeichnen des oberen Schädels

Im nächsten Arbeitsschritt ergänzen Sie auf der linken Seite einen Halbkreis, der den Hinterkopf bildet. Im oberen Teil führen Sie diesen Halbkreis dann über die Stirn bis hin zu dem bereits gezeichneten unteren Teil des Gesichts fort. Damit ist der Schädel in seiner Grundform bereits fertig. Lassen Sie sich dabei nicht von dem scheinbar abstehenden Hinterkopf irritieren. Wir haben hier die Knochenstruktur gezeichnet, die im unteren und hinteren Teil später noch vom Nacken und dem Hals überdeckt wird.

Dies lässt sich einfach durch einen weichen Bogen vom Hinterkopf nach unten korrigieren. Ergänzen Sie auch ruhig einen entsprechenden Übergang zum Hals kurz nach dem Kinn unter dem Kiefer. Wie Sie diese Linien führen, liegt in einem weiten Ermessensspielraum. Es hängt davon ab, wie beleibt die Figur sein soll.

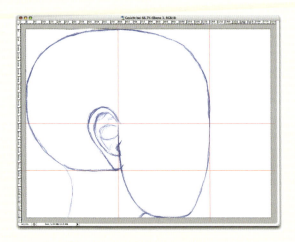

Abbildung 1.4: Ergänztes Ohr und angedeuteter Hals

Auch das bereits in Abbildung 1.4 eingezeichnete Ohr lässt sich nicht einfach in ein allgemeingültiges Schema pressen. Zu unterschiedlich sind die möglichen Größen und Formen. Woran Sie sich jedoch orientieren können, sind die beiden horizontalen Hilfslinien. Dort, wo diese von der linken senkrechten Hilfslinie gekreuzt werden, liegen die Anfangspunkte für das Ohr. Dort ist das Ohr also fest mit dem Kopf verbunden.

Was die innere Struktur der Ohrmuschel angeht, so brauchen Sie diese nicht unbedingt mit einzuzeichnen. Oftmals lassen sich später zur Modellierung Fotos heranziehen, die alle Details des Ohrs zeigen. Skizzen wie diese dienen daher eher dem Entwickeln eines Charaktertyps und dem Festlegen der wichtigsten Gesichtszüge.

1.1.3   Mund und Nase

Auf der rechten Seite ergänzen Sie nun zwischen den beiden horizontalen Hilfslinien die Nase. Zeichnen Sie dabei die Nasenspitze oberhalb der unteren Hilfslinie ein, so dass eine leichte Stupsnase entsteht. Dies entspricht in der Regel eher dem Schönheitsideal.

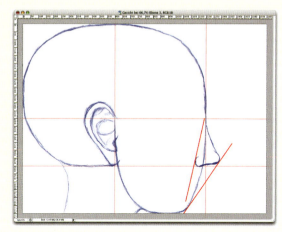

Abbildung 1.5: Die Nase und anliegende Hilfslinien für die Konstruktion des Munds

Achten Sie darauf, die Nasenflügel nicht auf das Gesicht, sondern in die Fläche des Gesichts zu zeichnen. Abbildung 1.5 zeigt ein mögliches Resultat.

Fällt die Nase zu Ihrer Zufriedenheit aus, ergänzen Sie zwei Hilfslinien. Die eine verläuft von der Nasenwurzel – dort, wo die obere horizontale Hilfslinie die Stirn durchläuft – an den Nasenflügeln vorbei nach unten. Sie wird dort später den Mundwinkel begrenzen.

Die zweite Hilfslinie liegt an Kinn und Nasenspitze an. Mit ihrer Hilfe kann die Auswölbung der Lippen konstruiert werden.

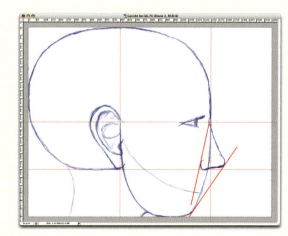

Abbildung 1.6: Wange und Auge

Denken Sie daran, Hilfslinien immer auf separaten Ebenen anzulegen. Dies erspart das spätere Ausradieren und Löschen, um ein sauberes Ergebnis für den Export zu erhalten.

Denken Sie sich nun eine horizontale Hilfslinie, die den Bereich zwischen Nase und Kinn noch einmal mittig teilt. Dort, wo diese Linie das Gesicht kreuzt, liegt die Unterlippe. Ein weicher Bogen von dieser Stelle aus zum Ohr begrenzt gleichzeitig die Wangen. In Abbildung 1.6 ist dieser Bogen zwischen Lippe und Ohr dünn eingezeichnet.

Wie bereits anfangs erläutert, sitzen die Augen exakt mittig im Kopf und somit auf der oberen horizontalen Hilfslinie.

Die Tiefe der Augen im Schädel lässt sich leider weniger eindeutig über Hilfslinien ermitteln. Hier ist im wahrsten Sinne des Wortes Augenmaß gefordert. Eine passende Platzierung ist ebenfalls in Abbildung 1.6 zu erkennen.

Im nächsten Arbeitsschritt folgen die Lippen. Für deren Konstruktion sind bereits alle Hilfslinien vorhanden. Beachten Sie, dass die Oberlippe bei entspannter Mimik immer weiter nach vorne ragt als die Unterlippe. Das Maß dieser Überlappung wird durch die Hilfslinie von der Nase zum Kinn angegeben.

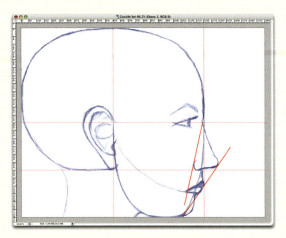

Abbildung 1.7: Konstruktion der Lippen

Dort, wo die zweite Hilfslinie, die von der Nasenwurzel ausgehend die Nasenflügel tangiert, auf die Wangenlinie trifft, liegt bei entspannter Mimik der Mundwinkel.

Verstärken Sie von diesem Punkt ausgehend und der Wangenlinie bis zum Gesicht folgend die Linie, um die Unterlippe zu begrenzen. Verlängern Sie die Begrenzung der Unterlippe bis zur schrägen Hilfslinie, so dass die Unterlippe leicht aus dem Gesicht ragt.

Zeichnen Sie nun die Begrenzung für die Oberlippe wieder vom Mundwinkel ausgehend ca. in einem Winkel von 45°. Verlängern Sie die Linie ebenfalls bis zur vorderen Hilfslinie über die Begrenzung des Gesichts hinaus. Wie bereits besprochen, ragt die Oberlippe dadurch automatisch weiter hervor als die Unterlippe.

Legen Sie zwischen bei den Lippenbegrenzungen eine Trennlinie fest. Achten Sie darauf, dass die Unterlippe voluminöser ausfällt als die Oberlippe.

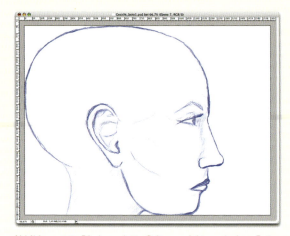

Abbildung 1.8: Die komplette Seitenansicht nach dem Entfernen der Hilfslinien

Damit ist die stilisierte Seitenansicht nahezu komplett. Ergänzen Sie noch die Braue über dem Auge und bei Bedarf leichte Schraffierungen, um Wölbungen der Wangen oder über dem Auge anzudeuten.

Schließlich löschen Sie alle Ebenen, die Hilfslinien enthalten, und radieren sich überlappende Linien aus. Die Abbildung 1.8 zeigt ein mögliches Resultat. Reduzieren Sie eventuell vorhandene Ebenen auf den Hintergrund und sichern Sie das Bild.

1.1.4 Die frontale Ansicht

Für die Konstruktion der Frontansicht des Kopfs kann ähnlich vorgegangen werden. Wir starten also wieder mit einem neuen, leeren Dokument, dem Sie diesmal quadratische Abmessungen geben, also z.B. 650x650 Pixel.

Die Maße weichen hier etwas von denen der seitlichen Ansicht ab, da die Ohren die eigentliche Form des Schädels seitlich vergrößern.

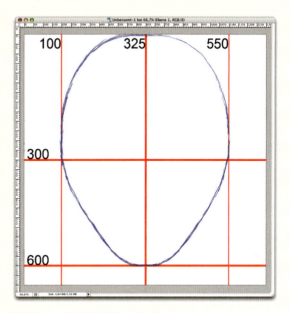

Abbildung 1.10: Die äußere Kopfform

Trennen Sie auf beiden Seiten senkrecht je 100 Pixel für die Ohren ab und zeichnen Sie in die vier dazwischen verbleibenden Felder eine ovale Form. Diese sollte unten etwas spitzer als oben sein.

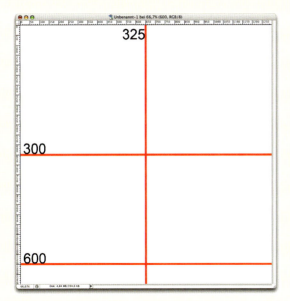

Abbildung 1.9: Hilfslinien für die Konstruktion der frontalen Ansicht

Erzeugen Sie auf einer neuen Ebene Hilfslinien, die die Arbeitsfläche horizontal bei einer Höhe von 300 und 600 Pixel sowie senkrecht in der Mitte der Fläche teilen. Die Abbildung 1.9 gibt die Lage dieser Linien wieder.

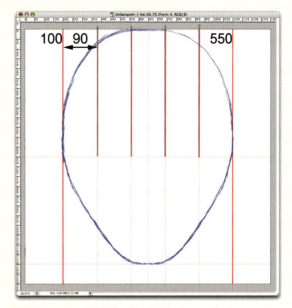

Abbildung 1.11: Hilfslinien für die Platzierung der Augen

Wie bereits angesprochen, ist ein Schädel ca. fünf Augen breit. Unterteilen Sie also die Breite des Ovals durch fünf gleichmäßig platzierte senkrechte Hilfslinien. Rechnerisch haben diese jeweils einen Abstand von 90 Pixel voneinander (siehe Abbildung 1.11).

Deuten Sie durch mandelförmige Formen die Lage und Größe der Augen an, wie es die Abbildung 1.12 zeigt.

Beachten Sie die Lage der Augen auf der oberen horizontalen Hilfslinie, die die Mitte des Schädels beschreibt.

Um die so erstellten Skizzen später in einer 3D-Software sinnvoll einsetzen zu können, müssen die Größen und Lagen zueinander sorgfältig abgeglichen werden. Dies geht in dieser Phase am einfachsten, indem Sie die Skizze mit der seitlichen Ansicht des Kopfs verbreitern und in den neu entstandenen Raum die Skizze der frontalen Ansicht kopieren.

Ziehen Sie dann auf einer separaten Ebene neue Hilfslinien, um die Lage der wichtigsten Gesichtsmerkmale, wie z.B. die Höhe der Augenbrauen, die Oberkante des Ohrs sowie die Begrenzungen der Lippen leichter übertragen zu können. Abbildung 1.13 gibt diesen Arbeitsschritt wieder.

Abbildung 1.12: Einzeichnen der Augen

Abbildung 1.13: Abgleich der seitlichen und der frontalen Ansicht

Auf diese Weise lassen sich beide Ansichten aufeinander abgleichen. Was die Breite des Munds betrifft, so liegen die Mundwinkel in direkter Verlängerung unter den Pupillen und die Nasenflügel befinden sich innerhalb eines Dreiecks, das zwischen Mundwinkeln und Nasenwurzel konstruiert werden kann.

Wie bereits bei der seitlichen Ansicht exerziert, entfernen Sie nach Abschluss aller Arbeiten schließlich die Hilfslinien und ergänzen Details, wie die Wimpern oder Schattierungen für den Hals.

Eine derart konstruierte Ansicht hat gegenüber den meisten Fotos den Vorteil, frei von perspektivischen Verzerrungen zu sein. Da – von wenigen Ausnahmen abgesehen – alle 3D-Modellierungsprogramme mit orthogonalen Ansichten arbeiten, können diese Skizzen dort perfekt eingesetzt werden.

Orthogonal: Dies bedeutet, dass Objekte ohne optische Verzerrung betrachtet werden. Am Objekt parallele Linien werden dann tatsächlich auch parallel angezeigt und die ansonsten gewohnte perspektivische Verzerrung auf einen Fluchtpunkt hin entfällt.

Orthogonale Ansichten werden massiv in 3D-Programmen eingesetzt, um Objekte verzerrungsfrei modellieren und platzieren zu können.

Für die in späteren Kapiteln folgende Modellierung verwenden wir jedoch nicht diese Skizzen, sondern normale Fotos. Der folgende Einschub erläutert, was bereits bei deren Aufnahmen zu beachten ist und welche Informationen den Bildern dann noch entlockt werden können.

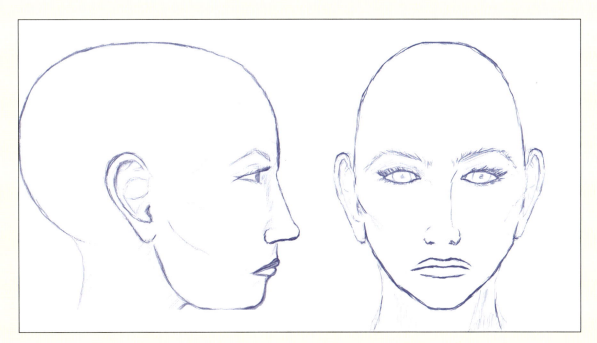

Abbildung 1.14: Komplette Ansichten für die frontale und seitliche Modellierung eines Kopfs

1.2   Fotovorlagen erstellen und bearbeiten

Um etwas realitätsnaher zu arbeiten, werden wir in den folgenden Kapiteln auf Bilder zurückgreifen. Vielleicht haben Sie ja selbst entsprechendes Bildmaterial oder laden sich dieses aus dem Internet herunter.

Es gibt mittlerweile zahlreiche Internetseiten für 3D-Künstler, die Referenzen für ihre Arbeit suchen. Diese reichen von Natur- und Tieraufnahmen, über Detailaufnahmen von diversen Körperteilen und Kleidungsstücken bis hin zu Ganzkörperbildern bekleideter und nackter Personen. Eine der größten Sammlungen dieser Art dürfte auf *www.3d.sk* zu finden sein. Gegen eine monatliche Gebühr können dort mehrere Tausend hoch aufgelöste Bilder geladen werden, die alle paar Tage durch neue Bilder ergänzt werden. Aber auch kostenfreie Alternativen wie *www.fineart.sk* sind im Netz zu finden und reichen oftmals bereits aus.

Da heutzutage fast niemand mehr ohne Fotohandy oder Digitalkamera aus dem Haus geht, sollte die Beschaffung von Bildern aber auch ohne kommerzielle Anbieter kaum noch ein Problem darstellen.

Auf diese Weise sind auch die folgenden Aufnahmen entstanden, für die ich mich bei Dania Dobslaf bedanken möchte, die sich für die Bilder zur Verfügung stellte.

Neben den eigentlichen, für die Modellierung interessanten Perspektiven, die zumindest frontale und seitliche Ansichten abbilden sollten, sind auch perspektivische Ansichten, wie z.B. eine 3/4-Ansicht, hilfreich. Sie helfen uns, die Dimensionen der abgebildeten Formen besser zu verstehen. Oftmals sind Details auch nur in schrägen Aufnahmen zu erkennen, wie z.B. die Wölbung des Wangenknochens, der weder in der frontalen noch in der seitlichen Ansicht zur Geltung kommt.

Wenn Sie die Gelegenheit haben, selbst Bilder eines Referenzmodells zu schießen, sollten Sie dies daher auch ausnutzen und möglichst viele Aufnahmen aus den verschiedensten Richtungen und Entfernungen machen. Selbst wenn Sie die Aufnahmen nicht für die Modellierung brauchen können, so können sie doch bei der Texturierung oder gar beim Posen des 3D-Modells von Nutzen sein.

Neben der Geometrie und den Oberflächen kann auch die Beleuchtung des Modells später von Nutzen sein. Dies gilt im besonderen Maße, wenn Sie eine Figur modellieren möchten, die in ein Foto integriert werden soll, oder wenn die Umgebung des Fotos möglichst exakt mit in die 3D-Szene einfließen soll.

Sie können dazu z.B. Bilder einer polierten Chromkugel machen, auf deren Oberfläche sich die Umgebung des Fotografen widerspiegelt. Wickelt man solche Bilder perspektivisch ab, erhält man mit wenig Aufwand nahezu perfekte Panoramabilder. Diese Technik wird auch oft bei der Erzeugung von HDR-Bildern angewendet, bei denen dann Belichtungsserien der Chromkugel erzeugt und später zu einem HDR-Bild zusammengefügt werden.

HDR-Bilder: HDR ist die Abkürzung für High Dynamic Range und steht für Bilder mit einem sehr hohen Dichteumfang. In der Regel haben solche Bilder 16 bis 32 Bit an Farbinformationen pro Kanal, im Vergleich zu den ansonsten üblichen 8 Bit. Per Definition können noch sehr viel höhere Bittiefen in solchen Bildformaten gespeichert werden, aber der dadurch stark ansteigende Speicherbedarf steht nicht mehr in Relation zum erzielten Mehrwert. Bilder mit diesem Mehr an Farbinformation können in 3D-Programmen z.B. für die Beleuchtung von Objekten oder die Simulation von Spiegelungen eingesetzt werden, um sehr exakte Umgebungssimulationen zu erzielen. HDR-Bilder können z.B. durch Überlagerung von Belichtungsserien eines Motivs selbst in Photoshop erstellt werden.

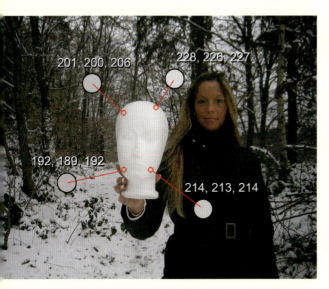

201, 200, 206

228, 226, 227

192, 189, 192

214, 213, 214

Abbildung 1.15: Abgreifen der Beleuchtungssituation

Abbildung 1.15 verdeutlicht dies am Beispiel von vier Punkten am Styroporkopf. An den in das Bild eingeblendeten RGB-Farbwerten können Sie erkennen, wie unterschiedlich hell und gefärbt das Licht ist, das aus den verschiedenen Richtungen auf den Styroporkopf trifft.

Die so ermittelten Werte können später hilfreich sein, wenn eine identische Beleuchtung innerhalb des 3D-Programms reproduziert werden soll.

Bei der eigentlichen Fotoserie der Standardansichten des Modells ist darauf zu achten, eine möglichst große Brennweite zu verwenden. Die Aufnahmen sollen schließlich möglichst ohne die für die Modellierung störende Perspektive sein. Hier stoßen Kompaktkameras noch häufig an ihre Grenzen, da die Objektive, um die Handlichkeit der Kamera nicht zu beeinflussen, häufig eher weitwinklig ausgelegt sind.

Wenn es um das Festhalten der aktuellen Beleuchtungssituation während der Fotoaufnahme geht, hilft eine weiße Styroporkugel oder wie in meinem Fall ein Styroporkopf. Durch Auslesen der Farbwerte auf dem Foto kann die Helligkeit und Färbung des diffusen Lichts einfach ermittelt werden.

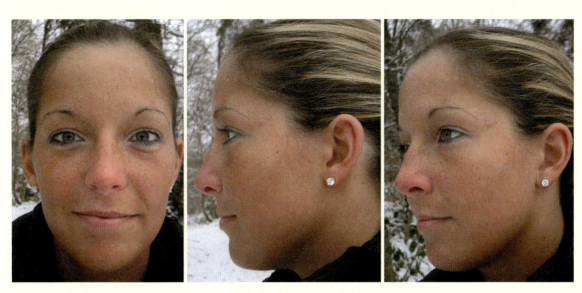

Abbildung 1.16: Gängige Standardansichten für die Modellierung

Versuchen Sie daher, eine möglichst große Distanz zum Modell einzuhalten und mit der höchstmöglichen Auflösung der Kamera zu arbeiten. Auf diese Weise können Sie später auch weiter entfernte Details noch in ausreichender Qualität aus dem Bild extrahieren.

In Abbildung 1.16 sehen Sie eine mögliche Bildfolge, die bereits alle für die Modellierung wichtigen Gesichtsmerkmale enthält. Trotz größter Mühe sind hier auch noch perspektivische Verzerrungen vorhanden, die später bei der Modellierung ausgeglichen werden müssen. Wir kommen zum gegebenen Zeitpunkt darauf zu sprechen.

Generell ist es so, dass näher an der Kamera liegende Teile durch die Weitwinkligkeit größer und weiter entfernt liegende Teile kleiner als normal erscheinen.

Sind alle Aufnahmen erstellt, laden Sie diese in ein Bildbearbeitungsprogramm und passen Sie die unterschiedlichen Ausschnitte zueinander an.

Dies entspricht der Ausrichtung zwischen der seitlichen und der frontalen Skizze, wie wir es zu Beginn dieses Kapitels vorexerziert haben.

Dabei legen Sie z.B. die frontale und die seitliche Ansicht des Kopfs in einem Dokument nebeneinander und ziehen an markanten Punkten horizontale Hilfslinien über beide Bilder.

Auf diese Weise können Sie durch Skalierung, Rotation und Verschiebung der Aufnahmen eine einheitliche Ausrichtung und gleiche Größenverhältnisse erwirken.

Achten Sie dabei darauf, dass die Bilder in sich ebenfalls ausgerichtet sind. Es kommt z.B. oft vor, dass der Kopf bei der frontalen Aufnahme leicht schräg gehalten wird oder das Kinn bei der seitlichen Ansicht tiefer liegt. Dies hängt of damit zusammen, dass dem Modell ein fester Bezugspunkt für die Augen fehlt. Bei der frontalen Aufnahme wird oft der Fotograf

fixiert, bei anderen Blickrichtungen dagegen weicht die Blickrichtung nach oben oder unten aus. Man sollte bereits beim Fotografieren darauf achten.

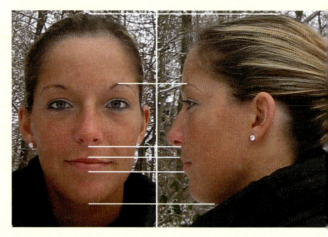

Abbildung 1.17: Abgleich der verschiedenen Ansichten des Modells

Abbildung 1.17 gibt Ihnen eine Idee von dem Abgleich der unterschiedlichen Aufnahmen. Einige wenige Hilfslinien reichen oft aus, um die Lage und Größe der Bilder aufeinander anzupassen. In der Regel hat sich der Abstand zwischen Fotograf und Modell während der Aufnahmen ja auch nicht signifikant verändert. Es sollten daher oftmals nur kleine Korrekturen nötig sein.

Bevor es nun an die Verwendung dieser Aufnahmen in Ihrem 3D-Programm geht, sollte etwas Zeit mit der Planung verbracht werden. Dies erspart uns später viel Arbeit während der Modellierung und führt zudem zu einem natürlicheren Ergebnis.

Obwohl auf den ersten Blick kaum sichtbar, ist das menschliche Gesicht von einem komplexen Geflecht aus Muskeln überzogen. Dieses ermöglicht es uns, eine große Bandbreite an Stimmungen und Gefühlen auszudrücken. Zudem bestimmen die Lage und der Verlauf dieser Muskeln die Bildung von Falten im Gesicht. Es ist also sehr wichtig, dass wir die 3D-Oberfläche des Gesichts an den Verlauf der Muskeln anpassen.

Ich habe zur Verdeutlichung die Lage und den Verlauf der wichtigsten Muskeln im Gesicht auf die Fotos gemalt. Abbildung 1.18 gibt das Ergebnis wieder.

Hierbei fallen vor allem die ringförmigen Muskeln um Augen und Mund auf. Diese Strukturen sollten also unbedingt in die spätere Modellierung mit einfließen. Man spricht bei solchen geschlossenen Strukturen bei der Modellierung von Loops.

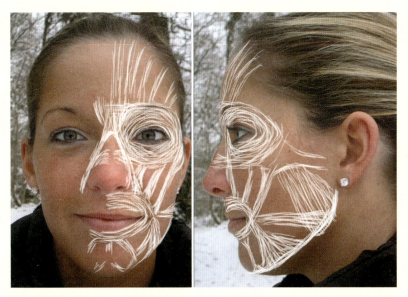

Abbildung 1.18: Skizzierter Verlauf der Gesichtsmuskulatur

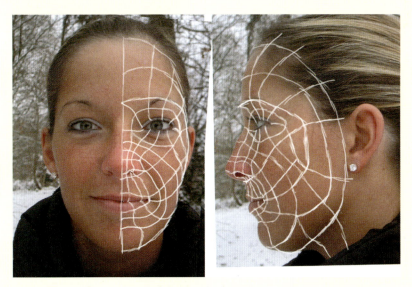

Abbildung 1.19: Skizzierung des Polygonverlaufs

Loops bestehen also aus Polygonen, die zu in sich geschlossenen Formen gruppiert werden.

Polygone: Dieser Begriff beschreibt allgemein die kleinsten Einheiten, aus denen eine Oberfläche in 3D-Programmen aufgebaut wird. Praktisch sind dies Dreiecke und Vierecke. Es gibt aber auch so genannte N-Gone, die über beliebig viele Eckpunkte verfügen können.

Allen Polygonarten gemein ist die Bedingung, dass alle Eckpunkte in einer Ebene liegen müssen. Es kann ansonsten zu unschönen Helligkeitsveränderungen bei der Berechnung dieser Oberflächen kommen. Da alle Polygone also kleine Ebenen darstellen, müssen gekrümmte Oberflächen aus einer Vielzahl von Polygonen zusammengesetzt werden. Die Modellierung organischer Formen erfordert daher besondere Planung, um mit möglichst wenigen Polygonen auskommen zu können.

Dies hat nicht nur für die Modellierung entscheidende Vorteile, sondern auch für die eventuell folgende Animation.

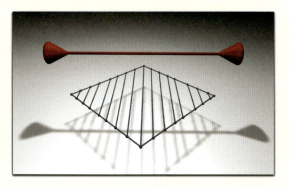

Abbildung 1.20: Senkrecht zur Verformung unterteilte Ebene

Warum dies so ist, macht ein einfaches Beispiel deutlich.

Stellen Sie sich eine Oberfläche vor, die senkrecht zur primären Verformungsrichtung unterteilt ist. Ein Beispiel dafür zeigt Abbildung 1.20. Die rote Linie steht für die Wirkung einer Kraft auf die Oberfläche.

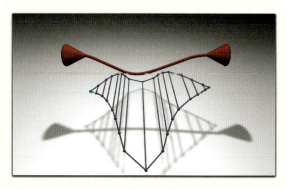

Abbildung 1.21: Die Ebene folgt der Kraftwirkung

Erhöht man nun die Kraft entlang der roten Linie, wird die Oberfläche zusammengeschoben. Eine Falte entsteht (siehe Abbildung 1.21).

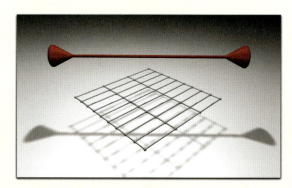

Abbildung 1.22: Eine gleichmäßige, aber nicht in Bezug zur Verformung stehende Unterteilung

Wiederholen wir dieses Experiment mit einer Ebene, die nicht passend zur Kraftwirkung unterteilt wurde (siehe Abbildung 1.22).

Da, wie wir gelernt haben, Polygone immer in einer Ebene liegen müssen, kommt es bei dieser Anordnung zu unschönem Knittern in der Fläche (siehe Abbildung 1.23).

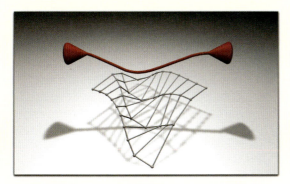

Abbildung 1.23: Geknitterte Fläche

Die Loops helfen uns also dabei, Falten und andere typische Merkmale eines Gesichts oder Körpers einfacher und mit weniger Polygonen umsetzen zu können.

Auf dieser Überlegung aufbauend, lassen sich diverse Konzepte für die Konstruktion von Loops im Gesicht entwickeln. Wie komplex die Anordnung werden muss, hängt nicht zuletzt von dem Alter der zu modellierenden Person ab. Kleinkinder und Jugendliche haben in der Regel weichere und glatte Gesichtszüge, die auf den Detailreichtum von Falten verzichten können.

Dies hängt aber auch stark von der Mimik ab. Selbst ein Kleinkind kann beim Lachen ausgeprägte Lachfalten zwischen Nasenflügeln und Mundwinkeln haben oder eine Zornesfalte zwischen den Augenbrauen entwickeln.

Viele der kleinen Fältchen, aber auch Pickel, Narben oder Warzen lassen sich später noch über die Eigenschaften der Oberfläche hinzufügen, ohne tatsächlich mit Polygonen modelliert zu sein. Sie sollten daher immer abwägen, ob ein bestimmtes Detail wirklich modelliert werden muss. Letztlich hängt dies auch davon ab, wie groß das Objekt später zu sehen sein wird.

Überlegungen wie diese können innerhalb der 3D-Umgebung recht aufwändige Änderungen nach sich ziehen. Es empfiehlt sich daher, bereits auf den Bildvorlagen einen sinnvollen Verlauf der Loops einzuzeichnen. Das Herumspielen mit verschiedenen

Ansätzen ist dort sehr viel schneller und direkter möglich. Abbildung 1.19 zeigt meinen Entwurf für die Grundstruktur der Polygone.

Bei genauem Hinsehen erkennen Sie die ringförmigen Loops um das Auge und den Mund, die direkt aus den Muskelverläufen dort resultieren. Sie können dort bereits erkennen, wie sich die Lachfalte sehr natürlich aus dem Verlauf der Polygone heraus abbildet.

Wir werden diese Struktur bei der folgenden Modellierung aufgreifen und bei Bedarf an einigen Stellen verfeinern. So sind z.B. an der Nase, den Ohren oder Augenlidern später sicher mehr Flächen nötig, um alle Details realistisch abbilden zu können.

Um auf die Erstellung der Bildvorlagen zurückzukommen – es sollte neben den Standardansichten auch zumindest ein Bild der gewünschten Pose nicht fehlen. Dieses erleichtert uns später das Platzieren der Figur und gibt uns zusätzliche Informationen darüber, wie sich z.B. die Kleidungsstücke verhalten.

Hier daher zum Abschluss dieses Kapitels ein Foto der gewünschten Pose.

Abbildung 1.24: Die später in 3D zu reproduzierende Pose

Das menschliche Auge

Im ersten Workshop erstellten wir bereits Skizzen und Bilder, die für die folgende Modellierung als Referenzmaterial dienen. In diesem Kapitel können wir daher direkt mit der Umsetzung beginnen.

2.1   Allgemeine Vorgehensweise

Wie bei allen folgenden Arbeitsschritten wurden die vorgestellten Techniken und Werkzeuge so ausgewählt, dass sie in allen gängigen 3D-Programmen leicht reproduziert werden können. Aus diesem Grund benutzen wir auch Polygon-Modelling, wir konstruieren also alle Objekte aus Dreiecken und Vierecken. Dies ist praktisch der kleinste Nenner aller 3D-Programme und steht somit überall zur Verfügung.

Was die nachfolgende Texturierung, also die Definition der Oberflächen, betrifft, so lässt sich dabei leider nicht so einfach ein allgemein gültiges Schema entwickeln. Jedes Programm verfolgt andere Ansätze, die sich zudem optisch stark voneinander unterscheiden können. So basieren fast alle Systeme auf so genannten Nodes, die wie kleine Berechnungseinheiten funktionieren.

Es gibt Nodes, die z.B. einfach ein geladenes Bild darstellen, Nodes, die wie Photoshop-Filter funktionieren, und Einheiten, die direkt auf die Berechnungsstrahlen des Raytracers zugreifen, um z.B. ein Ergebnis in Abhängigkeit vom Betrachtungswinkel der Oberfläche abhängig zu machen.

Raytracer: Dies ist die wohl am häufigsten benutzte Berechnungsmethode, bei der ausgehend von der Position des virtuellen Betrachters Strahlen ausgesendet werden. Trifft einer dieser Strahlen auf eines der Objekte in der Szene, kann der Raytracer an diesem Punkt die Helligkeit berechnen und mit den vergebenen Oberflächeneigenschaften verrechnen.

Bei transparenten oder spiegelnden Objekten werden von diesem Auftreffpunkt aus weitere Strahlen losgeschickt, um z.B. hinter dem transparenten Objekt liegende Objekte auf die gleiche Weise abzutasten. Im Vergleich zu physikalisch noch exakteren Methoden, die z.B. diffuse Lichtstreuung und Reflexion mit einbeziehen können, bietet der Raytracer eine gute Alternative, da damit recht schnell hochwertige Bilder berechnet werden können. Die Nachteile der nicht ganz exakten Lichtsimulation lassen sich oft mit etwas Erfahrung durch Setzen zusätzlicher Lichtquellen ausgleichen.

Dies stellt nur einen Bruchteil der Möglichkeiten dar und soll Ihnen verdeutlichen, wie komplex allein diese Thematik sein kann.

Wir werden uns daher bei der Besprechung der Oberflächen auf allgemeingültige Bestandteile beschränken. Diese übertragen Sie dann in das von Ihrer Software benutzte Materialsystem.

Bevor es so weit ist, beschäftigen wir uns nun aber mit dem menschlichen Auge und seiner Umsetzung in 3D. Das Auge ist der Spiegel der Seele, wie schon der Dichter weiß, und daher sollte diesem Objekt besonders viel Aufmerksamkeit zuteil werden.

Glücklicherweise ist zumindest die äußere Form des Auges recht leicht umzusetzen. Zudem kann der Durchmesser eines menschlichen Auges mit ungefähr 2,5 cm angegeben werden.

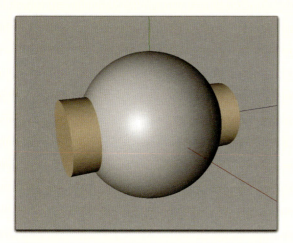

Abbildung 2.1: Kugel und Zylinder als Basis für die Modellierung des Auges

2.2   Grundkörper als Basis

Aufgrund dieser Eckdaten erzielen wir durch eine Kugel in der entsprechenden Größe bereits eine gute Annäherung an die tatsächliche Form. Dabei bietet es sich an, in Ihrer 3D-Software auf die so genannten Grundobjekte oder Primitives zurückzugreifen.

Dies sind geometrische Grundformen wie Kegel, Zylinder oder eben Kugeln. Sie brauchen diese Objekte daher nicht selbst zu konstruieren, sondern können diese in beliebiger Größe sofort abrufen.

Erzeugen Sie also eine Kugel mit einem Radius von 1,25 cm und zusätzlich einen Zylinder mit einem Radius von 0,6 cm. Legen Sie die Höhe des Zylinders so an, dass er die Kugel durchstößt, wie es in Abbildung 2.1 zu sehen ist.

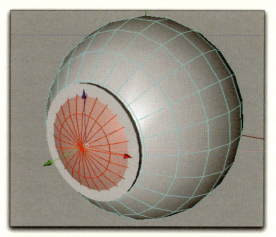

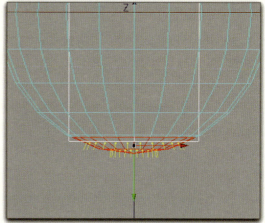

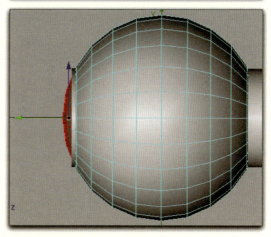

Abbildung 2.2: Modifizierung des Kugel-Pols

Die Vorgabe des Zylinderdurchmessers kommt zustande, weil die Pupille bei frontaler Betrachtung des Auges ungefähr das halbe Auge ausfüllt.

Die Umsetzung der Kugel aus Polygonen sieht in allen 3D-Programmen gleich aus. Es gibt zwei Polypunkte, von denen ausgehend sich die Flächen ringförmig über die Kugel ausbreiten. Diese ringförmige Anordnung der Flächen kommt uns hier sehr entgegen, da die Pupille schließlich auch kreisrund ist.

Da wir uns hier mit der möglichst anatomisch korrekten Modellierung des Auges beschäftigen wollen, kommt jedoch noch hinzu, dass sich die klare Hornhaut über der Pupille nach außen wölbt.

Sorgen Sie also durch Rotation der Kugel dafür, dass die beiden Kugelpole auf der Längsachse des Zylinders liegen, der Zylinder die Kugel also an den Polen durchstößt.

Erzeugen Sie dann einen zusätzlichen Kantenring dort, wo der Zylinder die Kugel durchstößt. Dies ist nur dort nötig, wo später die Pupille liegen soll, also nicht zusätzlich auf der hinteren Halbkugel des Auges.

Selektieren Sie die zwischen dem vorderen Polpunkt und dem neu hinzugekommenen Kantenring liegenden Polygone, so wie es Abbildung 2.2 zeigt.

Um die angesprochene Auswölbung zu konstruieren, dürfen diese Flächen nicht einfach nach vorne verschoben werden. Es sollte schon eine Art Linse geformt werden. Verschieben Sie daher den selektierten Teil etwas nach vorne und ergänzen Sie darin zusätzliche Kantenringe. Diese erlauben es uns, die Form in diesem Bereich weiter zu steuern.

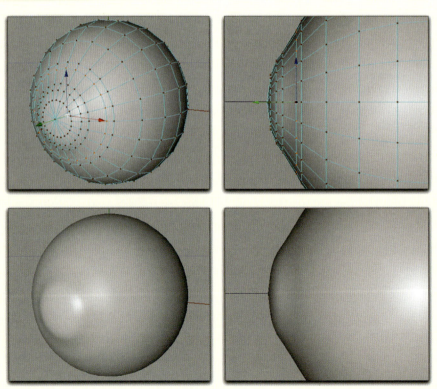

Abbildung 2.3: Ausbeulung über der Pupille

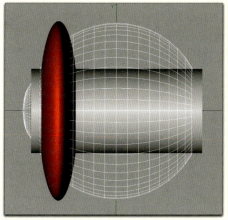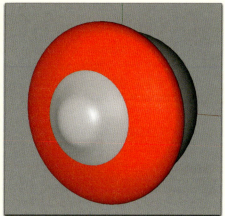

Abbildung 2.4: Gequetschte Kugel als Platzhalter für die Pupille

Abbildung 2.3 verdeutlicht, wie dies aussehen könnte. Wie Sie vor allem in den seitlichen Ansichten sehen können, bleibt der Bereich um den vorgezogenen Pol relativ flach. Ein sich anschließender Polygonring erzeugt den eigentlichen Übergang von der Linse zum Augenkörper. Der Effekt ist besonders in Abbildung 2.3 am schattierten Objekt gut zu erkennen.

Letztlich sorgt diese Ausbeulung später für realistischere Glanzlichter und Reflexionen auf dem Auge. Übertreiben Sie es jedoch nicht zu sehr, damit die Augenlider später noch eng genug am Auge modelliert werden können.

Damit ist die äußere Hülle des Auges bereits komplett und wir können uns mit der Pupille einschließlich Iris beschäftigen.

2.3   Die Pupille mit Iris

Die Pupille ist ein ringförmiger Muskel, in dessen Mitte eine kreisförmige Öffnung verbleibt. Die Größe diese Iris kann durch die Pupille gesteuert werden, um die Menge an Licht zu kontrollieren, die in das Auge fällt.

Hinter der Iris liegt mit Bändern fixiert eine Linse. Diese drückt die Pupille im Bereich der Iris leicht nach außen.

Wir werden diese Form wie beschrieben modellieren. Es gibt jedoch noch zahlreiche andere Möglichkeiten, die z.B. eine effektvollere Beleuchtung des Auges erleichtern. Wie andere Künstler damit umgehen, erfahren Sie in den Zwischenkapiteln. Wie immer gibt es mehrere Wege nach Rom.

Um uns eine Grundlage für die Modellierung der Pupille zu schaffen, greifen wir erneut auf ein Kugelgrundobjekt zurück.

Weisen Sie diesem die gleiche Größe wie der Augenkugel zu und sorgen Sie auch hierbei dafür, dass ein Polypunkt in Blickrichtung des Auges liegt.

Skalieren Sie dann die neue Kugel so entlang der Blickrichtung des Auges, dass diese zu einer Linse gequetscht wird. Abbildung 2.4 zeigen diese Linse rot eingefärbt aus zwei verschiedenen Perspektiven.

Wie ebenfalls aus diesen Bildern ersichtlich wird, verschieben Sie diese Linse so in Richtung Pupille, dass der in die Augenkugel ragende Teil der Linse ungefähr mit der Zylinderfläche übereinstimmt. Der Zylinder hat dann seine Schuldigkeit als Hilfsobjekt getan und kann aus der Szene entfernt werden.

Löschen Sie die hinteren und die außerhalb des Auges liegenden Polygone der Linse. Es verbleibt eine flache Schale in Form einer Kontaktlinse. Durch Extrudieren des äußeren Rands und der Flächen nahe am Pol entsteht eine Form, wie sie in Abbildung 2.5 zu sehen ist.

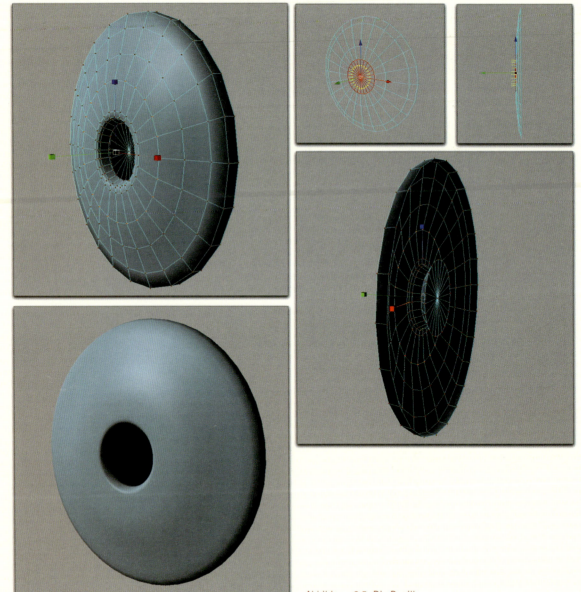

Abbildung 2.5: Die Pupille

Extrudieren: Bei dieser Aktion werden selektierte Kanten oder Flächen verschoben. Gleichzeitig entstehen an den Rändern der verschobenen Elemente neue Flächen. Auf diese Weise lassen sich dünne Objekte einfach verdicken oder z.B. Ausbuchtungen erzeugen, wie wir sie an der Iris benötigen.

Im Normalfall kommt das Schwarz der Iris nur zustande, weil man durch diese Öffnung in das Innere des Auges schaut. Von dort wird jedoch nur sehr wenig Licht wieder aus dem Auge heraus reflektiert. Dafür sorgt nicht zuletzt der Muskel der Pupille, der die Iris steuert. Nur in seltenen Fällen, wie dem direkten und unerwarteten Einleuchten z.B. bei einer Blitzlichtaufnahme, wird der Augenhintergrund rot sichtbar.

Wir sparen uns daher das Konstruieren des inneren Auges und erzeugen stattdessen eine sackförmige Ausbeulung hinter der Iris. Dieser Bereich wird später schwarz eingefärbt und simuliert damit ausreichend genau das Innere des Auges.

Der äußere Rand der Pupillenscheibe wird leicht nach hinten extrudiert. Dies erzeugt eine höherwertige Schattierung der Oberfläche an den Rändern, die für uns wichtig ist, da die Transparenz der Auswölbung des Auges weich zum Augenkörper übergehen soll.

Ansonsten sorgen Sie bei der Pupille dafür, dass der Bereich um die Iris abgerundet wird und etwas nach vorne rückt. Dies simuliert den bereits angesprochenen Druck der dahinter liegenden Linse. Fällt Ihnen dies aufgrund einer zu geringen Anzahl an Polygonen schwer, fügen Sie zusätzliche Polygonreihen hinzu.

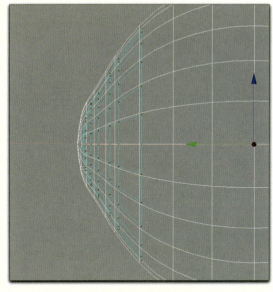

Abbildung 2.6: Verdoppelte Front des Auges

2.4 Doppelwandig arbeiten

Damit ist die Modellierung des Auges praktisch abgeschlossen. Ich möchte jedoch noch einen Schritt weiter gehen und den vorderen Teil des Auges doppelwandig ausführen.

Dies hat aus meiner Sicht den Vorteil, dass sich die Refraktion in diesem Bereich später natürlicher verhält.

Refraktion: Abweichung der ursprünglichen Lichtrichtung in transparenten Materialien. Man spricht auch von der Brechung des Lichts. Die Stärke dieses Effekts kann numerisch über den Brechungsindex angegeben werden. So hat z.B. Luft bei Raumtemperatur einen Wert von 1.0, flüssiges Wasser ca. 1.33 und Glas ungefähr einen Brechungsindex von 1.6.

Gehen Sie einfach so vor, dass Sie die Flächen im vorderen Teil des Auges in ein neues Objekt kopieren und dieses etwas kleiner skalieren. Das Ergebnis ist in Abbildung 2.6 zu sehen.

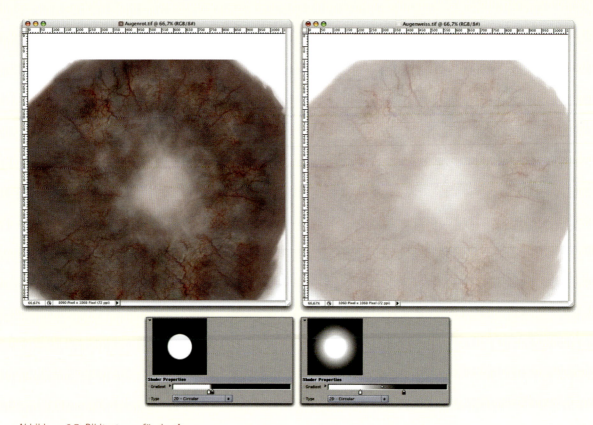

Abbildung 2.7: Bildtexturen für das Auge

2.5   Texturierung des Auges

Für die Texturierung von Objekten, also das Zuweisen von Oberflächeneigenschaften, kommen diverse Techniken in Frage. Man kann alle Eigenschaften parametrisch zuweisen und Shader benutzen. Darunter versteht man im 3D-Programm implementierte Algorithmen, die aufgrund von mathematischen Berechnungen Muster und physikalische Eigenschaften erzeugen können.

Vorhersehbarer ist die Benutzung von Bildern, wobei diese dann jedoch oft vorher aufwändig erstellt werden müssen.

Zudem unterliegen Bilder einer festen Pixelgröße, was beim Heranzoomen zum Aufpixeln oder Weichzeichnen führen kann. Shader sind dagegen weitestgehend auflösungsunabhängig. Beide Varianten haben also ihre Vor- und Nachteile. Wir werden sowohl mit Shadern als auch mit Bildern bei der Texturierung arbeiten.

Wir beginnen dabei mit der Oberfläche des Auges. Ich habe mir dazu eine Collage verschiedener Aufnahmen menschlicher Augen erstellt. Abbildung 2.7 zeigt zwei Varianten dieser Collage, einmal mit Schwerpunkt auf den Blutgefäßen und einmal leicht entsättigt für die eher helle Oberfläche des Auges.

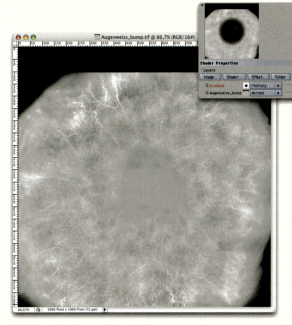

Abbildung 2.8: Bump-Map des Auges

Wichtig ist bei allen Arbeiten, die Fotos einbeziehen, dass Glanzlichter und Schatten möglichst aus den Bildern zu entfernen sind. Ansonsten können sich später Unstimmigkeiten bei der Benutzung ergeben, wenn z.B. die virtuelle 3D-Beleuchtung von links kommt und das dargestellte Objekt eine Bildtextur benutzt, auf der das Licht von rechts kommt.

Die Bildinformation sollte sich daher möglichst nur z.B. auf die Farbwerte des dargestellten Objekts beschränken.

Mithilfe eines kreisförmigen Helligkeitsverlaufs mische ich die beiden Bildinformationen so, dass die farbintensiven Adern und Rötungen nur am Rand des Auges sichtbar werden. Solch einen Farbverlauf könnten Sie auch als Bild vorbereiten, dies hätte jedoch den Nachteil, dass Sie nie genau wissen, ob z.B. der Übergang weich genug ist oder an der richtigen Stelle beginnt.

Ich verwendete daher hier einen Verlauf-Shader, der direkt in der 3D-Software angepasst werden kann.

Einen ähnlich dimensionierten Verlauf-Shader benutze ich, um die Transparenz des äußeren Auges zu beschreiben. Dort, wo der Shader weiß ist, bleibt das Auge durchsichtig. Je dunkler der Shader ist, desto massiver bleibt das Objekt sichtbar. Die Größe dieses kreisförmigen Helligkeitsverlaufs wird so eingestellt, dass nur der Bereich über der Pupille transparent dargestellt wird. Der Übergang zum Augenweiß wird sehr schmal gehalten.

Die Transparenz sollte zudem mit dem bereits angesprochenen Brechungsindex verknüpft werden, damit das Licht, das durch diese Hornhaut auf die Pupille fällt, auch natürlich gebrochen wird.

Da das Auge zu einem großen Teil mit Wasser gefüllt ist, können wir hier einen Brechungsindex von 1.33 annehmen.

Dem Auge wird zudem das in Abbildung 2.8 dargestellte Bild als Bump-Map zugewiesen. Eine Bump-Map ist ein Graustufenbild oder ein Shader, dessen Helligkeitsinformationen benutzt werden, um die Schattierung auf der Oberfläche des Objekts zu beeinflussen. Helle Bereiche erscheinen dann leicht erhaben und dunkle wie Absenkungen oder Riefen. Der Effekt ist rein optischer Natur und verändert daher die Geometrie des Objekts nicht. Man setzt Bump-Maps hauptsächlich für feine Details ein, deren Modellierung zu aufwändig sein würde. Denken Sie z.B. an Hautporen, Pickel oder kleine Fältchen.

Abbildung 2.9 demonstriert diesen Effekt beispielhaft an einer Kugel. Wie im unteren Teil der Abbildung zu sehen, ist der Effekt eine rein optische Täuschung. Die Umrisse der Kugel bleiben auch mit Bump-Map identisch.

Abbildung 2.9: Der Bump-Effekt

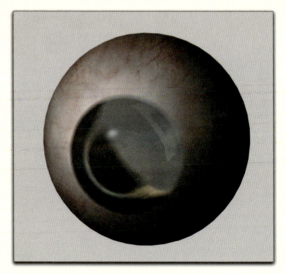

Abbildung 2.10: Das äußere Auge samt Textur

Die Bump-Map für die Adern ist aus einer Kontrast-verstärkung des farbigen Adernbilds mit nachfolgender Entsättigung entstanden.

Auch hier wird wieder ein runder Farbverlauf eingesetzt, der durch Multiplikation mit der Bump-Map deren Intensität steuert. Auf diese Art und Weise wird die transparente Hornhaut über der Pupille von dem Bump-Effekt frei gehalten. Dies ist besonders wichtig, weil Bump-Maps auch das Aussehen der Glanzpunkte und Spiegelungen verändern. Die Front des Auges soll schließlich schöne runde Glanzlichter zeigen.

Neben Farbe und Bump geben wir dem Auge noch leicht spiegelnde Eigenschaften, um den Eindruck einer feuchten Oberfläche zu verstärken.

Schließlich wird ein schwaches Glanzverhalten aktiviert und das komplette Material dem äußeren Auge zugewiesen. In diesem Fall projiziere ich das Material einfach frontal auf das Auge. Dies führt zwar an den Rändern der Kugel zu Texturverzerrungen, aber dieser Bereich wird später sowieso nie sichtbar werden.

Passen Sie gegebenenfalls die kreisförmigen Hellig-keitsverläufe an, damit die Transparenz wirklich nur über der Pupille sichtbar wird und sich der Bump-Effekt nur auf dem Augenweiß zeigt.

Wie Sie in Abbildung 2.10 erkennen können, habe ich kurzfristig noch eine Landschaftsaufnahme hinzugefügt, um die Intensität der Spiegelung und die Refraktion der Linse überprüfen zu können.

Ein entsprechendes Bild können Sie z.B. auf eine sehr große Kugel legen, um Spiegelungen auf Objekten zu simulieren.

Abbildung 2.11: Zusätzlich texturierte Linse

2.5.1 Die Linse

Duplizieren Sie das Material des äußeren Auges und tauschen Sie in der Kopie den Farbanteil durch ein helles Gelb aus.

Auf die Spiegelung und den Bump-Effekt können wir hier ganz verzichten. Verstärken Sie jedoch die Darstellung von Glanzlichtern etwas. Die Transparenz und deren Brechungsindex können so übernommen werden.

Weisen Sie dieses neue Material dann dem Objekt zu, das die Doppelwandigkeit der Hornhaut darstellen soll. Das obere Bild vom Abbildung 2.11 zeigt, wie das Material dort wirkt.

In der unteren Hälfte der Abbildung sehen Sie das zusätzlich berechnete äußere Auge. Nur auf den ersten Blick hat sich an dessen Darstellung nichts verändert. Vergleichen Sie besonders den transparenten Bereich der Linse mit der vorherigen Abbildung des Auges ohne den doppelwandigen Effekt. Die Lichtbrechung wirkt nun dort ganz anders.

Zudem wurde der Glanzpunkt verstärkt und er erhält durch die Zweiteilung der Oberflächen mehr Tiefe und Variation.

Kommen wir also zum letzten noch fehlenden Teil, der Pupille. Deren Oberfläche ist aus der Nähe betrachtet sehr komplex. Unterschiedlichste Farbvariationen sind möglich und die faserige Struktur sorgt für unterschiedliche Mischungsverhältnisse dieser Farben bei Veränderungen der Iris.

Der einfachste Weg zur Texturierung ist sicherlich die Verwendung von geeigneten Fotos. Diese sind jedoch nicht leicht zu beschaffen, da das Auge im entspannten Zustand teilweise von den Lidern verdeckt wird. Hinzu kommen die bereits angesprochenen störenden Einflüsse wie z.B. Spiegelungen, Schatten oder Glanzpunkte, die sich oft nicht vollständig aus den Bildern entfernen lassen.

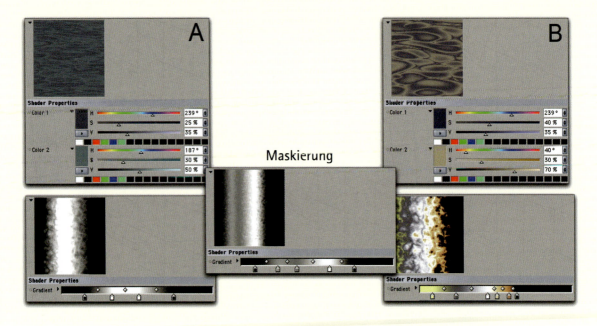

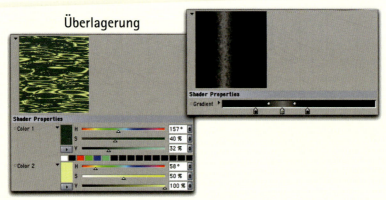

Abbildung 2.12: Shader-Verknüpfungen für die Oberfläche der Pupille

2.5.2 Die Pupille

Ich möchte daher die Oberfläche der Pupille mit Shadern aufbauen. Abbildung 2.12 bietet eine entsprechende Anleitung.

Ich beginne mit dem Erzeugen einer leicht streifigen Struktur mit Grau- und Blautönen.

Dafür bieten sich so genannte Noise-Shader an, die verschiedene Muster mit beliebigen Farbwerten erzeugen können. Das Ergebnis dieses Shaders wird mit einem senkrechten Helligkeitsverlauf multipliziert. Diese beiden Shader sind oben unter dem Buchstaben A zu finden.

Ein ähnlich strukturierter Noise-Shader mit bläulichen und orangefarbenen Strukturen wird ebenfalls mit einem Verlauf multipliziert, der diesmal jedoch ein chaotisches Farbgemisch abbildet.

Nur der äußere rechte Rand, der später den äußeren Rand der Pupille belegen wird, bleibt schwarz. Diese Shader sind unter dem Buchstaben B zu finden.

Der mittig abgebildete Helligkeitsverlauf funktioniert nun wie eine Überblendung zwischen den Ergebnissen von A und B.

Im Prinzip entspricht dies einer Alpha-Maske in Photoshop. Hierbei wird das Ergebnis der B-Shader über dem Ergebnis der A-Shader angeordnet und entsprechend dem Maskierungsverlauf dargestellt.

Dort, wo die Maskierung schwarz ist, bleibt also das B-Ergebnis sichtbar. Helle Bereiche lassen dagegen das A-Ergebnis durchschimmern. Auf diese Weise können Sie schnell mehrere Farbkombinationen und Mischungsverhältnisse durchspielen, ohne mit Bildern arbeiten zu müssen.

Generell ist darauf zu achten, dass die Pupille zum äußeren Rand hin dunkler wird. Bei vielen Menschen ist sogar eine deutliche schwarze Umrandung zu erkennen.

Um dem Ganzen noch mehr Variationen zu verleihen, multipliziere ich einen Noise-Shader mit gelben und grünen Farbflächen mit einem Helligkeitsverlauf. Dieser bildet nur einen schmalen senkrechten Streifen geringer Helligkeit und mit ausgefransten Rändern ab.

Das Resultat dieser im unteren Teil der Shader-Abbildung dargestellten Berechnung wird dem bislang kombinierten Material der Pupille überlagernd beigemischt. Das Ergebnis ist in Abbildung 2.14 zu sehen.

Neben diesen rein farblichen Zuweisungen sollte auch die Oberflächenstruktur aufgegriffen werden. Ich habe dazu einen Noise-Shader mit einer blasigen

Struktur benutzt und diesem horizontale Linien überlagert.

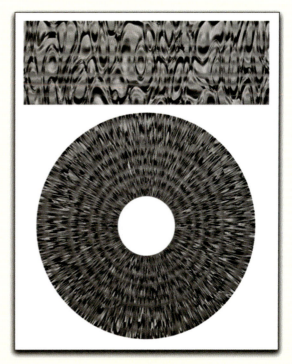

Abbildung 2.13: Bump-Struktur der Pupille

Abbildung 2.13 zeigt diese Struktur auf einer Ebene. Im unteren Teil ist die gleiche Shader-Kombination einer Scheibe zugewiesen worden. Durch die Krümmung wird der gewünschte Effekt sichtbar, der die radialen Fasern der Pupille darstellen soll.

Dieser Effekt kommt im Bump-Kanal des Materials zum Einsatz. Zusätzlich wird ein schwaches und breites Glanzlicht aktiviert, damit die Oberfläche nicht zu trocken und rau wirkt.

Schließlich können alle Objekte wieder sichtbar gemacht werden, um das Gesamtresultat zu begutachten. Abbildung 2.14 gibt das Erscheinungsbild der Pupille und des kompletten Auges nach Abschluss der Texturierung wieder.

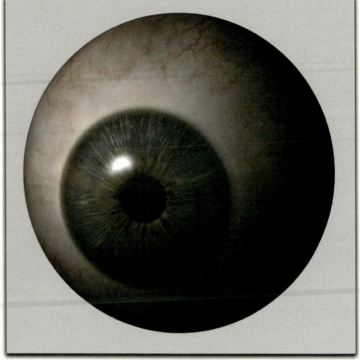

Abbildung 2.14: Das fertig texturierte Auge

2.6   Vorbereitungen für die Modellierung des Gesichts

Der Grund, weshalb wir das Auge zuerst modelliert und texturiert haben, ist, dass es uns als eine Art Anker oder Richtschnur für die folgende Modellierung des Gesichts dienen kann.

Da wir auch dort mit dem Bereich um die Augen beginnen, können wir gleich alle Polygone an die Augen anpassen und für einen optimalen Sitz der Lider sorgen.

Zudem bestimmen der Abstand der Augen voneinander und deren Größe die Proportionen des gesamten Kopfs, wie Sie bereits im ersten Workshop gesehen haben.

Öffnen Sie also Ihre 3D-Applikation und laden Sie dort das im ersten Kapitel vorbereitete Bild mit den zwei Ansichten des Kopfs.

Je nachdem, wie Sie normalerweise Bildvorlagen innerhalb Ihres Programms verwenden, können Sie die Bilder als Hintergrundbild einblenden lassen oder als Textur auf zwei Flächen verwenden.

Wichtig ist in jedem Fall, dass beide Bildvorlagen im 3D-Raum einen Winkel von 90° zwischen sich einschließen.

Es ist zudem sinnvoll, das Bild mit der frontalen Kopfansicht in der XY-Ebene bzw. der frontalen Editoransicht und die seitliche Kopfansicht in der ZY-Ebene, also der seitlichen Editoransicht, zu platzieren.

Abbildung 2.15: Einbringen der Bildvorlagen in den 3D-Raum

Dies kann z.B. wie in Abbildung 2.15 aussehen. Wenn Sie wie hier beide Kopfansichten in einem Bild gespeichert haben, kann das Abgleichen der Ansicht entfallen. Dies haben wir zuvor bereits in Photoshop erledigt.

Sie brauchen also das Bild nur auf eine entsprechend skalierte 3D-Ebene zu projizieren und davon eine Kopie anzufertigen. Diese Kopie drehen Sie 90° um die Senkrechte. Verschieben Sie dann beide Stellwände so, dass Sie in der frontalen und der seitlichen Editoransicht freies Sichtfeld auf die jeweilige Kopfansicht haben.

Laden Sie zu dieser Szene das zuvor erzeugte 3D-Auge hinzu und skalieren Sie dieses gegebenenfalls auf eine zu den Bildern passende Größe.

Platzieren Sie das Auge so, dass die Lagen der Iris und der Pupille ungefähr mit der auf der Bildvorlage übereinstimmen.

Duplizieren Sie dann das Auge und verschieben Sie diese Kopie in der frontalen Ansicht horizontal auf die andere Seite des Gesichts. Für diesen und folgende Arbeitsschritte ist es sinnvoll, die Symmetrieachse des Gesichts auf die Y-Achse Ihres 3D-Bezugssystems zu verschieben.

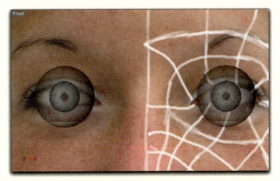

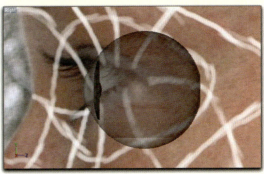

Abbildung 2.16: Einpassen des Auges

Auf diese Weise lassen sich Objekte von einer Gesichtshälfte einfacher auf die dazu passende Position der anderen Hälfte verschieben, da Sie numerische Eingaben benutzen können. So kann das linke Auge z.B. auf einer X-Position von 150.0 liegen. Ein einfacher Vorzeichenwechsel dieser Koordinate verschiebt das Auge dann auf die andere Seite des Gesichts.

Dies ist auch deshalb sinnvoll, weil wir bei der Modellierung des Gesichts auf dessen symmetrische Eigenschaften zurückgreifen. Wir brauchen also nur eine Gesichtshälfte zu modellieren und lassen dann die fehlende Hälfte durch Spiegelung automatisch ergänzen.

Abbildung 2.16 gibt eine gute Position für die Augenobjekte wieder. Im nächsten Teil dieses Arbeitsbeispiels beginnen wir mit der Modellierung des Gesichts.

Den Kopf modellieren

Gerüstet mit den fertigen Augenmodellen und zwei Referenzbildern aus den vorherigen Workshops kann die Arbeit nun beginnen.

Wir durchlaufen in diesem etwas längeren Kapitel gemeinsam alle notwendigen Arbeitsschritte, die zur Modellierung eines menschlichen Kopfs notwendig sind. Das hier demonstrierte Schema ist so flexibel, dass Sie damit Männer und Frauen gleichermaßen umsetzen können. Auf die Unterschiede zwischen beiden Kopfformen kommen wir dann am Ende dieses Kapitels zu sprechen.

Wir führen die Modellierung ausschließlich mit Polygonen durch. Diese stehen in jedem 3D-Programm zur Verfügung und lassen sich z.B. dank Subdivision Surfaces einfach glätten.

Der Name dieser Funktion lautet in jedem Programm anders, die Funktion ist jedoch immer vergleichbar. Die vorhandenen Polygone werden automatisiert beliebig fein unterteilt. Es entstehen also neue Polygone innerhalb der vorhandenen Flächen. Diese neuen Polygone liegen zudem nicht einfach in der Ebene der alten Polygone, sondern werden so angeordnet, dass die ursprüngliche Form des Objekts gerundet wird. Je feiner also unterteilt wird, desto gerundeter erscheint das Objekt.

Ein weiteres bei der Modellierung von Figuren häufig benutztes Werkzeug ist die Spiegelungs- oder Symmetriefunktion. Hierbei wird die fehlende Hälfte z.B. eines Kopfs automatisch ergänzt. Es muss also nur an einer Gesichtshälfte gearbeitet werden. Auch diese Funktion nutzen wir, um uns Arbeit zu ersparen.

3.1   Auge und Wange

Wir beginnen die Modellierung im Bereich um die Augen herum und orientieren uns an den in die Vorlagen skizzierten Loop-Verläufen, wie bereits im ersten Teil dieses Workshops erläutert.

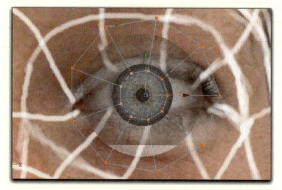

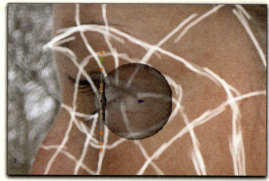

Abbildung 3.1: Eine Polygonscheibe als Startobjekt

Um nicht alles aus dem Nichts kreieren zu müssen, können Sie auf ein Polygon-Grundobjekt zurückgreifen, sofern Ihre Software dieses zur Verfügung stellt. Wie oben zu sehen ist, habe ich eine Scheibe aus neuen Segmenten aufgerufen und vor dem Auge platziert. Steht Ihnen solch ein Objekt nicht zur Verfügung, sind diese Punkte und Polygone aber auch schnell von Hand erstellt.

Abbildung 3.2: Anpassen der Polygonform an die Bildreferenzen

Benutzen Sie das Punkte-verschieben-Werkzeug, um zuerst die inneren Punkte der Scheibe an die Kanten der Lider anzupassen. Je nachdem, wie exakt Sie die Loops in die Bilder gemalt haben, können Sie die Scheibenpunkte direkt auf die entsprechenden Linien in der frontalen Ansicht schieben.

Wechseln Sie dann in die seitliche Ansicht und korrigieren Sie dort die Lage der Punkte entlang der dritten Achse. Hier ist teilweise etwas Abstraktionsvermögen von Nutzen, da das Auge in der seitlichen Ansicht den inneren Augenwinkel verdeckt. Als Faustregel mag helfen, dass der innere Augenwinkel nicht ganz so tief im Kopf liegen sollte wie der äußere. Abbildung 3.2 gibt dies wieder.

Fahren Sie dann fort, den äußeren Punktkreis der Scheibe zu verschieben. Diese Punkte liegen oben ungefähr am Ansatz des Augenwulstes und unten dort, wo sich bei vielen Menschen zwischen Unterlid und Wange eine kleine Falte bildet.

An der Nase wird ungefähr die halbe Distanz zwischen Tränenwärzchen und Nasenrücken überbrückt.

Wenn Sie mit eingezeichneten Loops auf den Bildvorlagen arbeiten, wie wir es im ersten Workshop vorbereitet haben, lassen Sie sich nicht von dem unterschiedlichen Aussehen der Loops in beiden Ansichten verunsichern. Diese wurden ja nicht aufeinander abgeglichen, sondern nur Freihand eingezeichnet. In meinem Fall halte ich mich einfach an die Einzeichnung in der frontalen Ansicht und passe die Punktlage in der seitlichen Ansicht an, ohne dort die Punkte zwingend auf die Loops zu setzen.

Letztlich ist es aber egal, für welche der beiden Loop-Einzeichnungen Sie sich entscheiden. Man sollte sich nur nach dieser Entscheidung auch daran halten und sich nicht mal für die eine und dann wieder für die andere entscheiden.

Stören Sie sich auch nicht daran, dass die Polygone momentan noch recht groß und grob sind und viele Details darunter verdeckt bleiben. Details wie Augenlider oder Fältchen werden erst später ergänzt, wenn zumindest die Grundform des Kopfs bereits vorhanden ist. Ansonsten müssten Sie schon am Anfang mit zu vielen Punkten, Kanten und Flächen hantieren. Die möglichst geschickte Platzierung der Polygon-Loops wird uns später einen Großteil dieser Arbeit abnehmen.

Selektieren Sie im nächsten Schritt den Kantenring, der die Lider am Auge begrenzt, und extrudieren Sie diesen ein kurzes Stück in den Kopf hinein. Die Tiefe dieser Verschiebung bestimmt später die Dicke der Augenlider.

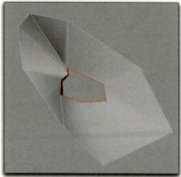

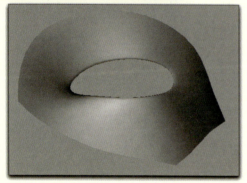

Es entstehen dadurch also neue Polygone am vormals offenen Rand, die dann nach innen verschoben werden. Wie tief diese Verschiebung im Detail ausfällt, ist nicht so wichtig. Wichtig ist nur, dass diese Flächen vorhanden sind. Dieser Bereich wird dann etwas später noch exakter an die Form des Auges angepasst.

Bereits in diesem frühen Stadium der Modellierung kann man schon gut erkennen, was so eine kleine „Umstülpung" der Oberfläche bewirkt. Die unteren beiden Bilder von Abbildung 3.3 demonstrieren dies am geglätteten Modell.

Die Lidränder wirken nun nicht mehr so scharfkantig. Da bei der Glättung durch Polygon-Unterteilung zudem angrenzende Flächen mit einbezogen werden, ändert sich in der gesamten Umgebung der Lider die Krümmung der Oberfläche und wirkt auf einen Schlag organischer. Falls in Ihrer Software möglich, sollten Sie daher von Zeit zu Zeit zwischen dem Originalmodell und der geglätteten Version hin- und herschalten, um das Aussehen der gerundeten Oberfläche zu begutachten.

Prinzipbedingt ist es dabei nämlich so, dass die gerundete Version immer etwas kleiner ausfällt als das Original, da die gerundete Oberfläche nicht zwingend durch die Punkte der vorgegebenen Polygone läuft.

Diese Differenz wird jedoch immer kleiner, je enger die Punkte am niedrig aufgelösten Original gesetzt werden. Daher müssen Sie darauf achten, die Punkte an Falten und abrupten Richtungswechseln der Oberfläche immer möglichst eng zu setzen, damit der gerundeten Version kein Raum für größere Abweichungen bleibt.

Abbildung 3.3: Extrudierter Kantenring und geglättete Darstellung

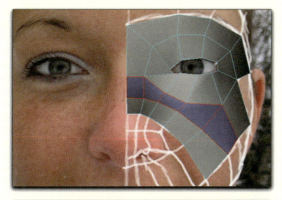

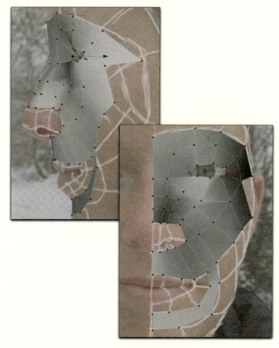

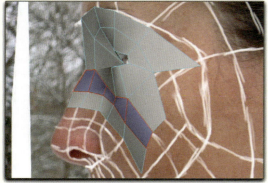

Abbildung 3.5: Verlängerung der Loops in Richtung Nase und Kinn

Abbildung 3.4: Fortführen der Form in Richtung Nase und Wange

Ergänzen Sie im nächsten Schritt weitere Polygonreihen oberhalb und unterhalb des Auges, wie in Abbildung 3.4 zu sehen.

Achten Sie bereits jetzt darauf, dass die Punkte, die direkt auf der Kopfmitte liegen, alle eine einheitliche X-Koordinate haben. Diese Punkte befinden sich später exakt auf der Symmetrieachse des Kopfs und sind nach der Spiegelung daher doppelt vorhanden.

Liegen dort alle Punkte exakt auf der gleichen Koordinate, lassen sich Optimierungen einfacher durchführen, die beide Gesichtshälften schließlich zu einem einzigen Objekt vereinen.

Die Einfärbungen der Punkte und Polygone in den Bildern dienen übrigens immer nur dazu, Ihnen die Orientierung zwischen den Ansichten zu erleichtern.

Stück für Stück bzw. Polygon für Polygon ergänzen Sie die vorhandenen Strukturen entlang der aufgemalten Loops in der frontalen Ansicht.

Wie die Abbildung 3.5 zeigt, ist auf diese Weise schnell die Lücke zwischen Nasenspitze und Oberlippe geschlossen. Ein erster Vorstoß in Richtung Kinn lässt zudem schon mehr von den Dimensionen des Gesichts erahnen.

Denken Sie immer daran, in regelmäßigen Abschnitten Sicherungen Ihres Modells durchzuführen und diese individuell zu benennen. Dies macht es sehr viel einfacher, Irrwege der Modellierung durch das Laden einer früheren Modellversion zu beheben.

Abbildung 3.6: Nasenspitze und Nasenloch

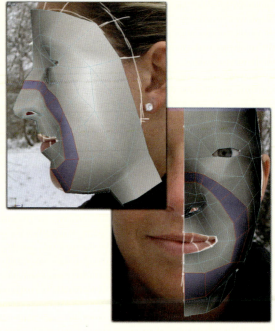

Abbildung 3.7: Die Kinnpartie

3.2   Die untere Gesichtshälfte

Kommen wir nun zu den etwas kniffligeren Teilen. Bislang lagen alle Polygone ja mehr oder weniger in der frontalen Ansicht. Dies ändert sich nun, wenn wir die Nase ausmodellieren und etwas später den Hinterkopf ergänzen.

Kommen wir also zuerst zu der noch offenen Nasenspitze. Abbildung 3.6 zeigt, wie dort die Flächen anzuordnen sind. Wichtig ist vor allem die richtige Platzierung der Öffnung des Nasenlochs und die Überleitung des Polygonflusses vom Nasenrücken in die Loops in Richtung Mund und Kinn.

Zumindest was den Nasenrücken angeht, können Sie sich dort ganz auf die seitliche Referenz verlassen und die Punkte dort direkt auf dem Bild platzieren.

Ausgehend von den Flächen auf dem Nasenrücken führen Sie halbkreisförmig Polygon-Loops über die Wange, am Mundwinkel vorbei und schließlich unter der Unterlippe und über dem Kinn bis hin zur Symmetrieebene.

Über dem Auge ergänzen Sie Polygone auf der Stirn und führen diese seitlich am Gesicht entlang. Noch vor dem Ohr krümmt sich dieser Loop am Unterkiefer entlang und mündet schließlich in das Kinn. Das Gesicht erscheint damit erstmals bis auf den noch fehlenden Mund als Einheit.

Unten verlängern Sie das Kinn um ein bis zwei Polygonreihen, aus denen Sie den Ansatz zum Hals im vorderen Bereich formen. Abbildung 3.7 gibt diesen Modellierungsstand wieder und markieren beispielhaft einen der Polygon-Loops.

Abbildung 3.8: Gespiegelte und geglättete Ansicht des Modells

3.2.1 Überprüfung des Modells und Zwischenbilanz

Der aktuelle Zustand des Modells bietet sich für eine erste Zwischenbilanz an, bevor wir mit dem Hinterkopf fortfahren.

Erzeugen Sie dazu die fehlende Kopfhälfte und lassen Sie das Gesamtobjekt glätten. Die obige Bildfolge gibt verschiedene Ansichten des aktuellen Modells wieder.

Es ist sinnvoll, sich bereits jetzt kurz zu vergewissern, ob mit den vorhandenen Flächen bereits das Optimum an Qualität erzielt wurde. Ziel jeder Modellierung sollte schließlich sein, bereits mit möglichst wenigen Polygonen das gewünschte Ergebnis umzusetzen. Dies erleichtert einem die eventuell folgende Texturierung und auch die Animation erheblich.

Was an unserem Modell bislang auffällt, ist die zu spitze Nase und der Nasenrücken. Zudem fehlt es an Definition um die Augen herum. Weder die Lider noch die durch den direkt darunter liegenden Knochen aufgeprägten Augenwülste und Wangen sind klar genug herausgearbeitet.

Dies liegt derzeit an der noch zu geringen Anzahl an Flächen in diesen Bereichen und lässt sich daher momentan nicht beheben. Beschränken Sie sich also auf alle übrigen Bereiche und versuchen Sie dort, durch Verschieben einzelner Punkte oder Flächen den Verlauf der Loops zu schärfen und eventuell vorhandene Beulen oder Eindellungen zu beheben.

Dabei hilft es sehr, sich auch aus den Standardansichten zu lösen und kurzfristig in der perspektivischen Ansicht zu arbeiten. Dort stehen uns zwar die Bildansichten nicht so hilfreich zur Seite, aber wir haben durch Drehung der Perspektive die Möglichkeit, das Modell aus beliebigen Richtungen zu betrachten.

Unzulänglichkeiten, wie der zu spitze Nasenrücken oder eine keilförmig zulaufende Stirn, fallen oft erst in dieser Ansicht auf. Falls möglich, sollten solche Fehler möglichst früh behoben werden, da die Oberfläche in der derzeitigen Phase noch mit nur wenigen Punkten zu beeinflussen ist.

Je mehr Punkte und Flächen es später werden, desto schwieriger wird es, räumlich beschränkte Veränderungen vorzunehmen, ohne umliegende Bereiche negativ zu beeinflussen.

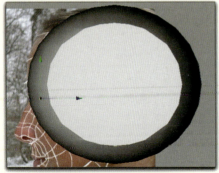

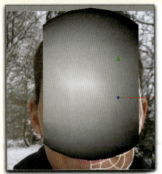

Abbildung 3.9: Hilfsobjekt für den Hinterkopf

3.3   Der Hinterkopf

Egal, wie geschickt man sich bei der Erstellung der Fotovorlagen angestellt hat, die Haare werden in den meisten Fällen die eigentliche Kopfform verdecken. Dies gilt natürlich im besonderen Maße für Frauen mit längeren Haaren.

Ich arbeite daher mit einem einfachen Trick, um dennoch eine Vorlage für die Modellierung des Schädels zu erhalten. Dieses Vorgehen hat zudem den Vorteil, dass wir ein tatsächlich dreidimensionales Objekt als Referenz benutzen können.

Erzeugen Sie dafür eine Kugel, die Sie z.B. bei den Grundobjekten fertig abrufen können. Platzieren Sie die Kugel in der seitlichen Ansicht vertikal gesehen leicht über den Augen und horizontal betrachtet in der Mitte des Kopfs.

Quetschen Sie die Kugel dann entlang der Höhe so zusammen, dass die obere Krümmung mit dem oberen Bogen des Schädels auf den Bildern übereinstimmt.

Schließlich schneiden Sie links und rechts in der frontalen Ansicht die Pole der Kugel ab. Sie erhalten damit eine grobe Vorlage für die Schädelform. Ein ähnliches Modell verwenden übrigens auch Zeichner, um die Kopfform anzunähern.

Die Bildfolge in Abbildung 3.9 gibt oben die Entstehung der Schädelreferenz und unten bereits die Anwendung bei der Modellierung wieder. Wie Sie dort erkennen können, wird die oberste Kante des Polygons auf dem Nasenrücken immer wieder extrudiert und entlang der Referenz zuerst nach oben und hinten und schließlich am Hinterkopf wieder nach unten geführt. Achten Sie weiterhin darauf, dass die neuen Punkte innen auf der Symmetrieachse bleiben, damit die spätere Spiegelung des Kopfs weiterhin funktioniert.

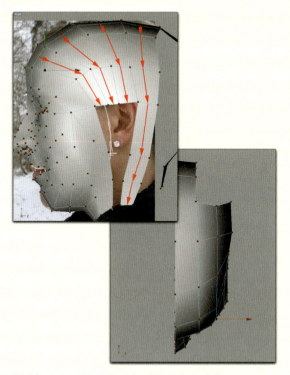

Abbildung 3.10: Die Seiten des Schädels modellieren

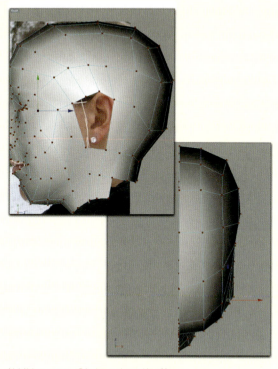

Abbildung 3.11: Die komplette Kopfform

Ist die äußere Begrenzung des Schädels bis in den Nacken gezogen, können von diesem Polygonstreifen seitlich Flächen extrudiert werden. Diese Bahnen führen Sie in Richtung Ohr, um sie dort enden zu lassen.

Erst wenn die Ausgangsposition ein Vorbeiziehen hinter dem Ohr erlaubt, verlängern Sie die Bahn bis zum Halsansatz. Abbildung 3.10 zeigt diese Arbeitsschritte aus zwei Perspektiven und deuten die Extrudierungen durch Pfeile an.

Beachten Sie, dass der Schädel in der Draufsicht nicht kreisrund, sondern eher viereckig wirkt. Vergleichen Sie dies auch mit der bereits benutzten Referenzkugel, von der wir seitlich die Polkappen entfernt hatten.

Abbildung 3.11 zeigt, wie der hinter dem Ohr verlaufende Polygonstreifen im unteren Abschnitt nach vorne Richtung Kinn verläuft. Dies erlaubt es uns, unter der Ohröffnung eine nur aus zwei Polygonen bestehende Verbindung zu den Flächen des Gesichts herzustellen.

Der Hinterkopf und der Nacken werden nach dem gleichen Schema verschlossen. Sie können danach die Referenzkugel für die Modellierung des Schädels wieder löschen. Sie wird nicht mehr benötigt.

Seitlich am Kopf bleibt eine Öffnung für das Ohr, das wir separat modellieren und später mit dem Kopf verbinden.

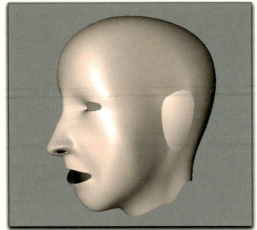

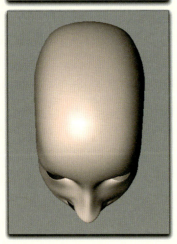

Dies ist nun, da der Kopf als Ganzes weitgehend fertig ist, wieder ein guter Zeitpunkt, das Modell auch gespiegelt und geglättet zu begutachten.

Besonders wichtig ist in dieser Phase, die bereits angesprochene Schädelform im Bereich der Stirn und den Übergang zum Nasenrücken zu überprüfen.

Aufgrund der eingeschränkten Perspektive beim Arbeiten in der frontalen und der seitlichen Ansicht übersieht man nämlich häufig, wie flach ein Gesicht tatsächlich ist und wie plötzlich es an den Wangen in Richtung Ohr verläuft.

Abbildung 3.12 soll Ihnen daher als Richtschnur dienen, auch wenn das Gesicht wegen der fehlenden Details noch eher maskenhaft wirkt.

Neben den bereits angesprochenen Defiziten am Nasenrücken und um die Augen fehlen auch Details an den seitlichen Wangen. Das Gesicht wirkt derzeit in der unteren Hälfte noch zu breit.

Bevor wir im nächsten Schritt diese Details ergänzen, überprüfen Sie noch einmal den möglichst sauberen Verlauf der wichtigsten Loops um die Augen und den Mund. Die Polygonreihen sollten organisch ineinander übergehen und natürlich der Topologie des Gesichts folgen.

Abbildung 3.13 dokumentiert dies beispielhaft durch farbliche Hervorhebung einiger Polygonreihen. Anschließend beginnen wir dann damit, Schnitte durch einige diese Polygonreihen zu legen. Dies hat den Vorteil, dass dadurch einerseits neue Punkte und damit Manipulationsmöglichkeiten innerhalb dieser Flächen entstehen und andererseits die umliegenden Flächen davon völlig unberührt bleiben.

Abbildung 3.12: Das gespiegelte und geglättete Modell

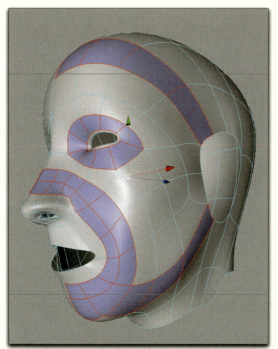

3.4 Details hinzufügen

Wir beginnen damit, den Loop unter der Nase bis zur Ohröffnung zu teilen. Je nachdem, welche Werkzeuge Ihnen zur Verfügung stehen, erzeugen Sie dazu manuell neue Punkte auf den vorhandenen Kanten zwischen den Polygonen oder benutzen Sie eine Schneidefunktion, die automatisch zusammenhängende Polygonstrukturen erkennen und der Länge nach mittig durchschneiden kann.

Verfahren Sie ähnlich mit dem Polygonstreifen, der am Mundwinkel beginnt. Beide Aktionen sind in Abbildung 3.14 zu sehen.

An den Enden der durchschnittenen Streifen verbleiben Flächen mit mehr als vier Eckpunkten, so genannte N-Gone. Da es unser Bestreben sein sollte, ein Objekt möglichst nur aus Vierecken zu konstruieren, werden wir in diesem Bereich noch Veränderungen vornehmen müssen.

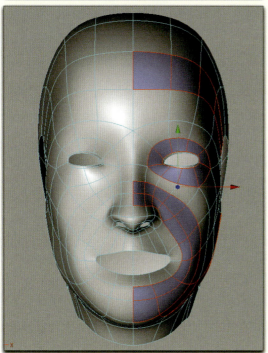

Abbildung 3.13: Überprüfen der Loop-Verläufe

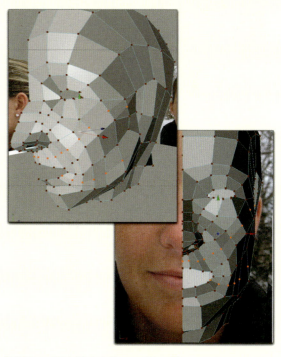

Abbildung 3.14: Unterteilungen hinzufügen

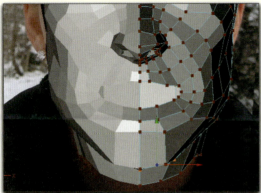

Abbildung 3.15: Nutzen der neuen Flächen

Die bloße Unterteilung an sich lässt zwar neue Flächen entstehen, diese allein haben aber noch keinen
Nutzen. Die neuen Punkte müssen also sinnvoll
verschoben werden, um mehr an Details herauszuarbeiten.

Nutzen Sie die Punkte unter der Nase und seitlich
der oberen Wange dazu, den Bereich über der Oberlippe und unterhalb des Auges herauszuarbeiten.
Versuchen Sie besonders den seitlich unter dem Auge
liegenden Wangenknochen herauszuarbeiten.

Die neuen Punkte am Mundwinkel können Sie nutzen, um das Kinn auszuformen und die seitliche
Wange schmaler zu gestalten. Zwischen dem Unter-
kieferknochen und der Wange sollte die Wange leicht
in Richtung Mundraum schwingen.

Abbildung 3.15 zeigt auch, wie Sie die Enden der
Loop-Schnitte in das vorhandene Mesh integrieren.

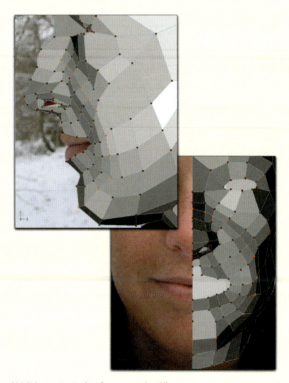

Abbildung 3.16: Ausformung des Kinns

Verwenden Sie die gleiche Technik, um den vom
Nasenrücken, über die Wange bis über das Kinn
verlaufenden Loop einmal zu teilen. Hier brauchen
wir uns über die Enden des Schnitts keine Gedanken
zu machen, da beide Punkte auf der Symmetrieebene
und somit am offenen Rand der Gesichtshälfte liegen.

Nutzen Sie die neuen Punkte für die Ausformung des
Kinns, die Andeutung einer Lachfalte und zur Verfeinerung des Nasenrückens.

Auch hier ist das Endresultat in Abbildung 3.16 fest-
gehalten.

Mit der nächsten Aktion beseitigen wir endlich den zu spitzen Nasenrücken und gleichzeitig die zu schwach ausgeprägten Augenwülste.

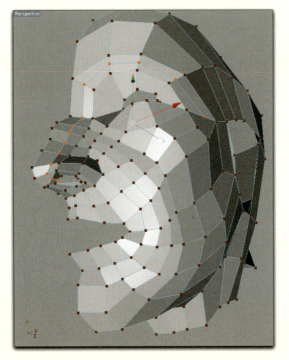

Abbildung 3.17: Neue Unterteilungen entlang der Nase und über dem Auge

Teilen Sie dazu die Polygonreihe auf dem Nasenrücken. Beginnen Sie den Schnitt in der Nasenöffnung, führen Sie ihn entlang der Nase nach oben und dort schließlich in einem Halbkreis über dem Auge entlang. Der Schnitt endet dort neben dem äußeren Augenwinkel, wie es in Abbildung 3.17 zu sehen ist.

Ziehen Sie die neuen Punkte über dem Auge und auf dem Nasenrücken nach vorne, um diesen Bereich abzurunden. Grundsätzlich sollte immer jeder neue Punkt zumindest angefasst und leicht verschoben werden, damit keine flachen Bereiche entstehen, wo mehrere Punkte in einer Ebene liegen. Dies würde bei der Glättung des Gesichts zu unnatürlichen Flächen führen.

Verlassen Sie sich also nicht zu sehr auf die nachträgliche Glättung, sondern versuchen Sie, auch mit nur wenigen vorhandenen Polygonen eine organische Oberfläche darzustellen.

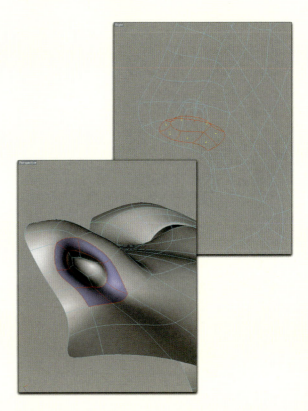

Abbildung 3.18: Das Nasenloch

3.4.1 Das Nasenloch

Wie sehr man ins Detail gehen muss, hängt natürlich stark davon ab, wofür der modellierte Charakter später benötigt wird. Soll die Figur z.B. animiert werden und dabei etwas sagen? Dann müsste eine Mundhöhle samt Rachen und Zähnen ergänzt werden.

Ähnlich verhält es sich mit allen übrigen Teilen des Objekts. Grundsätzlich sollte aber auch nur das modelliert werden, was später zu sehen sein wird. An der Nase schließt dies einen Teil des Inneren mit ein.

Das Nasenloch sollte nicht so offen bleiben, sondern zumindest ein kurzes Stück in die Nase hinein fortgeführt werden. Abbildung 3.18 zeigt, wie dies aussehen kann.

bildet wird. Wie bereits mehrfach erwähnt, zwingen eng beieinander liegende Punkte die geglättete Oberfläche ja enger an das Originalobjekt heran.

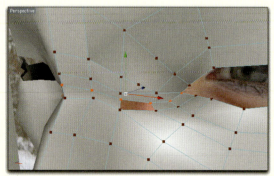

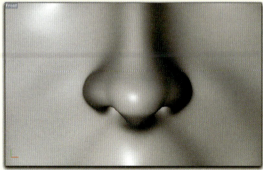

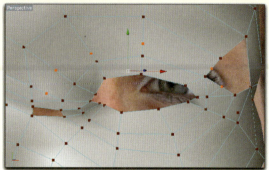

Abbildung 3.19: Der Nasenflügel

Abbildung 3.20: Mehr Unterteilungen um die Augen herum

3.4.2 Der Nasenflügel

Um die Form der Nase weiter zu verfeinern, kann es helfen, die Nasenflügel zu extrudieren und leicht zu verkleinern.

Wie Abbildung 3.19 zeigt, habe ich dies mit den vier zusammenhängenden Flächen an der Seite der Nasenspitze durchgeführt. Wie unten an der geglätteten Ansicht zu sehen ist, bilden sich dadurch automatisch die charakteristischen Linien, die die Nasenspitze von den Flügeln abgrenzen.

Der zweite Vorteil liegt darin, dass die Falte beim Übergang der Nasenflügel zur Wange schärfer abge-

3.4.3 Polygonfluss um die Augen

Uns fehlen bislang noch wichtige Konturen um die Augen herum. Im ersten Schritt erhöhen wir daher selektiv die Unterteilung der Flächen um das Auge herum und optimieren den Polygonfluss dort.

Um später den Übergang des Oberlids zur Nase hin besser herausmodellieren zu können, fügen Sie einen Schnitt hinzu, der ausgehend vom Nasenrücken am inneren Augenwinkel endet.

Danach erzeugen Sie neue Unterteilungen für das Oberlid, so wie es Abbildung 3.20 zeigt.

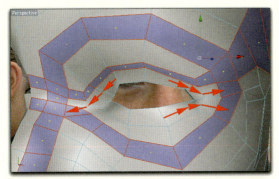

Abbildung 3.21: Polygonfluss um die Augen

Nachdem die neuen Punkte und Kanten harmonisch mit den umliegenden Flächen verbunden wurden, ergibt sich ein Bild wie in Abbildung 3.21 zu sehen. Dort wurden einige Polygon-Loops exemplarisch farblich hervorgehoben. Zusätzlich deuten Pfeile den erwünschten Polygonfluss an.

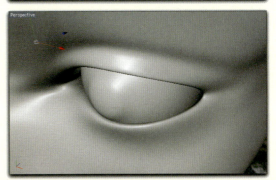

Es gibt dort also zwei grundsätzliche Loop-Richtungen. Generell laufen die Polygone kreisförmig um das Auge herum. Um die Falten an den Augenwinkeln realisieren zu können, müssen die Polygone an diesen Stellen jedoch gleichzeitig eine Ableitung der Linien nach außen ermöglichen.

Die nach außen ableitenden Loops liegen eng an den Lidern, während die runden Loops etwas weiter außerhalb verlaufen.

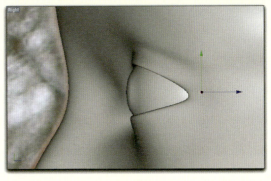

Nutzen Sie schließlich die neuen Punkte, um die Lider zu formen. Abbildung 3.22 zeigt ein Beispiel.

Abbildung 3.22: Formung der Lider

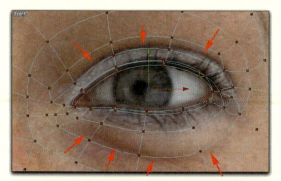

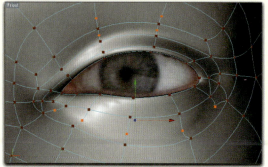

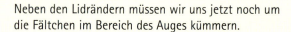
Abbildung 3.23: Weitere Unterteilungen hinzufügen

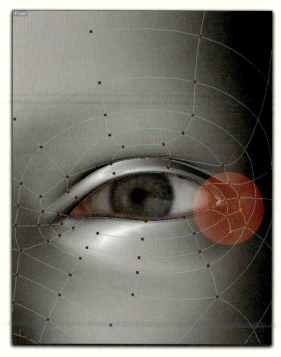
Abbildung 3.24: Integration der neuen Flächen

Neben den Lidrändern müssen wir uns jetzt noch um die Fältchen im Bereich des Auges kümmern.

Unter dem Unterlid verläuft eine markante Linie vom inneren Augenwinkel in Richtung des Wangenknochens. Über dem oberen Augenlid faltet sich die Haut beim geöffneten Auge und überlappt sogar teilweise. Beide Bereiche sind in Abbildung 3.23 durch Pfeile markiert.

Im unteren Teil der Abbildung sehen Sie, welche Punkte zu ergänzen sind, um genügend Unterteilungen für die Ausmodellierung zur Verfügung zu haben.

Denken Sie immer daran, dass möglichst nur viereckige Flächen im Modell verbleiben sollten. Schnitte müssen also immer so gelegt werden, dass die Enden der geteilten Loops gut mit den vorhandenen Flächen verbunden werden können.

Abbildung 3.24 hebt den in diesem Fall kritischen Bereich rot hervor. Sie sehen dort, wie die Loops alle in viereckige Flächen münden.

Wie zuvor beschrieben, ist es gerade im Bereich der Augenwinkel hilfreich, die Loops nicht nur radial um das Auge zu führen, sondern auch nach außen abzuleiten.

Oftmals kann das Mesh dann durch relativ kleine Eingriffe wieder etwas vereinfacht werden, ohne Details zu verlieren. Ein Beispiel geben die oben farbig hervorgehobenen Punkte, die verschmolzen werden könnten, um eine Fläche komplett einzusparen.

Verschieben Sie die neuen Punkte am Unterlid etwas nach unten und innen. Diese Verschiebung sollte am inneren Augenwinkel stärker ausfallen als am äußeren Winkel, damit die Falte dort weich ausläuft.

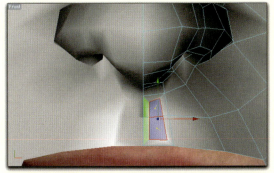

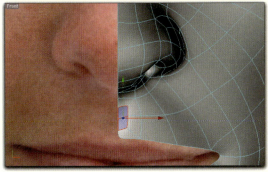

Abbildung 3.25: Einkerbung zwischen Nase und Oberlippe

Am Oberlid ziehen Sie die Punkte etwas nach vorne und im Bereich der Auffaltung nach hinten in Richtung Auge. Je nachdem, in welchen Dimensionen Sie dabei arbeiten, wirkt das Oberlid eher dünn und gespannt oder schwer und massiv. In Verbindung mit dem Übergang zur Nasenwurzel hin können so sehr viele unterschiedliche Augentypen umgesetzt werden.

Lassen Sie sich mit der Arbeit besonders an diesem Teil des Objekts ruhig etwas mehr Zeit. Die Ausstrahlung und das Aussehen der Augenpartie haben später entscheidenden Einfluss auf das Erscheinungsbild des gesamten Kopfs, ja der gesamten Figur.

Wenn Sie die Figur später animieren möchten, modellieren Sie die Augenpartie am besten in einem entspannten Zustand. Vermeiden Sie es also, Falten zu stark zu betonen, es sei denn, es handelt sich um eine ältere Person.

Dies gibt Ihnen später mehr Möglichkeiten, z.B. über Blend Shapes oder Morphing aus der entspannten Position heraus verschiedene Stimmungen wie Freude, Wut oder Trauer zu entwickeln.

Morphing: Darunter versteht man allgemein das Verformen eines Objekts von einem Ausgangs- in einen Zielzustand. In der Praxis wird dies oft so gehandhabt, dass ausgehend von einem Modell mit neutraler Mimik mehrere Kopien erzeugt werden, die dann individuell andere Gesichtszüge modelliert bekommen. So werden häufig verschiedene Lippenstellungen z.B. für die Aussprache verschiedener Laute oder Buchstaben erzeugt. Ebenso gängig sind verschiedene Modelle z.B. für das Rümpfen der Nase, Lächeln oder Stirnrunzeln.
Damit das Morphing funktionieren kann, müssen alle Objekte mit den Zielzuständen aus dem gleichen Ausgangsobjekt hervorgegangen sein. Es dürfen weder Punkte gelöscht noch neue hinzumodelliert werden. Daher ist es wichtig, auch beim Modellieren einer entspannten Pose bereits die notwendigen Unterteilungen z.B. für Falten mit einzubauen.
Bei der Animation können die verschiedenen Gesichter dann prozentual zu einem neuen zusammengemischt werden. Es reicht daher oft eine relativ geringe Anzahl gut ausgewählter mimischer Posen bereits aus, um eine Vielzahl an typischen Gesichtsausdrücken reproduzieren zu können.

3.4.4 Mund und Lippen

Beschäftigen wir uns nun endlich mit der Region um den Mund. Wir beginnen damit, die typische Mulde zwischen Nase und Oberlippe zu modellieren. Die äußere Begrenzung sollte als Kante bereits vorhanden sein. Es fehlen uns also nur ein paar Punkte im Zwischenraum, um die Absenkung zu realisieren. Abbildung 3.25 zeigt das entsprechende Vorgehen.

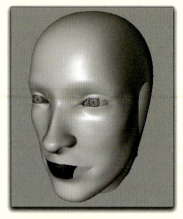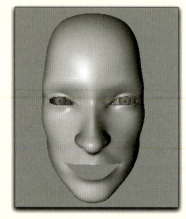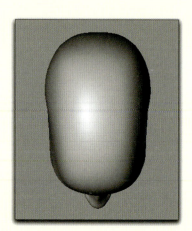

Abbildung 3.26: Aktueller Stand der Modellierung

Extrudieren Sie die beiden Flächen zwischen Nase und Oberlippe und verkleinern Sie die neuen Flächen etwas.

Löschen Sie anschließend die in der gleichen Abbildung leicht grün hervorgehobenen Flächen und verschieben Sie die nun am offenen Rand der Gesichtshälfte liegenden Punkte auf die Symmetrieebene, damit die Spiegelung des Gesichts wieder funktionieren kann.

Ziehen Sie abschließend die neuen Punkte leicht in den Kopf hinein. Die Bildfolge in Abbildung 3.26 zeigt Ihnen, was wir bislang geleistet haben. Der Kopf nimmt langsam Gestalt an.

In Abbildung 3.27 finden Sie zum Abgleich mit Ihrem Modell auch noch einmal die Polygonstruktur aus zwei verschiedenen Ansichten.

Fahren wir fort mit den Lippen. Sorgen Sie jedoch zuvor dafür, dass alle Punkte am offenen Rand des Munds bereits der Kontur der Lippen folgen. Achten Sie darauf, dass im Bereich des Mundwinkels drei Punkte relativ eng beieinander liegen. Dies wird später wichtig, damit der Mundwinkel nach der Glättung des Objekts weder zu weich noch zu eckig aussieht.

Beachten Sie zudem bei den nun folgenden Arbeitsschritten, dass sich die Lippen im Bereich des Mundwinkels nach innen rollen und teilweise im Mundraum verschwinden.

Dies wird z.B. beim weiten Öffnen des Munds offensichtlich, da dort die Lippen im Bereich der Mundwinkel sehr viel breiter erscheinen als beim geschlossenen Mund.

Übertreiben Sie die Wölbung der Lippen nach außen nicht zu sehr. Im Zeitalter der Schönheitschirurgie hat man sich zwar bei vielen Personen des öffentlichen Lebens bereits an etwas voluminösere Lippen gewöhnt, aber das natürliche Aussehen sollte doch immer Maßstab bleiben. Grundsätzlich gilt, dass die Unterlippe voluminöser ist als die Oberlippe.

Nach so viel Theorie beginnen Sie nun damit, die komplette Kantenreihe der Mundöffnung zu extrudieren. Ziehen Sie die neuen Punkte auf die sichtbare Trennlinie in der frontalen Ansicht, wo sich beide Lippen treffen. Denken Sie daran, die Punkte am Mundwinkel leicht in den virtuellen Mundraum hineinzuziehen.

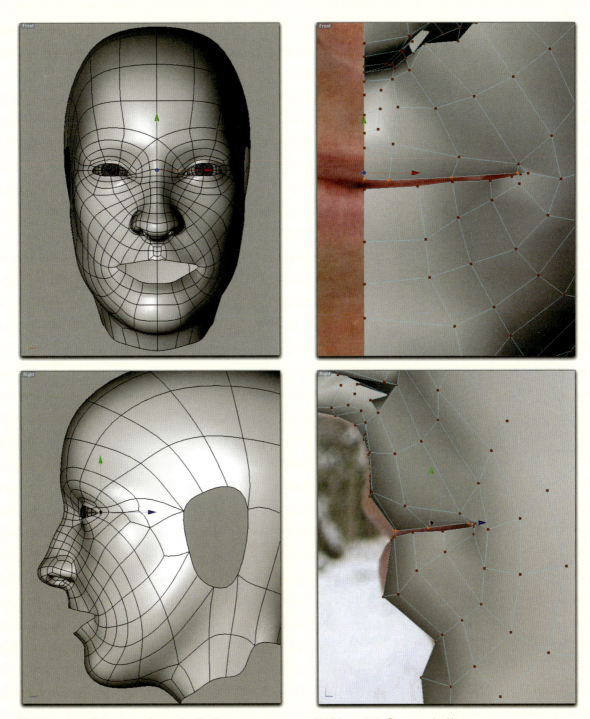

Abbildung 3.27: Polygonanordnung des Kopfs

Abbildung 3.28: Formung der Lippen

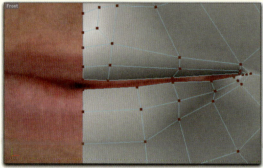

Abbildung 3.29: Ausformung der Lippen

Die bis jetzt noch flachen Lippen bekommen nun eine zusätzliche Unterteilung, so wie es in Abbildung 3.29 zu sehen ist. Ziehen Sie diese Unterteilung in der seitlichen Ansicht so nach vorne, dass die Wölbung der Lippen zur Bildreferenz passt.

Die Punkte im Mundwinkel dagegen bleiben an ihrer Position. Die äußere Form der Lippen ist damit bereits komplett.

Da man gegebenenfalls durch einen Spalt zwischen den Lippen hindurch auf die Zähne schauen kann, sollten die Lippen nicht einfach an der Stelle des Aufeinandertreffens von Ober- und Unterlippe enden, sondern in den Mundraum hinein fortgeführt werden. Selektieren und extrudieren Sie daher den offenen Rand der Lippen in der Mitte des Munds.

Ziehen Sie die neuen Kanten in den Mundraum hinein bis zu der Stelle, an der Sie die Zähne vermuten. Extrudieren Sie die Kante noch ein weiteres Mal und ziehen Sie den Rand der Oberlippe dann nach oben bzw. den der Unterlippe nach unten.

Die inneren Punkte des Mundwinkels ziehen Sie in Richtung innere Wange. Auf diese Weise krümmen sich die Lippen natürlich in den Mundraum hinein.

Bei der Betrachtung von Nahaufnahmen ist Ihnen vielleicht bereits aufgefallen, dass besonders die Oberlippe im Bereich unter der Nase eine relativ scharfe Abgrenzung besitzt. Dies äußert sich vor allem bei bestimmten Beleuchtungssituationen, wo an dieser Stelle ausgeprägte Glanzlichter entstehen können.

Zudem markiert diese Kante auch den farblichen Wechsel von der Haut zur Struktur der Lippen. An der Unterlippe ist dieser Übergang weniger scharf ausgeprägt. Dort gehen die Farben fast weich ineinander über.

Auch in Hinblick auf die folgende Texturierung des Kopfs sollten wir daher diese obere Kante am Rand der Oberlippe mit modellieren.

Dafür fügen Sie einen zusätzlichen Kanten-Loop entlang der äußeren Lippenbegrenzung hinzu. Führen Sie die neuen Punkte besonders unter der Nase enger an die obere Lippenbegrenzung heran, um bei der Glättung diese Kante zu verstärken.

An der Unterlippe und im Bereich des Mundwinkels halten Sie die Punkte weiter voneinander entfernt. Nutzen Sie dort die neuen Punkte einfach zur exakteren Formung der Unterlippe, ohne bestimmte Linien verstärken zu wollen.

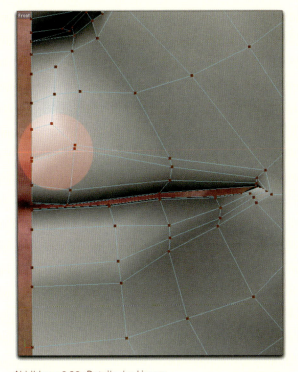 

Abbildung 3.30: Details der Lippen

Abbildung 3.30 zeigt Ihnen diese Arbeitsschritte im Detail. Rechts erkennen Sie farblich hervorgehoben den Bereich, wo die zusätzlichen Punkte zu einer Verstärkung der Oberlippe benutzt werden.

Wenn Sie dem Verlauf dieses Kantenzugs um die Lippen herum folgen, erkennen Sie, wie die neuen Punkte an der Unterlippe nur zur Ausformung benutzt werden.

Je mehr derartige Unterteilungen wir vornehmen, desto kritischer wird die Situation am Mundwinkel, da sich dort die Kanten auf kleinstem Raum begegnen. Sorgen Sie dort dafür, dass die Punkte möglichst rasch in den Mundraum verschoben werden.

Damit ist der erste Modellierungsdurchgang für den Kopf abgeschlossen. Es folgen nun die Modellierung des Ohrs und danach ein zweiter Verfeinerungsdurchgang, wobei besonders die weiblichen Merkmale des Kopfs gezielt verstärkt werden.

Hier haben sich durch die Arbeit mit den Bildvorlagen leichte Fehler eingeschlichen, die es zu korrigieren gilt. Zudem bietet es sich gegen Ende der Modellierung an, sich leicht von den Bildvorlagen zu lösen und eigene Ideen für Charakterzüge oder für den Gesichtsausdruck mit einzuarbeiten.

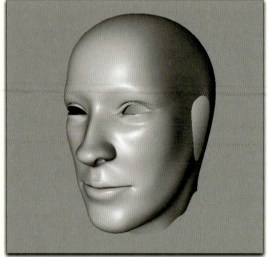

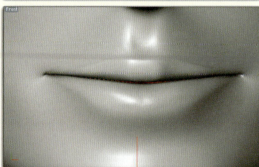

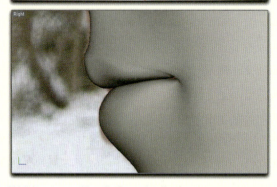

Abbildung 3.31: Aktuelle Form des Kopfs

3.4.5 Tränenwärzchen und Flüssigkeiten

Bevor wir zum Ohr kommen, ergänzen wir noch schnell das fehlende Tränenwärzchen und den dünnen Flüssigkeitsfilm, der sich besonders am unteren Augenlid bildet.

Dieser kann recht viel Licht einfangen und reflektieren und sollte daher unbedingt ausmodelliert werden. Er wird den Augen mehr Glanz und ein feuchteres Aussehen verleihen.

Selektieren Sie dazu die Polygone, die die Dicke der Lider definieren, wie in Abbildung 3.32 zu sehen. Beachten Sie, dass die Selektion nicht alle Flächen einschließt, sondern sich auf die Augenwinkel und das untere Lid beschränkt.

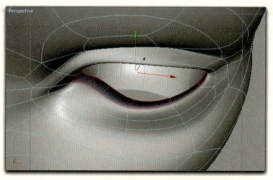

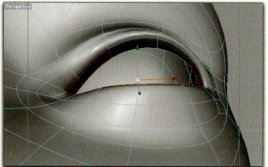

Abbildung 3.32: Polygonselektion

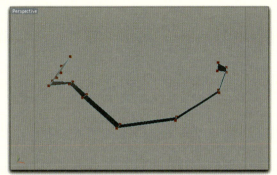

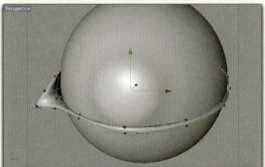

Abbildung 3.33: Modellierung der Augenflüssigkeit und des Tränenwärzchens

Duplizieren Sie die selektierten Polygone und kopieren Sie diese Duplikate in ein neues Objekt. Verdicken Sie die Polygone z.B. durch Extrusion und vergrößern Sie das Volumen dieses Polygonbands am inneren Augenwinkel, um dort das Tränenwärzchen zu formen.

Blenden Sie gegebenenfalls das Objekt des Auges mit ein, um eventuell vorhandene Lücken zwischen dem

Auge und der Flüssigkeit oder dem Auge und dem Tränenwärzchen zu schließen.

Lassen Sie den Polygonschlauch am äußeren Augenwinkel langsam zwischen den Lidern verschwinden. Die Flüssigkeit sammelt sich schließlich vorrangig über dem Unterlid. Dort sollte also der Großteil der Flächen sichtbar bleiben.

Arbeiten Sie frühzeitig auch an der geglätteten Version des verdickten Polygonstreifens, damit sich dieser optimal an die Lider und das Auge anschmiegt.

Die nebenstehende Bildfolge in Abbildung 3.33 dokumentiert die ursprüngliche Form des verdoppelten Polygonstreifens, in der Mitte die extrudierte und geglättete Version und unten das Resultat.

3.5 Das Ohr

Im Detail betrachtet ist das Ohr wohl der komplexeste Teil des Kopfs. Die Oberfläche faltet sich dort mehrfach dreidimensional und verschwindet dann schließlich im Inneren des Kopfs.

Da das Ohr zudem später fest mit der Geometrie des Kopfs verbunden wird, darf die Polygonanzahl nicht zu hoch angesetzt werden. Ansonsten sind später zu viele Querverbindungen am Ohransatz nötig, die das Aussehen der geglätteten Objektversion beeinträchtigen können.

Andererseits kann man auch leicht zu viel Arbeit in das Ohr investieren, ohne einen späteren Nutzen davon zu haben. Figuren mit langen Haaren oder einer Kopfbedeckung haben oftmals keine sichtbaren Ohren mehr.

Wir beschreiten in diesem Beispiel einen Mittelweg und modellieren zumindest die wichtigsten Geometrien des Ohrs aus.

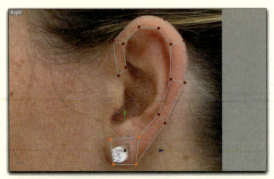

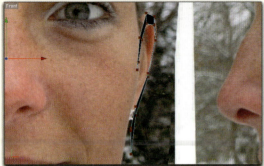

Abbildung 3.34: Der äußere Rand des Ohrs

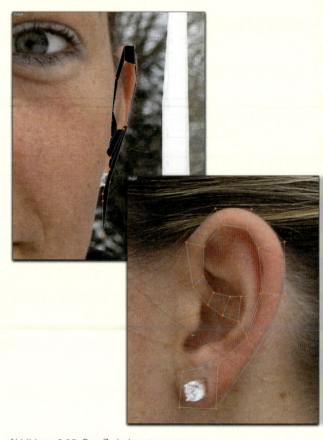
Abbildung 3.35: Den Zwischensteg erzeugen

3.5.1 Von außen nach innen

Eine weitere Schwierigkeit beim Modellieren von Ohren liegt im Finden adäquater Bildvorlagen. Seitenansichten von Köpfen sind noch relativ gut zu finden, aber bei frontalen Aufnahmen bleiben die Ohren oftmals verdeckt, so dass es schwierig wird, die richtigen Abstände zwischen den Ohrelementen und dem seitlichen Schädel abzuschätzen. Ohren von hinten sind so gut wie gar nicht zu finden. Wenn es ganz exakt werden soll, sollten Sie sich also selbst im Vorfeld auf die Suche nach geeigneten Fotomotiven machen.

Wir beginnen in der seitlichen Ansicht damit, einen Polygonstreifen auf dem Rand des Ohrs zu platzieren. Diesen Streifen kann man z.B. aus einer verzerrten Scheibe extrahieren oder direkt von Hand durch Setzen neuer Punkte erzeugen.

Versuchen Sie, mit möglichst wenigen Unterteilungen auszukommen, und passen Sie die Lage der Punkte gleich anschließend auch in der frontalen Ansicht so an, dass die leicht winklige Ausrichtung des Ohrs zum Kopf berücksichtigt wird. Abbildung 3.34 gibt das Resultat wieder.

Erzeugen Sie zusätzliche Flächen, die – der Bildvorlage folgend – den vorderen Ohransatz mit der Mitte des hinteren Ohrbogens verbinden. Wie dieser Steg zwischen den Rändern des Ohrs aussieht, zeigt Abbildung 3.35.

Führen Sie die Punkte dieses Stegs in der frontalen Ansicht leicht in die Ohrmuschel hinein und an den Rändern wieder heraus.

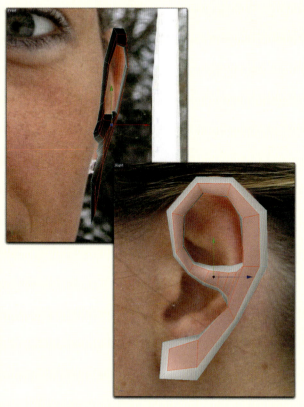

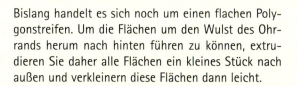

Abbildung 3.36: Verdickung der Struktur

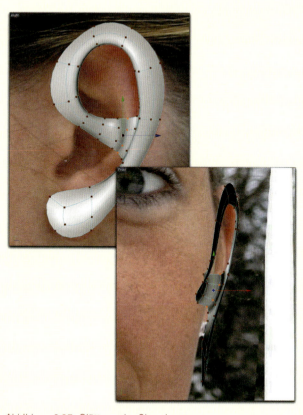

Abbildung 3.37: Glättung der Ohrpolygone

Bislang handelt es sich noch um einen flachen Polygonstreifen. Um die Flächen um den Wulst des Ohrrands herum nach hinten führen zu können, extrudieren Sie daher alle Flächen ein kleines Stück nach außen und verkleinern diese Flächen dann leicht.

Nutzen Sie zuerst die inneren Punkte am Rand der kreisförmigen Fläche im oberen Teil des Modells, um die Form des Ohrrands zu modellieren. Ziehen Sie die beschriebenen Punkte leicht in Richtung Ohrmuschel und ein kleines Stück radial nach außen.

Dies krempelt im gewissen Sinn die Oberfläche nach innen um den Ohrwulst herum. Die Punkte am äußeren Rand der Struktur werden ebenfalls leicht in Richtung Schädel verschoben, dabei jedoch auch etwas radial nach außen.

Schalten Sie auf die geglättete Version dieses Ohrmodells um, um dort die finale Form besser beurteilen zu können.

Beginnen Sie damit, dort, wo der Verbindungssteg am äußeren Ohrwulst anschließt, die Höhen und Tiefen der Ohrmuschel mit einfließen zu lassen. Dort wölbt sich die Ohrmuschel nahezu bis auf das Niveau des Ohrwulstes nach außen, bevor sie dann nach innen abtaucht.

Die Abbildungen 3.36 und 3.37 geben diese Arbeitsschritte wieder. Lassen Sie sich dabei nicht von den scheinbar unterschiedlichen Maßstäben in der frontalen und der seitlichen Ansicht täuschen. Durch perspektivische Verzerrungen während der Fotoaufnahme erscheint das Ohr in der frontalen Ansicht etwas kleiner als in der seitlichen Ansicht.

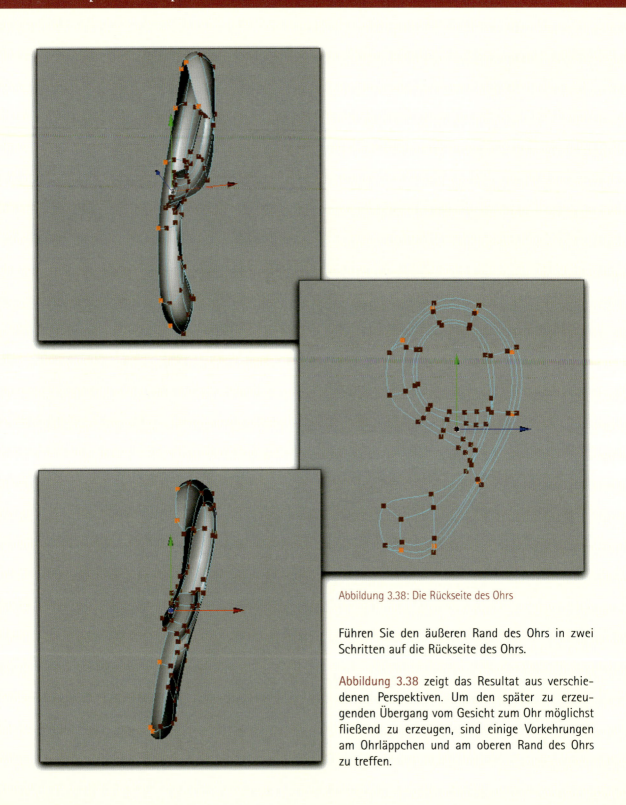

Abbildung 3.38: Die Rückseite des Ohrs

Führen Sie den äußeren Rand des Ohrs in zwei Schritten auf die Rückseite des Ohrs.

Abbildung 3.38 zeigt das Resultat aus verschiedenen Perspektiven. Um den später zu erzeugenden Übergang vom Gesicht zum Ohr möglichst fließend zu erzeugen, sind einige Vorkehrungen am Ohrläppchen und am oberen Rand des Ohrs zu treffen.

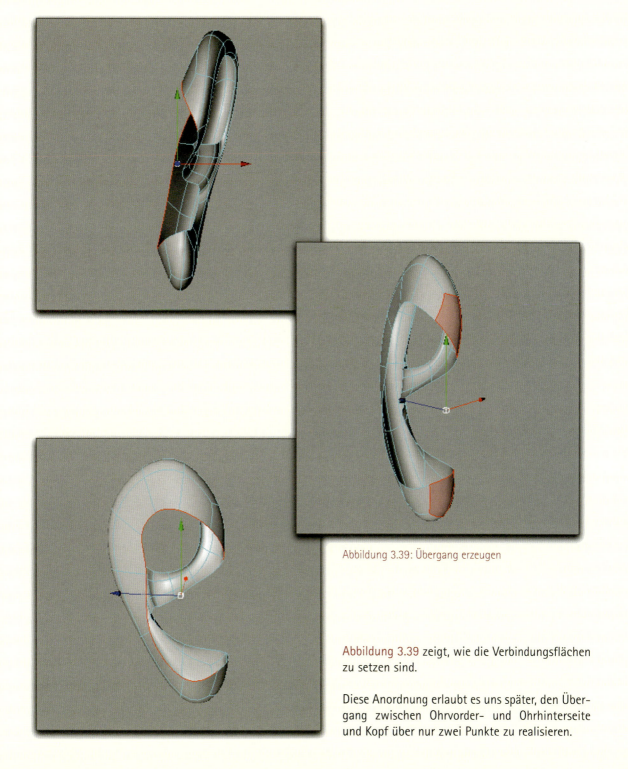

Abbildung 3.39: Übergang erzeugen

Abbildung 3.39 zeigt, wie die Verbindungsflächen zu setzen sind.

Diese Anordnung erlaubt es uns später, den Übergang zwischen Ohrvorder- und Ohrhinterseite und Kopf über nur zwei Punkte zu realisieren.

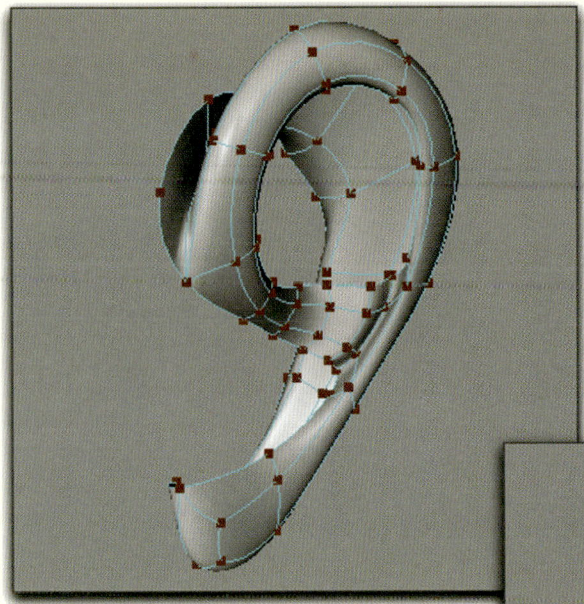

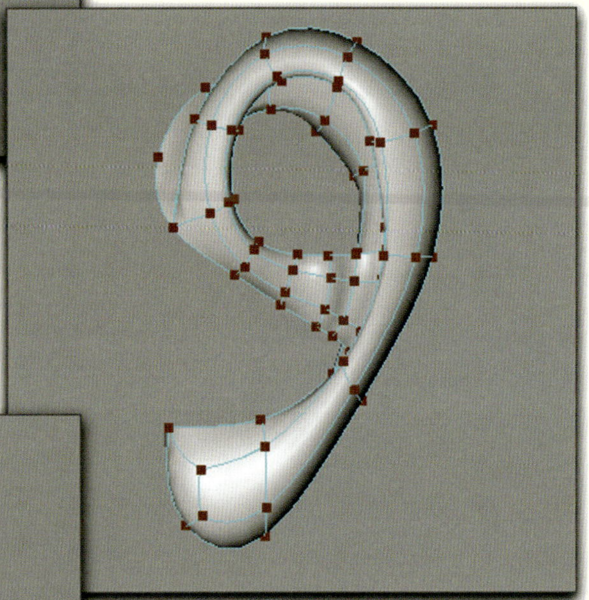

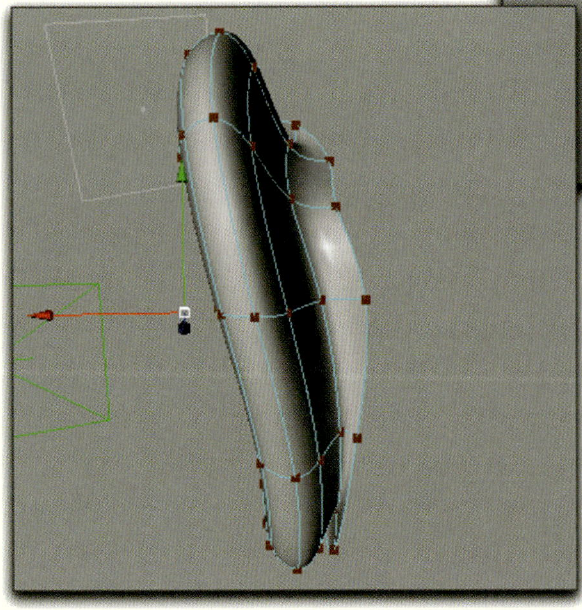

Abbildung 3.40: Die Rückseite des Ohrs

Verdoppeln Sie die Kanten zwischen oberem und unterem Ansatzpunkt durch Extrusion.

Führen Sie diese neuen Kanten in Richtung Kopf und dort radial nach außen, um die Kopfform hinter dem Ohr zu modellieren.

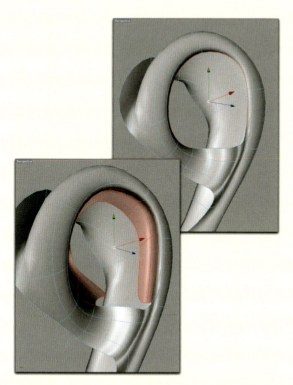

Abbildung 3.41: Der Ansatz für die obere Ohrmuschel

3.5.2 Die Ohrmuschel

Damit ist der Übergang zum Kopf hinter dem Ohr bereits fertig und wir können uns mit den außen sichtbaren Teilen der Ohrmuschel befassen.

Ausgehend vom inneren Kanten-Loop der oberen Ohrmuschel arbeiten wir uns jetzt nach innen vor.

Im ersten Schritt erzeugen Sie ausgehend von diesem Kanten-Loop einen neuen Polygonstreifen. Beachten Sie, dass nicht der komplette Kanten-Loop benutzt wird. Abbildung 3.41 bietet Ihnen dazu die notwendigen Ansichten. Dort sind die neu entstandenen Flächen rot markiert dargestellt.

Hätten wir den kompletten Kanten-Loop extrudiert, wären einfach zu viele neue Flächen entstanden.

Dies wäre besonders im Bereich des Übergangs zwischen dem Steg und dem äußeren Wulst problematisch geworden, da dort relativ viele Flächen eng beieinander liegen.

Letztlich muss es unser Bestreben sein, in jedem Bereich des Modells mit einer überschaubaren Anzahl von Flächen auszukommen. Zudem sollte generell darauf geachtet werden, nur viereckige Flächen zu benutzen, da diese bei der Glättung des Objekts und auch bei der später eventuell folgenden Verformung des Modells während der Animation Vorteile haben.

Letzteres ist zwar beim Ohr in der Regel zu vernachlässigen, aber es kann schließlich nicht schaden, sich überall an diese Prinzipien zu halten. So gewöhnt man sich einfacher an den Umgang mit viereckigen Flächen und verfällt nicht so leicht in die zugegeben einfachere Arbeit mit Dreiecken.

Dies ist nun auch wieder ein guter Zeitpunkt, um kurz innezuhalten und das Beste aus den vorhandenen Flächen und Punkten herauszuholen, bevor weitere Polygone hinzugefügt werden.

Betrachten Sie dafür das Modell des Ohrs kritisch aus verschiedenen Blickrichtungen und korrigieren Sie eventuelle Fehlstellungen direkt (Abbildung 3.42).

Die äußere Form, Größe und Lage des Ohrs zum Kopf ist schließlich bereits modelliert. Da die Details der Ohrmuschel noch fehlen, lassen sich Änderungen der Lage des Ohrs im Raum oder der Größe jetzt noch relativ einfach durchführen.

Sind Sie damit zufrieden, verschließen Sie die obere Ohrmuschel so, wie in Abbildung 3.43 zu sehen ist.

Abbildung 3.42: Überprüfung der Ohrgeometrie, der Lage im Raum und der Größe

Dabei ist es unabdingbar, in der geglätteten Ansicht des Modells zu arbeiten. Da die Oberfläche der Ohrmuschel auf engstem Raum relativ große Veränderungen zeigt, müssen die Punkte des niedrig aufgelösten Ohrmodells extreme Positionen einnehmen, um die geglättete Version des Ohrmodells in die gewünschte Form zu bringen.

Dies kann zu einem recht unübersichtlichen Aussehen des nicht geglätteten Objekts führen, wie Abbildung 3.43 zeigt.

Ansonsten führen Sie die Flächen weiterhin kreisförmig am inneren Rand des Ohrs entlang und stellen Sie dann die schließenden Verbindungen mit einigen neuen Flächen her.

Wie in Abbildung 3.43 zu erkennen, kommt man dabei trotz der vielen Details der Ohrmuschel mit relativ wenigen Flächen aus.

Kontrollieren und korrigieren Sie die Lage der Punkte schließlich in verschiedenen Ansichten, bevor Sie weiterarbeiten.

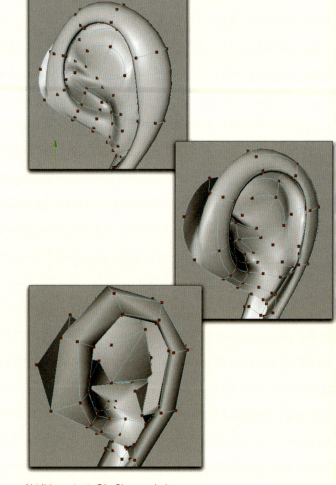

Abbildung 3.43: Die Ohrmuschel

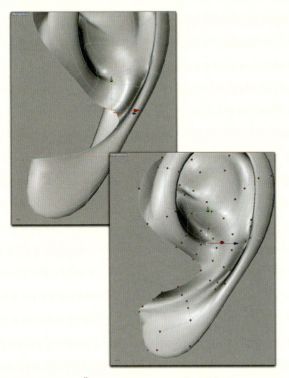

Abbildung 3.44: Übergang zur unteren Ohrhälfte

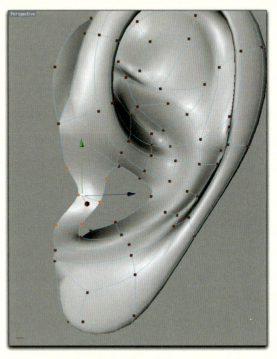

Abbildung 3.45: Brücke zwischen Ohrläppchen und dem Steg

3.5.3 Die untere Ohrhälfte

Verlängern Sie nun die bereits zu Beginn geformte kleine Wölbung zwischen dem Steg und dem äußeren Rand des Ohrs in Richtung Ohrläppchen.

Lassen Sie dabei die Falte am Ohrwulst langsam am Ohrläppchen ausglätten, indem Sie die Punkte am Ohrläppchen alle wieder auf einer Ebene platzieren. Abbildung 3.44 zeigt diesen Arbeitsschritt im Detail.

Nun ist es fast geschafft. Legen Sie vier neue Flächen an, mit denen Sie den oberen Rand des Ohrläppchens mit dem Ansatz des Stegs verbinden.

Achten Sie darauf, dass diese Flächen nicht einfach eine flache Brücke bilden, sondern auf der Höhe des Gehörgangs nach außen schwingen.

Dieser knorpelige Wulst ist auch in der frontalen Ansicht gut sichtbar und sollte daher unbedingt aus-modelliert werden. Das Ohr integriert sich dadurch harmonischer in den Kopf und wirkt nicht einfach wie aufgesteckt.

Abbildung 3.45 zeigt den verbindenden Polygonsteg in der seitlichen Ansicht.

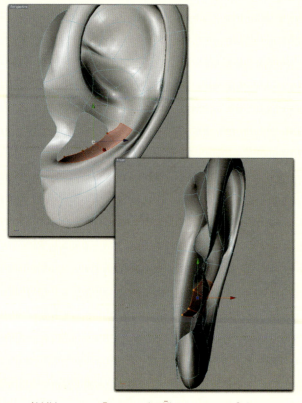

Abbildung 3.46: Formung des Übergangs zum Gehörgang

Verschließen Sie den nunmehr kleinen noch offenen Bereich von außen nach innen mit neuen Flächen.

Sorgen Sie dabei dafür, dass die neuen Flächen für die Ausformung des Gehörgangs strategisch günstig platziert werden.

Der Gehörgang selbst kann dann – ganz ähnlich wie bei der Modellierung der Nasenlöcher – durch Extrudierung von ein oder zwei Flächen in Richtung Schädel ausmodelliert werden.

Der Gehörgang wird rasch vom vorderen Ohr verdeckt und muss daher nicht sonderlich tief in den Kopf hineingeführt werden. Ganz fehlen sollte er jedoch auch nicht, da in diesem Bereich charakteristische Schatten auftreten können.

Auf der folgenden Seite finden Sie schließlich eine Nahaufnahme der Struktur der Flächen am Ansatz des Gehörgangs und eine Komplettansicht des fertigen Ohrs.

Im nächsten Schritt verbinden wir nun die noch separaten Objekte des Ohrs und der Kopfhälfte. Das Ohr auf der gegenüberliegenden Seite wird dann wie bereits beim Gesicht automatisch durch Spiegelung ergänzt.

Sorgen Sie anschließend dafür, dass die Flächen oberhalb des Ohrläppchens bereits leicht in Richtung Gehörgang abtauchen. Abbildung 3.46 zeigt diese Flächen rot markiert.

Die Kante zwischen dem Ohrläppchen und der Vertiefung für den Eingang des Gehörgangs kann je nach Form des Ohrs recht hart ausfallen. Sie sollten sich dabei an den Referenzfotos orientieren.

Sowieso gilt, dass Ohren sehr unterschiedlich geformt sein können. Neben offensichtlichen Unterschieden, wie dem Ansatz und der Größe der Ohrläppchen oder dem Winkel zwischen Ohr und Kopf, unterscheiden sich auch die Details der Ohrmuschel und der Rand des Ohrs von Person zu Person.

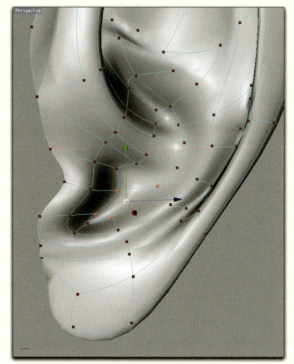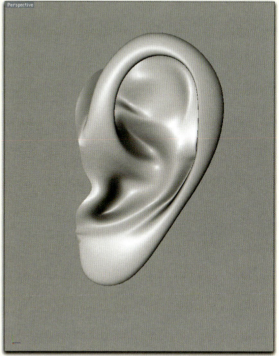

Abbildung 3.47: Struktur der verschließenden Polygone und Ansicht des fertigen Ohrs noch ohne Extrudierung des Gehörgangs

3.5.4 Zusammenführung von Gesicht und Ohr

Da wir uns bei der Anzahl der Polygone beim Ohr zurückgehalten haben, sollte das Verbinden der Flächen von Ohr und Gesicht nun kein größeres Problem darstellen.

Kopieren Sie die Flächen des Ohrmodells zu den Gesichtsflächen hinzu und korrigieren Sie gegebenenfalls den Rand der für das Ohr belassenen Öffnung an der Seite des Kopfs, um genügend Platz für die verbindenden Flächen zu erhalten.

Wie üblich achten Sie darauf, möglichst nur Vierecke zum Überbrücken der Lücke zum Ohr zu verwenden.

Überprüfen Sie zudem noch einmal Größe und Lage des Ohrs im Raum und relativ zum bereits modellierten Gesicht. Noch lassen sich diese Flächen sehr einfach verschieben oder drehen, ohne Teile des Gesichts dadurch in Mitleidenschaft zu ziehen.

Wenn Ihre Software dies zulässt, sollten Sie zudem alle Flächen des Ohrs selektieren und diese Selektion für die spätere Wiederverwendung abspeichern.

Dies kann für die nachträgliche Korrektur der Ohrform oder auch für die spätere Arbeit mit UV-Koordinaten und Texturen hilfreich sein.

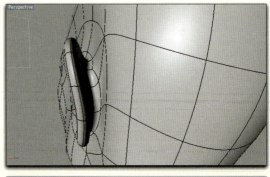

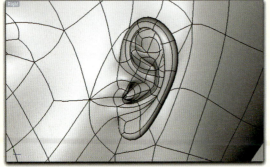

Abbildung 3.48: Das mit dem Gesicht verbundene Ohr

Abbildung 3.49: Betrachtung der Ohrverbindungen von hinten und von der Innenseite des Kopfs her

Die Abbildungen 3.48 und 3.49 zeigen Ihnen eine Möglichkeit, die Verbindungen anzulegen.

Achten Sie darauf, dass der oberen Rand des Ohrs natürlich aus dem Kopf hervorgeht. Grundsätzlich gilt, dass dort, wo Sie weiche und organische Übergänge haben möchten, die Verbindungsflächen zwischen Gesicht und Ohr größer sein sollten.

Wo Veränderungen auf kleinstem Raum stattfinden sollen, müssen die Flächen nahe beieinander liegen und somit kleiner sein. Vorteil dieses Aufwands ist schließlich, dass Sie das Ohr auch in anderen Figuren immer wieder verwenden können.

Wie bereits festgestellt, gibt es kaum zwei Ohren unterschiedlicher Menschen, die identisch aussehen. Da wir jedoch mit relativ wenigen Flächen und Punkten gearbeitet haben, ist eine Veränderung des Modells mit geringem Aufwand möglich.

Damit ist die Modellierung des Kopfs vorerst abgeschlossen und wir können einen abschließenden Blick darauf werfen.

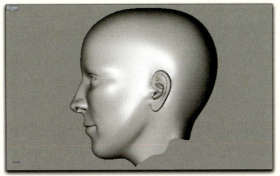 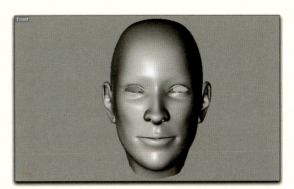

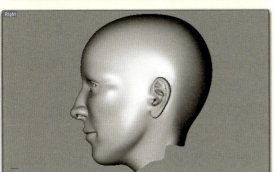 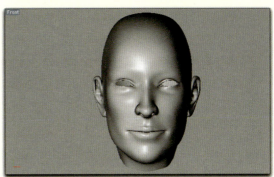

Abbildung 3.50: Veränderungen am Modell

3.6 Detailarbeit und Überprüfung

Vor Abschluss dieses Abschnitts werfen wir einen letzten prüfenden Blick auf das Modell. In der seitlichen und der frontalen Ansicht scheint das Modell zwar gut mit den Bildvorlagen übereinzustimmen, es fehlt jedoch etwas die weibliche Note. Der Kopf könnte mit ein bisschen Fantasie auch zu einer männlichen Person gehören.

Dies liegt vor allem an den nicht vollständigen Informationen der Bildreferenzen. Wir benutzten schließlich nur zwei Ansichten, die zudem perspektivisch unterschiedlich stark verzerrt waren.

Wir müssen dieses Fehlen an Informationen durch theoretische Überlegungen und durch Vergleich mit Sehgewohnheiten ausgleichen. So haben Frauen z.B. einen weniger stark ausgeprägten Unterkiefer. Der Knochen verläuft ausgehend vom Kinn sehr viel steiler in Richtung Ohr. Das Kinn selbst wirkt dadurch häufig schmaler und spitzer als beim Mann.

Die Weiblichkeit der Gesichtsform wird zudem von betonten Wangenknochen, nicht so ausgeprägten Augenwülsten und einer schmalen Nase unterstützt.

Betrachtet man unser Modell und modifiziert gezielt die angesprochenen Bereiche, wird ein harmonischeres Ergebnis erzielt, ohne sich fühlbar von den Fotovorlagen lösen zu müssen.

Abbildung 3.50 zeigt in der oberen Reihe das Ausgangsmodell und unten das resultierende Modell nach der Korrektur.

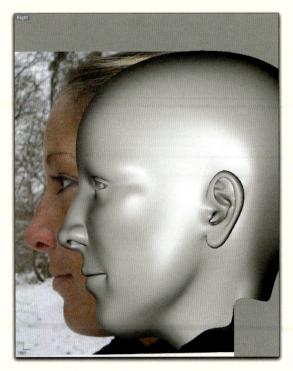

Abbildung 3.51: Direkter Vergleich mit den Bildvorlagen

Der direkte Vergleich mit den Bildvorlagen in Abbildung 3.51 zeigt, dass wir nicht allzu weit von diesen entfernt sind.

Letztlich sind es jetzt nur noch Kleinigkeiten, die beim genaueren Hinsehen auffallen.

So könnte die Nasenöffnung noch stärker herausgearbeitet werden. Der seitliche Rand am Nasenflügel ist in der Realität sehr hart abgegrenzt und nicht so weich übergehend wie in unserem Modell.

Zudem wirken die Lippen noch etwas formlos und flach. Da diese nicht zuletzt auch etwas mit der Weiblichkeit einer Figur zu tun haben, sollten wir auch dort noch etwas nachbessern.

An den Lippen lassen sich grob drei Verdickungen an der Oberlippe und zwei an der Unterlippe ausmachen.

Die Oberlippe ist direkt in ihrer Mitte unterhalb der Nasen und dann wieder jeweils an den äußeren Rändern leicht verdickt.

Die Unterlippe ist je links und rechts von ihrer Mitte verdickt. Deutet man diese Formen an, bekommt man automatisch einen natürlicheren Verlauf der Lippen. Zudem werden diese zusätzlichen Flächen später dabei helfen, auch extreme Mundformen, wie z.B. beim Lächeln oder der Aussprache des Buchstabens O, leichter umzusetzen.

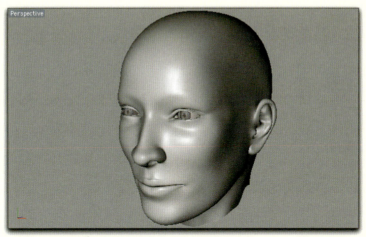

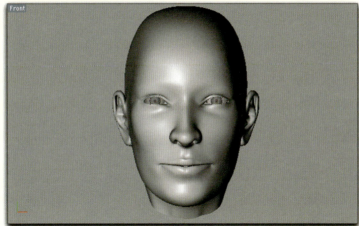

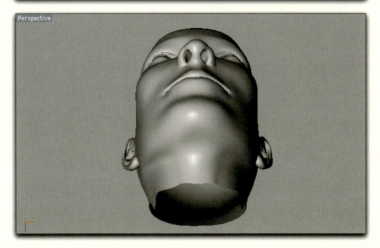

Abbildung 3.52: Der Kopf aus verschiedenen Richtungen betrachtet

3.6.1   Die Nasenlöcher

Beginnen wir mit den Nasenlöchern. Dort soll der Übergang zum Nasenflügel und der Nasenspitze verschärft werden. Wie bereits mehrfach angesprochen, wird die geglättete Version des Modells nur dort härtere Kanten zeigen, wo Flächen und Punkte näher beieinander liegen.

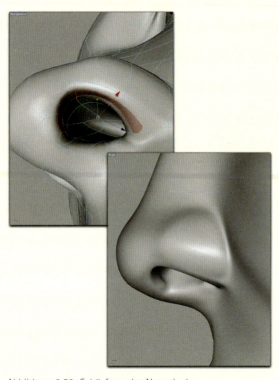

Abbildung 3.53: Schärfung des Nasenlochs

Um dem äußeren Rand der Öffnung mehr Definition zu verleihen, selektieren Sie einen Polygonstreifen vom Übergang zum Nasenloch und extrudieren diese Flächen. Abbildung 3.53 zeigt diesen Schritt und stellt die entsprechenden Flächen rot markiert dar.

Die durch das Extrudieren verdoppelten Flächen werden dann etwas verkleinert. Das Resultat ist besonders in der seitlichen Perspektive sichtbar, die ebenfalls in Abbildung 3.53 zu sehen ist.

Der Rand am Nasenflügel ist jetzt viel stärker ausgeprägt.

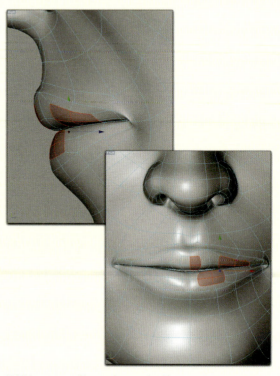

Abbildung 3.54: Akzentuierung der Lippen

3.6.2   Ausformung der Lippen

Wie bereits beschrieben, bestehen die Lippen nicht aus einer einförmigen Masse, sondern sie weisen an verschiedenen Stellen strukturelle Verdickungen auf.

Da wir noch immer an einer halben Gesichtshälfte arbeiten, die nur gespiegelt wird, betreffen die Veränderungen nur eine Seite der Lippen.

Die entsprechenden Bereiche sind in Abbildung 3.54 rot markiert hervorgehoben und stellen Flächen der Lippen dar, die zuerst extrudiert und dann verkleinert wurden. Zusätzlich wurden diese Bereiche leicht nach vorne aus der Ebene der Lippen herausgezogen.

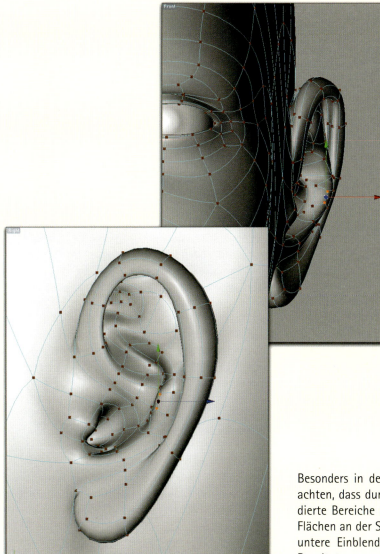

Abbildung 3.55: Ausformung der Ohren

Besonders in der Mitte der Oberlippe ist darauf zu achten, dass durch die Spiegelung nicht zwei extrudierte Bereiche entstehen. Sie müssen dort also die Flächen an der Symmetrieebene einrasten lassen. Die untere Einblendung von Abbildung 3.54 zeigt das Resultat.

Wie in Abbildung 3.55 zu sehen, habe ich auch die Ohren noch etwas überarbeitet. Der äußere Rand der Ohrmuschel wurde weiter nach außen gezogen und das Ohrläppchen durch Verdickung voluminöser gestaltet.

Damit ist das Modell des Kopfs nun komplett und fertig.

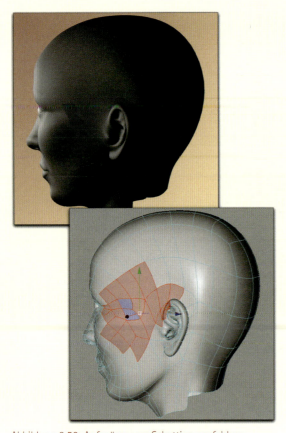

Abbildung 3.56: Aufspüren von Schattierungsfehlern

Sicherlich könnte man noch viele weitere Detailver- änderungen hinzufügen und das Modell immer weiter unterteilen und verfeinern. Dies würde aber auch den eventuellen Einsatz für Animationen zunehmend erschweren. Ich denke daher, dass wir mit dieser Detailtiefe einen guten Kompromiss zwischen Rea- lismus und weiterhin guter Editierbarkeit gefunden haben.

Es stehen zudem noch diverse Möglichkeiten bei der Texturierung zur Verfügung, den Detailgrad nahezu beliebig zu erhöhen, ohne das Grundmodell verän- dern zu müssen. Dazu erfahren Sie in den kommen- den Workshops mehr.

Bevor wir diesen Abschnitt abschließen, sollten wir noch kurz die Güte der Oberfläche überprüfen. Set- zen Sie dazu eine Lichtquelle in Ihre 3D-Szene und lassen Sie das Modell aus verschiedenen Blickwinkeln berechnen.

Eventuell fallen Ihnen dabei Fehler in der Schattie- rung der Oberfläche auf, wie sie in Abbildung 3.56 nahe der Schläfe zu erkennen sind.

Zu deren Erläuterung müssen Sie etwas über die The- orie der Schattierung von Oberflächen erfahren.

Bei der Berechnung von Oberflächen wird der Winkel zwischen der so genannten Oberflächennormale und dem einfallenden Licht ausgewertet. Unter einer sol- chen Normalen versteht man einen Vektor, der in der Regel senkrecht auf dem berechneten Polygon steht.

Die Richtung dieses Vektors definiert zudem, welche Seite einer Polygonfläche vorne und welche hinten ist, denn egal, wie dünn ein Objekt auch ist – denken Sie an ein Blatt Papier –, so hat diese Fläche dennoch eine Vorder- und eine Rückseite.

Ist eine Fläche exakt verkehrt herum eingebaut, die Rückseite also vorne, so ändert dies an der Form des Objekts nichts, aber die Normale zeigt dadurch in die entgegengesetzte Richtung. Die Berechnung des Winkels zwischen dem einfallenden Licht und der Normalen kommt also zu einem ganz anderen Ergebnis.

Dies erklärt die Helligkeitsunterschiede auf diesen gedrehten Flächen im Vergleich zu benachbarten Flächen, die richtig herum ausgerichtet sind.

Je nachdem, welche Werkzeuge Ihnen in Ihrer 3D- Software zur Verfügung stehen, werden solche anders orientierten Flächen z.B. farbig anders mar- kiert. Die untere Einblendung in Abbildung 3.56 zeigt dies deutlich an der Blaufärbung im Vergleich zu den ansonsten rot markierten Flächen mit normaler Ausrichtung.

In vielen Fällen lassen sich die fehlerhaft orientierten Flächen dann einfach finden und mittels eines speziellen Befehls umdrehen.

Damit ist dieser Abschnitt abgeschlossen und wir können uns im folgenden Teil dieses Arbeitsbeispiels mit der Umsetzung von Händen beschäftigen.

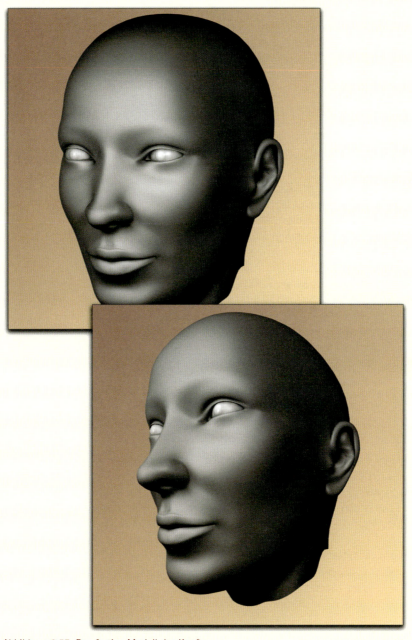

Abbildung 3.57: Das fertige Modell des Kopfs

Hände modellieren

Ähnlich wie das Gesicht, verfügen menschliche Hände über zahlreiche Details, die die Modellierung erschweren können. Es ist daher sinnvoll, sich zuerst mit der Grundform der Hand und der Finger auseinander zu setzen und dann bei Bedarf schrittweise weitere Details zu ergänzen.

Oftmals lassen sich komplexe Strukturen wie erhabene Adern auf dem Handrücken oder die tieferen Falten und Furchen auf den Knöcheln und Fingergelenken auch mithilfe von Texturen vortäuschen.

Etwas erleichternd ist zu vermerken, dass die einzelnen Finger sehr ähnlich aufgebaut sind, auch wenn deren Länge von Finger zu Finger variiert. Wie wir im Laufe der Modellierung feststellen werden, kann man sich dadurch etwas Arbeit einsparen.

Wie bei allen Modellierungen sollten am Anfang die gründliche Recherche und die Suche nach Referenzen stehen. Anders als beim Gesicht, für das man in diesem Fall einen Spiegel benötigt, hat man die eigenen Hände ständig vor Augen. Bei Bedarf sollte man sich also durchaus auf die körpereigenen Referenzen beziehen, auch wenn es sich dabei um männliche Hände handelt. Der strukturelle Aufbau ist natürlich identisch.

In unserem Fall suchte ich Fotografien heraus, stimmte diese wie im ersten Kapitel beschrieben von der Größe und Lage her aufeinander ab und zeichnete deren Umrisse nach. Abbildung 4.1 zeigt das Resultat. Dies erleichtert es uns, den Fokus auf den wesentlichen Formen zu halten.

Besonders wichtig sind dabei neben der Größe der Hand die Lage und das Aussehen der Finger. Finger sind nur in den seltensten Fällen völlig gerade und die Länge der Finger variiert von Person zu Person beträchtlich.

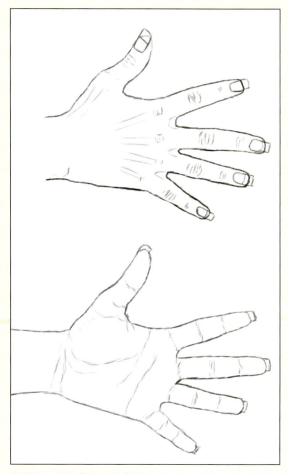

Abbildung 4.1: Skizze als Referenz

Besonderes Augenmerk sollte auf den Daumen gelegt werden. Gerade bei Anfängern ist oft zu beobachten, dass der Daumen seitlich an der Hand angebracht wird. Dies mag für die flach auf den Tisch gedrückte Hand vielleicht noch richtig sein, im entspannten Zustand oder beim Zugreifen rotiert der Daumen jedoch stark aus dieser Ebene heraus und steht dann fast senkrecht auf der Fingerebene.

Um später einfacher verschiedene Handposen generieren zu können, sollte die Hand eher in einer entspannten Position modelliert werden.

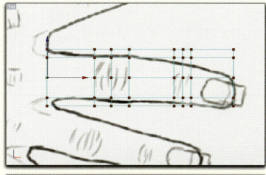

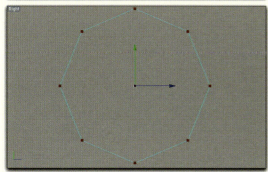

Abbildung 4.2: Ein achteckiger Zylinder als Basis für die Fingermodellierung

Dabei ist auch zu beachten, dass die Finger in einem leichten Bogen angeordnet sind und nicht wie die Zinken an einer Gabel exakt nebeneinander aufgereiht sind.

Wichtig bei den Fingern ist auch, dass die Übergänge zwischen den Fingern nicht V-förmig sondern stark gerundet verlaufen. Wir werden auf diese Punkte noch während der Modellierung eingehen.

Beginnen Sie in einer neuen und leeren Szene, die erstellten Bildvorlagen für die Modellierung der Hand zu laden, und platzieren Sie die zur Verfügung stehenden Referenzen passend zu den Editoransichten.

4.1   Die Finger

Rufen Sie aus den Standardobjekten einen Zylinder ohne Deckflächen auf. Das Objekt ähnelt dann einer Röhre.

Geben Sie dieser Röhre acht Unterteilungen entlang der Mantelfläche. Da das Objekt später wieder gerundet wird, reicht das für die Darstellung der Finger völlig aus.

Platzieren Sie den Zylinder nun über der Ansicht der Hand von oben und passen Sie dort den Radius und die Länge des Zylinders an die Form des Mittelfingers an. Dies ist der längste Finger der Hand.

Bevor Sie damit beginnen, die äußere Form der achteckigen Röhre an den Finger anzupassen, fügen Sie zusätzliche Unterteilungen dort hinzu, wo die Fingergelenke liegen. Eine der drei Unterteilungen pro Gelenk sitzt exakt in der Mitte des Gelenks und die anderen beiden Unterteilungen begrenzen jeweils den Bereich über dem Gelenk, wo die stärksten Falten zu beobachten sind.

Der obige Screenshot in Abbildung 4.2 gibt das Resultat dieser Unterteilung wieder. Im unteren Teil der Abbildung erkennen Sie den beschriebenen achteckigen Querschnitt der Röhre.

Die zusätzlichen Unterteilungen an den Gelenken haben dabei einen doppelten Nutzen. Zum einen setzen wir uns damit selbst einen Bereich, in dem wir leichter die gewünschten Falten herausarbeiten können. Der zweite eher praktische Nutzen besteht darin, dass erst durch die Unterteilungen an den Gelenken die Hand für 3D-Programme beweglich wird.

Durch das Einbringen von Deformatoren können diese Bereiche dann später gebeugt und somit die Finger bewegt werden.

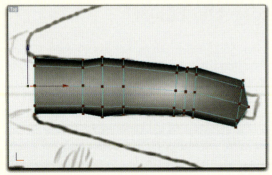

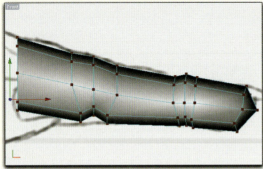

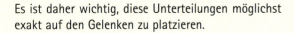

Abbildung 4.3: Formen und Verschließen des Zylinders

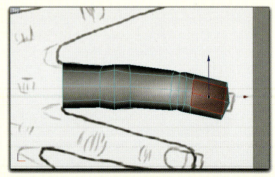

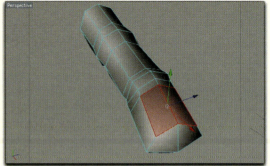

Abbildung 4.4: Selektion der Fingernagelpolygone

Es ist daher wichtig, diese Unterteilungen möglichst exakt auf den Gelenken zu platzieren.

Beginnen Sie dann im nächsten Schritt damit, die Form der Röhre an die Bildvorlage anzupassen. Wie Sie Abbildung 4.3 entnehmen können, ist dies bereits ein dreidimensionaler Vorgang, denn die Form sollte sowohl in der Ansicht von oben als auch in der seitlichen Ansicht stimmig sein.

Benutzen Sie die Unterteilungen an den Gelenken an der Unterseite des Fingers dazu, eine deutliche Kerbe zu erzeugen. Beachten Sie vor allem am ersten Gelenk, dass sich dort der Finger um das Gelenk herum verdickt. Am vorderen Fingergelenk ist dieser Effekt nicht ganz so stark ausgeprägt.

Sind Sie mit dem Ergebnis zufrieden, setzen Sie vorne an die Fingerspitze einen zusätzlichen Punkt und verbinden diesen über vier viereckige Flächen mit dem vorderen Rand der Röhre. Der Finger wird dadurch an der Fingerspitze verschlossen. Das hintere Ende des Fingers bleibt dagegen offen.

4.1.1 Der Fingernagel

Die Fingernägel sind im Detail betrachtet wohl der komplexeste Teil jedes Fingers, da sie aus dem Finger herauswachsen und dort fest mit diesem verbunden sind und sich dann am Ende komplett vom Finger lösen.

Die Haut schmiegt sich am Nagelbett und seitlich des Nagels perfekt an und wölbt sich leicht hoch.

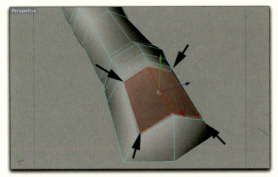
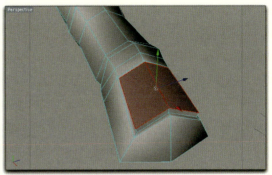
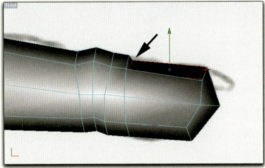
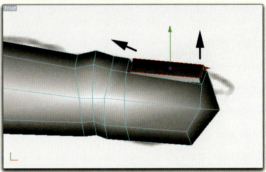

Abbildung 4.5: Extrudieren und Verschieben der Fingernagelpolygone

Abbildung 4.6: Den Nagel extrudieren

Wir beginnen damit, die beiden Polygone auf der Oberseite der Fingerspitze zu selektieren. Aus diesen Flächen werden wir nun sowohl das Nagelbett als auch den Nagel selbst modellieren. Abbildung 4.4 zeigt diese Selektion aus verschiedenen Perspektiven.

Damit sich der Finger neben dem Nagel etwas nach oben wölben kann und der Nagel an seinem Ansatz in den Finger versenkt erscheint, können wir diese Flächen nicht direkt für die Modellierung des Nagels benutzen. Wir müssen uns zuerst eine Basis dafür schaffen.

Extrudieren Sie daher diese beiden Flächen und verkleinern Sie die resultierenden Polygone etwas. Verschieben Sie die am Nagelbett liegenden Punkte dieser neuen Flächen etwas nach unten und leicht in Richtung des vorderen Fingergelenks. Abbildung 4.5 deutet diese beiden Arbeitsschritte durch Pfeile an.

Die derart verlagerte Ausgangsbasis wird dann ein weiteres Mal extrudiert, diesmal jedoch hauptsächlich senkrecht nach oben. Legen Sie die Höhe dieser Extrudierung so an, dass dadurch die Dicke des Nagels definiert wird.

Die Höhe der Extrudierung kann an der Basis des Nagels geringer ausfallen, da dort der Nagel unter der Haut des Fingers verschwinden sollte. Die dazu nötige Verschiebung ist in Abbildung 4.6 durch den Pfeil in Richtung Fingergelenk angedeutet. Wie weit dort verschoben werden muss, wird später an dem geglätteten Objekt überprüft. Ziehen Sie gegebenenfalls die Ränder neben dem extrudierten Nagel weiter nach oben, um dort den Nagel stärker durch den Finger einzurahmen. Der Nagel sollte an seinem Ansatz und an den Seiten keinesfalls wie auf den Finger aufgelegt aussehen, sondern sich erst an der Fingerspitze leicht vom Finger lösen.

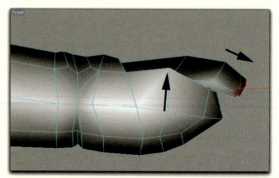

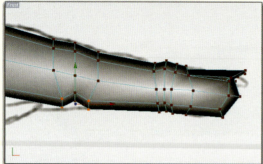

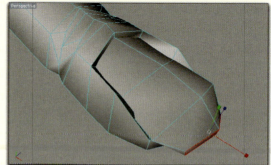

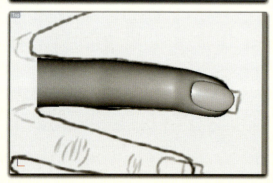

Abbildung 4.7: Der ausmodellierte Fingernagel

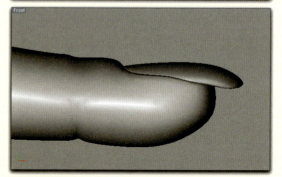

Je nachdem, wie lang der Fingernagel sein soll, können Sie mit den nun zur Verfügung stehenden Polygonen bereits die Form fertig stellen. Ein mögliches Beispiel dazu gibt Abbildung 4.7. Achten Sie dort besonders auf den Bereich am Nagelbett, wo die Nagelpolygone weit in den Finger hinein verschoben wurden, um den Nagel besser zu integrieren.

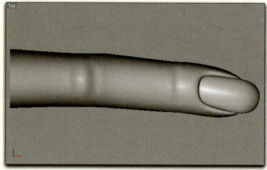

Abbildung 4.8: Verlängerung des Nagels

Bei längeren Nägeln sollten Sie vorne die Polygone des Nagels durch eine zusätzliche Extrudierung verlängern, so wie es Abbildung 4.8 zeigt. Dies erlaubt es Ihnen, zusätzlich die Form der Nagelspitze präziser auszuformen.

Teilen Sie dazu die Kanten, die die Gelenke an der Unterseite des Fingers begrenzen so wie in Abbildung 4.9 zu sehen ist.

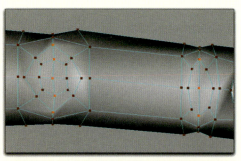

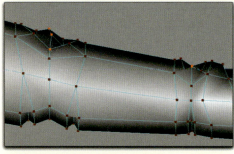

Abbildung 4.9: Falten an der Unterseite des Fingers

4.1.2 Die Gelenke

Um die tiefen Falten unter den beiden Gelenken darzustellen, brauchen wir in diesem Bereich weitere Unterteilungen

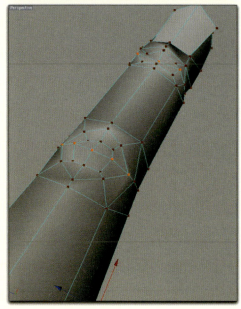

Abbildung 4.10: Die oberen Falten auf den Gelenken

Erzeugen Sie dort jeweils V-förmige Einkerbungen. Zwei Einkerbungen am ersten und eine am vorderen Gelenk reichen aus.

Oben auf den Gelenken erzeugen wir rauten- oder kreisförmige Unterteilungen, wie sie in Abbildung 4.10 zu sehen sind.

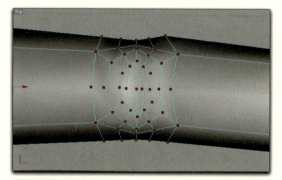

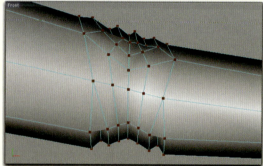

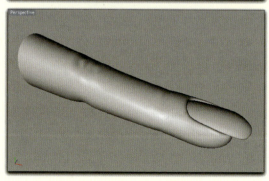

Abbildung 4.11: Faltenbildung an den Gelenken

Dies ähnelt dem Konzept der Polygon-Loops, wie wir es bereits bei der Modellierung des Gesichts praktizierten.

Besonders am größeren, zweiten Gelenk in der Mitte des Fingers fällt auf, dass die Auffaltungen der Haut bei gestrecktem Finger elliptisch um das Gelenk herumlaufen. Die einzige Ausnahme stellen die Falten dar, die direkt über dem Gelenk liegen. Diese kreuzen den Finger senkrecht zur Richtung des Knochens.

Diese ringförmige Anordnung der Flächen sollte also gut geeignet sein, um die Falten zu reproduzieren.

Zudem hilft uns dieser Loop dabei, die zusätzlich benötigten Flächen auf den Bereich der Gelenke zu begrenzen und nicht so viele durchgehende Schnitte durch den gesamten Querschnitt des Fingers ziehen zu müssen, die dann eventuell an der Unterseite des Fingers zu Problemen führen.

Zwei zusätzliche senkrechte Schnitte benötigen wir aber dennoch zumindest am zweiten Gelenk, da dort der faltige Bereich recht groß ist und wir mindestens drei größere Auffaltungen darstellen sollten. Die kleineren Fältchen können später bei Bedarf per Material ergänzt werden

Sie erkennen die zusätzlichen Kanten in der seitlichen Ansicht des Fingers in Abbildung 4.11.

Senken Sie die Kanten über den Gelenken etwas ab, so dass dort wieder eine kleine Einkerbung entsteht.

Überspringen Sie den folgenden Kanten-Loop und senken Sie den darauf folgenden ebenfalls ab. Wie an der seitlichen Fingeransicht zu erkennen, entsteht dadurch eine Zick-Zack-Form auf dem Gelenk, die durch die Glättung zu einer schönen Auffaltung wird.

Übertreiben Sie die Tiefe der Falten auf dem Finger nicht zu sehr. Es handelt sich hier schließlich um die Hände einer jungen Frau. Für die Hände gilt dabei das Gleiche wie für das Gesicht, dass Falten nur dort ergänzt werden sollten, wo sie für die Funktion der Gelenke, Muskeln oder der Haut notwendig sind oder dem Charakter der Person entsprechen. Auf altersbedingte Fältchen kann hier also verzichtet werden.

Beachten Sie auch, wie die zusätzlichen Unterteilungen an der Unterseite des Fingers dazu genutzt werden, das Gelenk zu verschmälern und dem Bereich zwischen den Gelenken mehr Volumen zu verleihen.

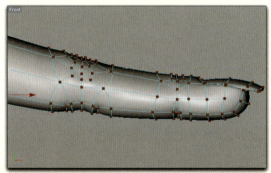

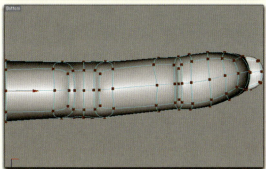

Abbildung 4.12: Die geglättete Ansicht des Fingers

Abbildung 4.12 gibt den geglätteten Zustand des Fingermodells wieder. Deutlich erkennen Sie besonders an der Unterseite des Fingers die durch die Gelenkfältchen abgegrenzten voluminöseren Abschnitte des Fingers zwischen den Gelenken.

Dort sitzen schließlich die Muskeln, die den Fingern u.a. ihre Beweglichkeit verleihen.

Beachten Sie auch, dass das letzte Fingerglied mit der Fingerspitze sehr weich und ausladend modelliert wird, damit der Finger später nicht zu spitz wirkt.

4.1.3   Die übrigen Finger

Wie bereits eingangs ausgeführt, unterscheiden sich die Finger der Hand zwar teilweise deutlich, was deren Dicke und Länge angeht, der grundsätzliche Aufbau der Finger und die Verhältnisse der Abschnitte zwischen den Gelenken zur Gesamtlänge des Fingers bleiben aber konstant.

Wir können also den bereits modellierten Finger als Basis für die übrigen drei Finger benutzen. Ich nehme hier vorerst bewusst den Daumen aus, da dieser über eine andere Gelenkanordnung verfügt und im vorderen Teil ein Gelenk weniger ausweist.

Aber auch dort werden wir etwas später Teile des Basisfingers wieder benutzen und uns somit doppelte Arbeit sparen.

Beginnen wir damit, dass Sie den vorhandenen Finger verdoppeln und das neue Objekt zuerst so verschieben und drehen, dass es zur Skizze des Zeigefingers passt. Die Querschnitte von Mittel- und Zeigefinger sind nahezu identisch. Sie sollten daher bei der Veränderung der Größe nur die Länge verändern.

Da die Fingernägel im Vergleich von der Länge her konstant sind, sollten Sie durch das Verkürzen der Abschnitte zwischen den Gelenken eine Längenänderung des Fingers bewirken.

Dabei gilt, dass der Zeigefinger im Vergleich zum Mittelfinger vor allem durch ein kürzeres Mittelglied verkürzt erscheint. Beim Ringfinger ist dagegen vorrangig das Stück zwischen Hand und erstem Gelenk verkürzt.

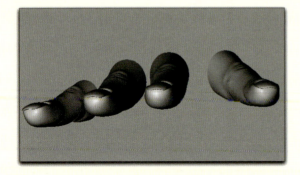

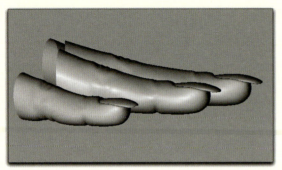

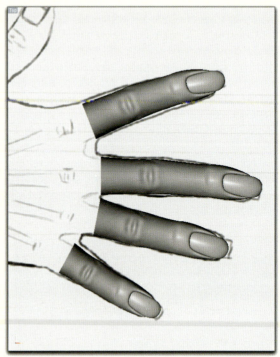

Abbildung 4.13: Skalierung und Platzierung der Fingerkopien

Beim kleinen Finger sind die beiden ersten Glieder verkürzt, also das Glied zwischen Hand und erstem bzw. zwischen erstem und zweitem Gelenk.

Berücksichtigen Sie dies bei der Vervielfältigung und Skalierung der Fingerkopien. Letztlich können Sie sich dabei auch auf die Vorlagenskizze verlassen, die die Längen in der Ansicht von oben wiedergibt.

Korrigieren Sie nach dieser ersten groben Platzierung die Form der Finger. Wie eingangs beschrieben, sind die Finger in den seltensten Fällen exakt gerade. Vielmehr ist es so, dass die Finger – legt man diese direkt nebeneinander – in Richtung der Fingerspitzen aufeinander zu laufen.

Sieht man die Handfläche dabei als Basis, so ähnelt die Form der Hand dann einem Dreieck. Die Finger laufen also nicht einfach gerade aus der Handfläche heraus.

Zudem sind die Finger durch ihre komplexen Gelenke und Sehnen so gelagert, dass ihre Wurzeln der gerundeten Form des Handrückens folgen. Die Finger variieren also zusätzlich zu ihrer Länge auch in der Höhe.

Wie in Abbildung 4.13 zu erkennen, beschreiben die Finger einen weichen Bogen. Das zu beachten, ist sehr wichtig, damit die Hände später nicht wie Schaufeln oder unnatürlich steife Flächen wirken.

Dieser Bogen wird an der Seite vom noch zu ergänzenden Daumen fortgeführt, der von allen Fingern den größten Bewegungsfreiraum hat.

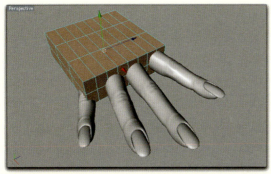

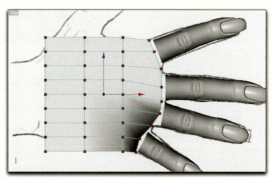

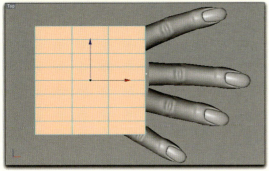

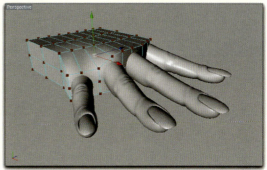

Abbildung 4.14: Ein Würfel als Grundfläche der Hand

Abbildung 4.15: Anpassen der Würfelform

4.2 Der Handkörper

Bevor der noch fehlende Daumen ergänzt werden kann, sollte der Handkörper erstellt werden. Dieser besteht aus dem Handrücken und der Handinnenfläche. Diese Flächen verbinden die Finger untereinander und enden am Handgelenk, wo sich der Unterarm anschließt.

Damit dort nicht eine große Anzahl von Flächen aus der Hand in den Arm einfließen, sollte am Handgelenk eine Reduzierung der Flächen stattfinden.

Beginnen wir jedoch mit der Modellierung der Handgrundform. Dazu eignet sich ein einfacher Würfel, wie er in Abbildung 4.14 zu sehen ist.

Um genügend Flächen für die Verbindung der Finger zur Verfügung zu haben, sollte dieser Würfel acht Unterteilungen in der Breite, drei in der Länge und zwei in der Höhe haben. Dies resultiert dann in vier Polygonen an der Stirnfläche des Würfels für jeden Finger.

Verschieben Sie die Punkte an der Stirnfläche des Würfels so, dass dort eine kleine Lücke zwischen den Fingern und dem Würfel verbleibt.

In einer seitlichen Ansicht passen Sie zudem die Lage der Flächen an der Stirnseite so an, dass je vier Polygone mittig hinter den offenen Enden der Fingerzylinder zu liegen kommen.

Wie in Abbildung 4.15 zu sehen, ergibt sich dadurch zwangläufig eine leichte Wölbung in der Handfläche. Verbinden Sie dann alle Finger und den neuen Würfel zu einem einzigen Objekt, damit Sie im nächsten Schritt Verbindungsflächen zwischen allen Elementen erzeugen können.

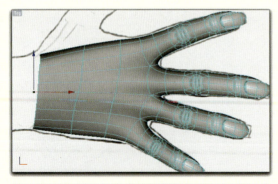

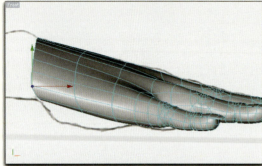

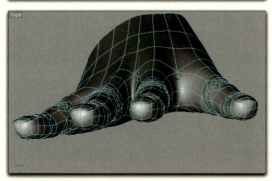

Abbildung 4.16: Die geglättete Version der mit dem Würfel verbundenen Finger

Abbildung 4.17: Neuorganisation der Fingeransätze

Löschen Sie die Polygone an den beiden Stirnseiten des Würfels, damit eine flache, eckige Röhre entsteht. Oben und unten können die Finger direkt an dem nun offenen Rand der vorderen Stirnseite des Würfels angeschlossen werden.

Zwischen den Fingern verschmelzen Sie einfach die seitlichen Punkte der Finger, so wie es in Abbildung 4.16 zu sehen ist.

Damit der Bereich zwischen den Fingern nicht zu unnatürlich spitz zuläuft, fügen Sie nahe dem Übergang zum Handkörper an der Basis jedes Fingers eine zusätzliche Unterteilung hinzu.

Löschen Sie danach die Flächen, die die Finger zuvor in der Mitte verbanden. Es ergibt sich eine Öffnung, wie in Abbildung 4.17 zu sehen. Verschmelzen Sie die mittleren und unteren Punkte des entstandenen Rands der Öffnung. Diese Punkte sind oben weiß markiert.

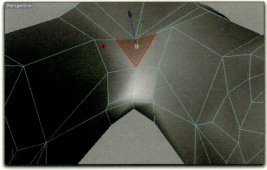

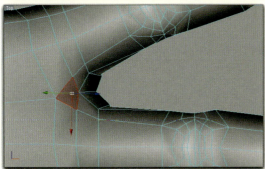

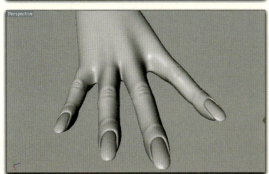

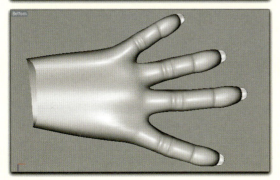

Abbildung 4.18: Neue Fingeransätze

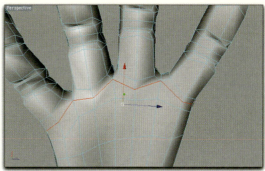

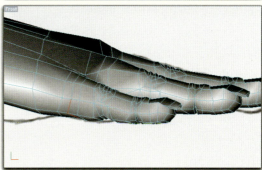

Abbildung 4.19: Kantenselektion an der Unterseite der Hand

Mithilfe einer neuen viereckigen Fläche kann das verbleibende Loch oben verschlossen werden. In Abbildung 4.18 ist diese Fläche rot markiert dargestellt.

Im Bereich zwischen den Fingern teilen Sie die Kanten so auf, wie es ebenfalls in Abbildung 4.18 zu erkennen ist. Dieser Bereich stellt die Haut dar, die sich beim Spreizen der Finger zwischen den Fingern wie kleine Schwimmhäute aufspannt.

Die Anbindung der Finger ist damit zumindest für die Oberseite der Hand vollzogen. Ein Blick auf die Unterseite der Hand offenbart aber, dass es noch an Konturen fehlt. Die Finger scheinen dort einfach aus der Hand zu wachsen, ohne dass Falten auf das darüber liegende Gelenk hinweisen würden.

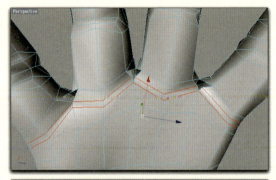

Abbildung 4.20: Teilung der Kantenselektion

Auch dort fehlt es noch an Unterteilungen, um diese Details ausreichend genau nachbilden zu können.

Selektieren Sie die Kanten an der Unterseite der Hand, wo die Finger anschließen. Führen Sie diese Selektion seitlich bis in die Mitte der Handkante bzw. bis in den Bereich zwischen dem Zeigefinger und dem noch fehlenden Daumen. Abbildung 4.19 gibt den Verlauf dieser Kantenselektion durch rote Markierungen wieder.

Verdoppeln oder teilen Sie diese Kanten so, dass zwei parallele Kantenzüge entstehen. Abbildung 4.20 zeigt das Resultat dieser Aktion ebenfalls rot markiert an.

Löschen Sie die sich im Bereich zwischen den Fingern anschließenden Flächen. Die entstehenden Lücken sind ebenfalls oben zu erkennen.

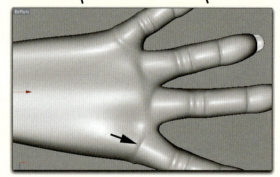

Abbildung 4.21: Erneutes Schließen der Löcher

Verschließen Sie diese Löcher durch neue Flächen, wie Sie in Abbildung 4.21 rot dargestellt sind. Diese Flächen können zur weiteren Ausformung der gespannten Haut zwischen den Fingern genutzt werden.

Der neue durch Verdopplung entstandene Kantenzug wird in Richtung Fingerknöchel nach oben verschoben und formt dadurch eine Falte, wie sie in Abbildung 4.21 durch Pfeile markiert ist.

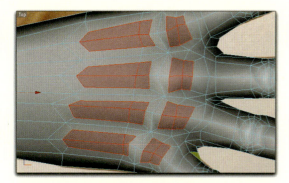

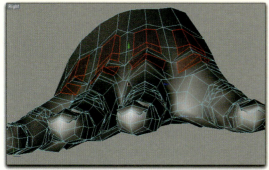

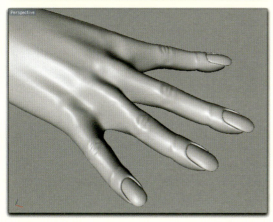

Abbildung 4.22: Formung der Knöchel und des Handrückens

4.2.1 Der Handrücken

Je nach Handstellung ist der Handrücken nahezu glatt oder bei einer Faust von markanten Knöcheln oder bei gespreizten Fingern von sichtbaren Sehnen geprägt.

Eventuell hervorstehende Adern lassen wir hierbei außer Betracht. Diese können bei Bedarf später einfacher mit einer Textur hinzugefügt werden, sofern sie nicht übermäßig stark hervortreten sollen.

Auch wenn bei der späteren Handstellung Knöchel oder Sehnen nicht so stark in Erscheinung treten, sollten zumindest die dafür notwendigen Unterteilungen vorhanden sein. Dies gibt Ihnen die Freiheit, diese Details z.B. durch Morphing der Oberfläche an bestimmte Fingerstellungen zu knüpfen.

Im Prinzip reichen einige wenige neue Flächen aus, denn die Oberfläche wird ausschließlich etwas angehoben.

Selektieren Sie dazu je vier Polygone über jedem Knöchel und weitere vier im Verlauf zwischen Knöchel und Handgelenk. Extrudieren Sie diese Flächen und verkleinern Sie die Resultate leicht. Die entsprechenden Flächen sind in Abbildung 4.22 rot markiert.

Je nach gewünschter Ausprägung dieses Bereichs, verschieben Sie die Knöchelflächen etwas nach oben. Die Flächen für die Sehnen sollten ausschließlich mittig angehoben werden, damit nur schmale Abschnitte hervortreten. Nehmen Sie diese Verschiebung in der Mitte des Handrückens komplett zurück, damit die Sehnen dort wieder unter die Haut zurücktreten. Lassen Sie diesen Effekt also lieber etwas dezenter ausfallen.

Wichtig beim Verlauf der Sehnen ist, dass sich diese in Richtung Handgelenk einander annähern und nicht parallel verlaufen.

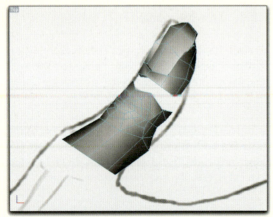

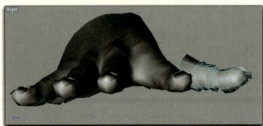

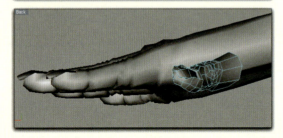

Abbildung 4.23: Modellierung des Daumens

4.3   Der Daumen

Bislang bei der Modellierung der Finger übergangen,
kommen wir nun zum Daumen.

Dieser hat, wie ein prüfender Blick auf die eigene
Hand bestätigt, ein Gelenk weniger und ist zudem in
seiner Form eher gedrungen und im Vergleich zu den
übrigen Fingern auch dicker.

Wir werden dennoch Teile der vorhandenen Finger
wiederverwenden.

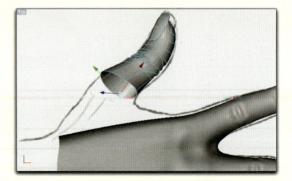

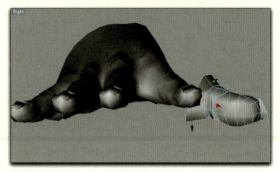

Abbildung 4.24: Der zusammengefügte Daumen

Trennen Sie dazu einen kompletten Finger als Kopie
von der Hand ab. Von diesem Finger behalten Sie die
komplette Spitze samt Nagel und das erste Fingerglied mit Gelenk.

Verschieben Sie die beiden verbleibenden Teile des
Fingers so aufeinander zu, dass die Länge des Daumens abgebildet wird. Vergrößern Sie den Umfang
des Objekts, um die Dicke des Daumens nachzu-
formen. Der obere Bereich von Abbildung 4.23 zeigt
diesen Endzustand.

Drehen Sie den Daumen um seine Längsachse, bis
der Fingernagel schräg nach oben weist. Sorgen Sie
dafür, dass die Wurzel des Daumens dem Bogen der
übrigen Finger folgt.

Verbinden Sie anschließend die zwei noch separaten
Teile des Daumens miteinander, wie in Abbildung
4.24 zu sehen.

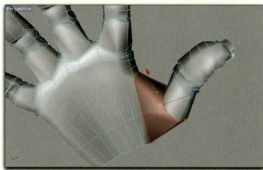

Abbildung 4.25: Verbindungen zwischen Hand und Daumen

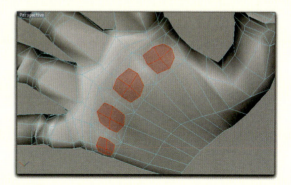

Abbildung 4.26: Verdickungen an der Unterseite der Hand

4.4   Details hinzufügen

Die Grundform der Hand ist nun bereits gut erkennbar. Es fehlen jedoch noch weitere Details beim Übergang des Daumens zur Hand und an der Unterseite der Hand.

Beginnen wir mit dem Hinzufügen der Verdickungen an den Wurzeln der Finger. Je nachdem, wie fleischig die Hand ist, können Sie hier mehr oder weniger stark extrudieren.

Auch hier sollten Sie sich – da es eine weibliche Hand ist – etwas zurücknehmen. Bei einer männlichen Hand, wo sich in diesem Bereich z.B. auch häufiger Schwielen bilden, kann diese Verdickung stärker betont werden.

Abbildung 4.26 zeigt die nach dem Extrudieren der Flächen resultierenden Polygone rot hervorgehoben.

Je nach Form der Hand kann dieser Bereich auch zusammenhängend extrudiert werden, also nicht separat über jedem Gelenk, sondern als durchgehender Streifen. Dies kann dann auch dabei helfen, die von der Handkante her in die Handfläche einlaufende Lebenslinie zu begrenzen.

Verbreitern Sie zusätzlich die Öffnung des Daumens über dem Gelenk.

Löschen Sie dann Flächen an der Seite der Hand neben dem kleinen Finger und stellen Sie dort neue Verbindungsflächen her, die den Daumen mit der Hand verknüpfen.

Diese rot markierten Flächen sind in Abbildung 4.25 aus verschiedenen Perspektiven zu erkennen.

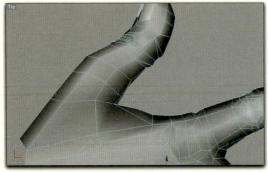

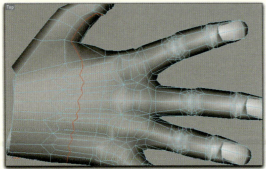

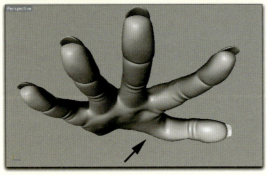

Abbildung 4.27: Wölbung am Daumenansatz

4.4.1   Der Muskel am Daumenansatz

Bislang ist die Unterseite der Hand noch zu wenig unterteilt, um dort Details wie einzelne Linien oder die Wölbungen herauszumodellieren. Wir fügen daher zunächst eine umlaufende Unterteilung in diesem Bereich hinzu.

Wie Sie Abbildung 4.27 entnehmen können, verläuft dieser Schnitt durch die Polygone über den Handrücken, dann den Ansatz des Daumens hinauf und durch die Gelenkfalte dort. An der Innenseite der Hand biegt der Schnitt wieder in Richtung Handfläche ab und verbindet sich an der Handkante mit dem Startpunkt des Schnitts.

Fügen Sie zudem einen umlaufenden Schnitt am Ansatz des Daumens hinzu, wie er in der obersten Einblendung der nebenstehenden Bildserie zu erkennen ist. Nutzen Sie diese neuen Flächen, um die Form des Daumens im Bereich des Ansatzes besser zu kontrollieren und zu formen.

Die neuen Kanten an der Innenseite der Hand verschieben Sie im Bereich des Handballens etwas nach unten. Diese Stelle ist in der Abbildung mit einem Pfeil markiert. Ziel ist es, damit die Wölbung des Daumenmuskels in der Handfläche zu simulieren.

Noch fehlt es aber an der charakteristisch runden Form dieses Muskels. Dafür müssen die Punkte in diesem Bereich etwas verschoben werden, um den entsprechenden Bereich zu begrenzen. Abbildung 4.28 gibt diesen Arbeitsschritt wieder.

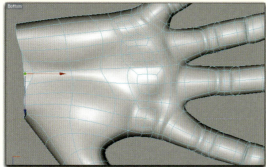

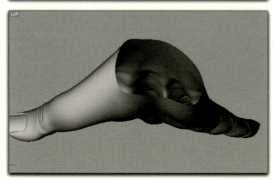

Abbildung 4.28: Formung der Muskelgruppen an der Unterseite der Hand

Nebenstehend erkennen Sie, wie die durch den letzten Schnitt zusätzlich entstandenen Punkte und Kanten im Bereich des Daumenansatzes an der Unterseite der Hand in Richtung der Fingeransätze verschoben wurden.

Eine ähnliche Verschiebung ist ebenso im Bereich der inneren Handkante notwendig, denn auch dort sitzen größere Muskelgruppen und wölben die Handfläche.

Zwischen diesen beiden „Hügeln" senkt sich die Handfläche leicht ab, so dass eine Mulde entsteht. In der mittleren der drei nebenstehenden Abbildungen erkennen Sie diese Mulde an der Position des dünnen roten Pfeils des Koordinatensystems der Hand.

Nutzen Sie die nun zwischen Handgelenk und zuvor verschobenen Kantenzügen liegenden Flächen, um die beiden beschriebenen Muskelgruppen auszuformen. In der etwas ungewohnten Ansicht der Hand vom Handgelenk her können Sie die Volumen dieser Muskelgruppen und die dadurch entstandene Absenkung dazwischen gut erkennen.

Im nächsten Schritt verfeinern wir den Übergang zum Daumen. Auch dort bildet sich bei Abspreizung des Daumens eine charakteristische Hautspannung, wie wir sie bereits zwischen den übrigen Fingern modelliert haben.

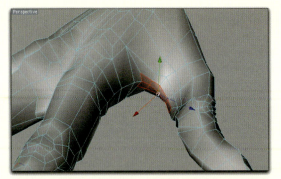

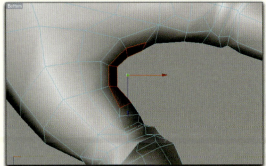

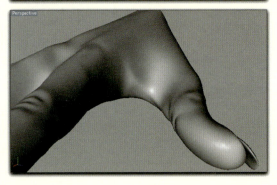

Abbildung 4.29: Die gespannte Haut am Daumenansatz

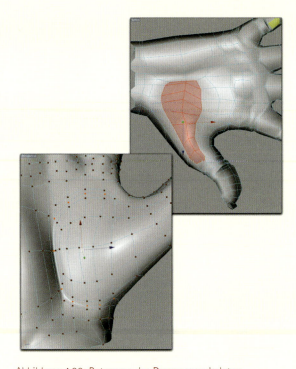

Abbildung 4.30: Betonung der Daumenmuskulatur

Sind die Handflächen Ihrer 3D-Figur später öfter im Bild zu sehen, sollten wir dort weitere Details hinzufügen. Dazu gehört, dass der Muskel am Daumenansatz stärker zum Handgelenk und auch zur Mitte der Handfläche hin abgegrenzt wird.

Dies erreichen wir durch eine Extrudierung aller Flächen mit anschließender Verkleinerung der neuen Polygone.

Abbildung 4.30 zeigt die entsprechende Selektion rot hervorgehoben an. Nutzen Sie dadurch an den Rändern dieser Flächen neu entstandene Punkte dazu, eine Falte am Handgelenk und in der Mitte der Handfläche zu bilden, so wie es die untere Einblendung von Abbildung 4.30 zeigt.

Selektieren Sie dazu zusammenhängende Flächen zwischen Daumen und Hand und extrudieren Sie diese Flächen. Verkleinern Sie diese Polygongruppe leicht und ziehen Sie diese Flächen etwas nach außen.

Die Bildfolge in Abbildung 4.29 stellt diese extrudierten Flächen rot umrandet dar. Wie im letzten Bild der Serie zu erkennen, bildet sich dadurch eine gut definierte Hautfalte aus.

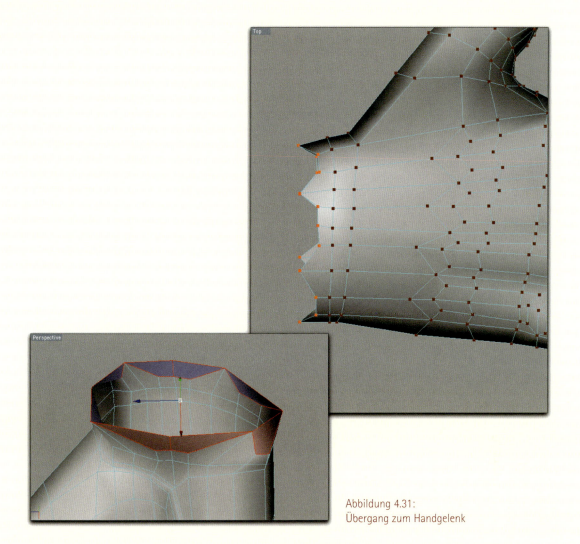

Abbildung 4.31:
Übergang zum Handgelenk

4.4.2 Das Handgelenk

Wie bereits eingangs kurz angesprochen, sollten die Flächen im Bereich des Handgelenks reduziert werden, damit nicht unnötig viele Unterteilungen bis in die Strukturen des Unterarms mit einfließen. Gehen Sie dafür so vor, dass Sie zuerst den ovalen Kantenzug am offenen Ende der Hand zweimal ein kurzes Stück extrudieren. Diese zusätzlichen Unterteilungen sind nötig, damit die Hand dort später am Handgelenk angewinkelt werden kann.

Ziehen Sie dann jeden dritten Punkt am offenen Rand des Handgelenks ein kleines Stück heraus. Es entsteht die leicht zackige Struktur, die in Abbildung 4.31 zu erkennen ist. Diese unregelmäßige Form erlaubt es uns, im nächsten Schritt neue viereckige Polygone zu erzeugen, die wieder einen geschlossenen und glatten Kantenverlauf erzeugen. Diese neuen Flächen sind in Abbildung 4.31 farbig markiert.

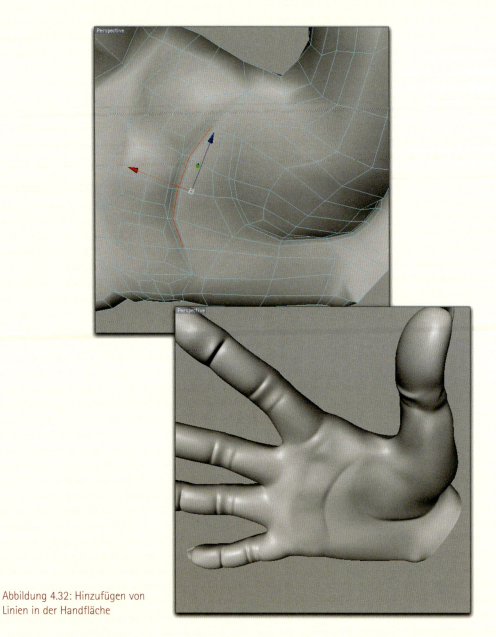

Abbildung 4.32: Hinzufügen von
Linien in der Handfläche

Wie Sie erkennen, wurde dadurch zwar die Form des Objekts nicht verändert, wir haben aber die Zahl der Polygone am Handgelenk auf nur noch acht reduzieren können. Benötigen Sie weitere Details in der Handfläche, lassen sich diese durch Aufteilung von Kantenzügen einfach erzeugen. Abbildung 4.32 gibt dazu ein Beispiel.

Dies kann jedoch nur dann problemlos funktionieren, wenn die Kanten bereits in Richtung der gewünschten Furchen und Falten verlaufen. Achten Sie also bereits bei der Modellierung auf diese Strukturen der Handfläche. Damit ist auch diese komplexe Aufgabe gelöst und wir können einen abschließenden Blick auf das fertige Modell werfen.

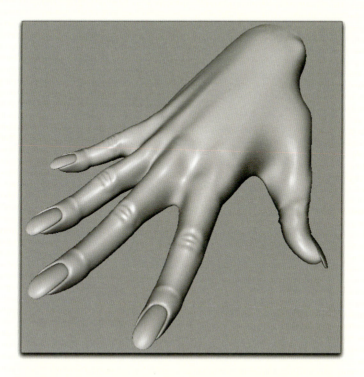

Abbildung 4.33: Das fertige Handmodell

Texturierung und Beleuchtung

Den Kopf und die Hand haben wir nun bereits fertig modelliert. Die zweite Hand kann durch Kopieren und Spiegeln ergänzt werden. Deformationen erlauben es uns, individuelle Handstellungen zu erzeugen. Dazu jedoch etwas später mehr.

Zuerst müssen die Objekte für die Texturierung vorbereitet werden.

5.1   Arbeiten mit UV-Koordinaten

Um Bilder oder Shader mit dem 3D-Objekt zu verbinden, so dass die Oberfläche auch bei Verformung fest mit den Eigenschaften der Oberfläche verbunden bleibt, müssen UV-Koordinaten zugewiesen werden.

Unter UV-Koordinaten kann man sich ein zweidimensionales Bezugssystem vorstellen. Da die kleinsten Einheiten des 3D-Objekts, die Polygone, ebenfalls nur flache Objekte sind, lassen sich deren Eckpunkte auch in einem zweidimensionalen System beschreiben.

Dazu müssen die Polygone allerdings in eine Ebene ausgerollt werden. Man spricht dabei auch oft vom Abwickeln des Objekts.

Lassen Sie sich von der Terminologie und den folgenden Abbildungen nicht täuschen. Die tatsächliche Geometrie des Objekts bleibt beim Abwickeln unverändert erhalten. Es geht lediglich darum, den Polygonen die zweidimensionalen UV-Koordinaten zuzuweisen.

Dazu stehen die unterschiedlichsten Werkzeuge innerhalb der 3D-Anwendungen zur Verfügung.

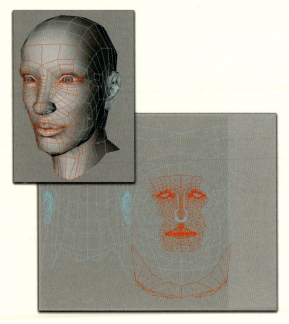

Abbildung 5.1: Der sphärisch abgewickelte Kopf

Ziel ist es dabei immer, die selektierten Objekte zu möglichst großen und zusammenhängenden Flächen auseinander zu falten.

Dazu gibt es standardisierte Funktionen, die Objekte z.B. zylindrisch oder sphärisch abwickeln können. Abbildung 5.1 zeigt so eine sphärische Abwicklung am Beispiel unseres Kopfmodells. Wie Sie in der unteren Einblendung erkennen, werden dadurch die Polygone des Modells bereits flächig angeordnet.

Aufgrund der kugelförmigen Abwicklung kommt es aber auch zu ungünstigen Verzerrungen der UV-Koordinaten z.B. unter dem Kinn. Dies betrifft alle Teile des Objekts, die senkrecht abstehen oder in die Tiefe weisen.

Letztlich ist die sauberste Art der Abwicklung die, dass einzelne Abschnitte des Objekts flächig abgewickelt und dann später wieder zu einer zusammenhängenden Gruppe vereint werden.

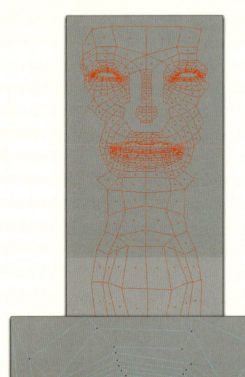

In Abbildung 5.2 sehen Sie das Resultat. Es entsteht ein zusammenhängender Streifen planarer Polygone zwischen der Stirn und dem Halsansatz.

Abbildung 5.2: Beispielhaft flächig abgewickelte Front des Kopfs

Dazu wählen Sie z.B. alle Polygone des Gesichts und des vorderen Halses aus, die ungefähr in einer senkrechten Ebene liegen, wenn man das Modell von vorne betrachtet. Diese Flächen werden dann flächig abgewickelt. Die wenigen senkrecht dazu verlaufenden Flächen, z.B. unter dem Kinn, werden manuell abgewickelt und in die verbliebenden Lücken der Abwicklung kopiert.

Abbildung 5.3: Entzerren der eingefügten Polygone

Wie ebenfalls in Abbildung 5.2 am Beispiel des Auges zu erkennen, müssen alle UV-Polygone so verschoben werden, dass alle Falten und Abdeckungen verschwinden. Jeder Bereich des Modells muss also direkt einsehbar sein. Fahren Sie damit fort, die bislang fehlenden Flächen, z.B. an den Flanken der Nase, mit einzupflegen (siehe Abbildung 5.3). Achten

Sie dabei darauf, dass jeder UV-Fläche ungefähr die gleiche Größe zukommt wie im realen 3D-Modell. Ansonsten kann es später zu Verzerrungen der Textur kommen.

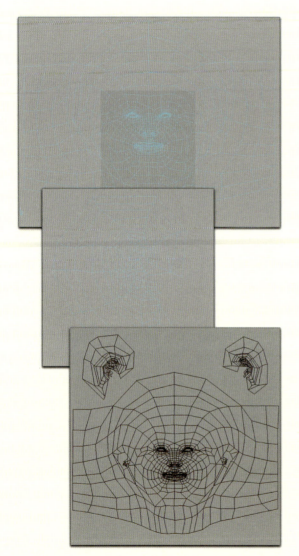

Abbildung 5.4: Der komplett abgewickelte Kopf

Lassen Sie danach die Seiten des Kopfs ebenfalls flächig abwickeln und verbinden Sie diese entzerrten UV-Polygone dann mit den entsprechenden

Abschnitten des vorderen Gesichts. Es ergibt sich eine Art Maske.

Bei dieser Art Abwicklung entstehen zwangsläufig Schnittkanten, wo eine UV-Polygongruppe endet und auf der anderen Seite des Kopfs wieder beginnt. Zudem gibt es immer Bereiche, die sich nicht problemlos in die Hauptgruppe des abgewickelten Mesh integrieren lassen.

Ein typisches Beispiel hierfür sind die Ohren oder der Innenraum der Mundhöhle. Diese Teile stülpen sich aus der Hauptmasse des Objekts heraus und verfügen über eine derartig hohe Unterteilungsdichte, dass der Platz in der Hauptabwicklung dafür nicht mehr ausreicht.

Solche Teile werden dann häufig komplett abgetrennt und an separater Stelle entfaltet. Sie können dies in Abbildung 5.4 am Beispiel der Ohren beobachten, die ich oberhalb der Abwicklung des Kopfs platziert habe.

Generell gilt für alle Bereiche, die losgelöst platziert werden müssen, und für alle Schnittkanten, dass man diese möglichst an später schlecht einsehbaren Stellen des Modells platziert. Wie Sie an unserer Abwicklung erkennen können, liegt der Schnitt der beiden Kopfhälften hier im Nacken. Dort werden später Haare eine eventuell sichtbare Naht verdecken.

Bei den Ohren liegt der offene Rand hinter den Ohren und ist damit sowieso verdeckt.

Was die UV-Koordinaten betrifft, so ist zudem zu beachten, dass diese Koordinaten bei den meisten Programmen nur im Bereich zwischen 0 und 1 definiert sind. Dies gilt für beide Achsrichtungen.

Praktisch bedeutet dies, dass die abgewickelten Polygone in eine quadratische Fläche mit der Kantenlänge 1 passen müssen. Dazu bieten die diversen UV-Bearbeitungsprogramme in der Regel Hilfslinien an, um diesen Bereich der zulässigen UV-Koordinaten abzutrennen.

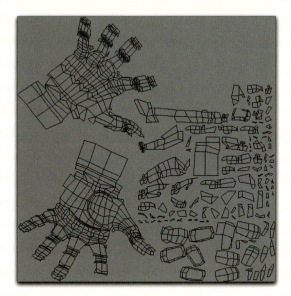

Abbildung 5.5: Abgewickelte Hand

Im Gegensatz zu dem recht zeitaufwändigen manuellen Abwickeln der UV-Koordinaten gibt es auch automatisierte Lösungen. Dabei werden z.B. alle Flächen automatisch von ihren Nachbarflächen losgelöst und dann einzeln nebeneinander platziert und frontal ausgerichtet.

Dies ist technisch gesehen die sauberste Lösung, da die Größenverhältnisse der Flächen perfekt erhalten bleiben. Leider ist es dann jedoch nahezu unmöglich, anhand dieses Puzzles an Flächen zu erahnen, welche Fläche welchen Bereich des Objekts darstellt. Das direkte Malen auf diesen verstreuten Flächen wird also erschwert.

Zudem kann es durch die Vielzahl an offenen Kanten – jedes Polygon hat dann schließlich drei der vier Kanten ohne anliegende Nachbarflächen – zu sichtbaren Sprüngen und Fugen bei der Zuweisung von Texturen kommen.

Einen guten Kompromiss stellt das automatisierte Abwickeln möglichst großer zusammenhängender Abschnitte dar. Dabei werden die Winkel zwischen den Flächen analysiert und bei ausreichender Äqui-

valenz werden diese Polygone zusammenhängend abgewickelt.

Abbildung 5.5 demonstriert diese Technik am Beispiel unseres Handmodells. Deutlich erkennen Sie, wie dabei die Ober- und Unterseite der Hand großteilig erhalten bleiben.

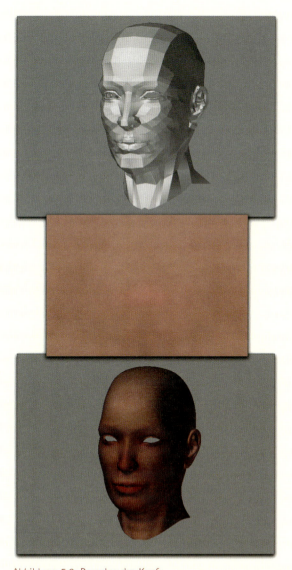

Abbildung 5.6: Bemalen des Kopfs

5.2   Bemalen der Objekte

Letztlich ist es dann egal, für welche Technik des UV-Auseinanderfaltens Sie sich entscheiden. Hauptsache, alle Flächen sind für die Materialprojektion sichtbar.

In den folgenden Arbeitsschritten bemalen wir unsere Modelle. Auch hierfür gibt es zahlreiche Programme und mögliche Techniken.

Stehen in Ihrer 3D-Software keine Werkzeuge zum direkten Bemalen zur Verfügung, können Sie z.B. einen Screenshot der abgewickelten UV-Koordinaten in Photoshop laden und dort direkt auf die UV-Flächen malen.

Hierbei erweist es sich als besonders unabdingbar, dass Sie auch tatsächlich an der Form der UV-Koordinaten erkennen können, welchen Teil des Objekts Sie gerade bemalen.

Das fertige Bild kann dann wieder in die 3D-Software geladen und mit einem Material auf das Objekt gelegt werden. Bemalung und Flächen passen dann perfekt zueinander.

Direkter und einfacher ist es natürlich, wenn direkt auf das 3D-Objekt gemalt werden kann. Dazu stehen zahlreiche Spezialprogramme wie z.B. ZBrush (http://pixologic.com), Deep Paint 3D (*www.righthemisphere.com*) oder Bodypaint 3D (*www.maxon.net*) zur Verfügung. Daneben gibt es Lösungen, die direkt innerhalb der 3D-Software verankert sind.

Im Prinzip verläuft die Arbeit, wie Sie es auch vom 2D-Malen her kennen. Der einzige Unterschied besteht darin, dass der Malgrund ein dreidimensionales Objekt ist, das rundherum bemalt und betrachtet werden kann.

Die folgenden Betrachtungen beziehen sich auf die Software ZBrush, sind so oder ähnlich aber auch in den übrigen Programmen anzufinden (siehe Abbildung 5.6).

Zuerst wird das zu bemalende Objekt importiert. In der Regel stehen genügend Importformate zur Verfügung, dass zumindest eines davon direkt durch Ihre 3D-Software unterstützt wird.

ZBrush bietet als Besonderheit an, das Objekt zugleich bemalen und verformen zu können. Da unser Kopfmodell jedoch ausreichend genau modelliert wurde, können wir uns auf die Farbgebung und das Malen kleiner Hautunebenheiten, wie z.B. Fältchen und Poren, beschränken.

Ich beginne damit, die frontale Ansicht unseres Referenzbilds stark weichzuzeichnen und dann nicht zum Gesicht gehörende Teile mit Hautfarbe zu übermalen oder zu überstempeln. Dazu gehören z.B. die Augen, aber auch die Nasenlöcher, die Haare und alle Glanzlichter und Schatten.

Übrig bleibt ein Bild, das eine durchschnittliche Hautfärbung zeigt. Dies können wir hervorragend als Basis für die weitere Bemalung nutzen, denn so haben wir bereits eine relativ natürliche Grundfärbung als Hintergrundebene. Abbildung 5.6 zeigt diese Farb-Map in der Mitte an.

Variieren Sie dann die mittlere Hautfarbe etwas zu Rot und Blau/Violett, um einzelne Bereiche des Gesichts nachzufärben. So sollten Sie z.B. die Bereiche unter den Augen, die Nasenspitze und die Ohren etwas rötlicher färben. Dort, wo die Adern näher an der Haut liegen, also z.B. im Bereich des Halses oder am Unterkiefer, können auch bläuliche Bereiche angelegt werden.

Dies alles sollte natürlich nicht flächig, sondern in aufgelockerten Strukturen geschehen. In der Regel stehen dafür zahlreiche Pinselspitzen zur Auswahl.

In Abbildung 5.7 sehen Sie einige Teilbereiche herausgezoomt und die dort von mir angelegten Färbungen.

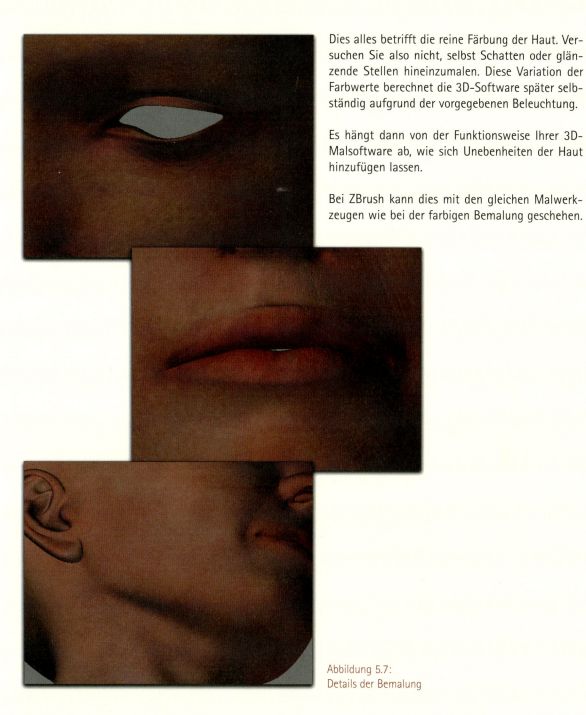

Dies alles betrifft die reine Färbung der Haut. Versuchen Sie also nicht, selbst Schatten oder glänzende Stellen hineinzumalen. Diese Variation der Farbwerte berechnet die 3D-Software später selbständig aufgrund der vorgegebenen Beleuchtung.

Es hängt dann von der Funktionsweise Ihrer 3D-Malsoftware ab, wie sich Unebenheiten der Haut hinzufügen lassen.

Bei ZBrush kann dies mit den gleichen Malwerkzeugen wie bei der farbigen Bemalung geschehen.

Abbildung 5.7:
Details der Bemalung

Zudem erkennt man gleich in der 3D-Ansicht den Effekt. Ist dies in Ihrer Software nicht nötig, speichern Sie zuerst die farbige Bemalung z.B. als TIFF- oder JPEG-Datei ab und legen Sie dann 50% als Basisfarbe auf das Objekt. Ergänzen Sie dort heller Grautöne, wo sich die Haut nach oben wölben, und dunklere Töne, wo sich die Haut nach unten bewegen soll. Auf diese Weise können Sie dann z.B. feine Riefen und Flächen als dunkle Linien ausführen.

Noch einfacher wird diese Aufgabe, wenn Sie bereits komplexe Muster, z.B. von Poren, bereits als Graustufenbild vorliegen haben. Sie können diese Strukturen dann direkt auf die Haut aufstempeln.

Die markantesten Linien, die auf jeden Fall vorhanden sein sollten, betreffen die unteren Augenlider, die Lachfältchen und die tiefen Linien auf den Lippen. Noch feinere Details sind dann eher für Nahaufnahmen sinnvoll.

Neben der bereits gesicherten Farbtextur erhalten Sie durch diese Graustufenabbildung der Oberflächenstruktur entweder eine so genannte Bump-Map oder eine Normalen-Map.

Letztere ist in Abbildung 5.8 ganz links zu erkennen. Diese farbige Kodierung der Oberflächenausrichtung muss vom 3D-Malprogramm errechnet werden und lässt sich daher nicht per Hand nach Belieben malen.

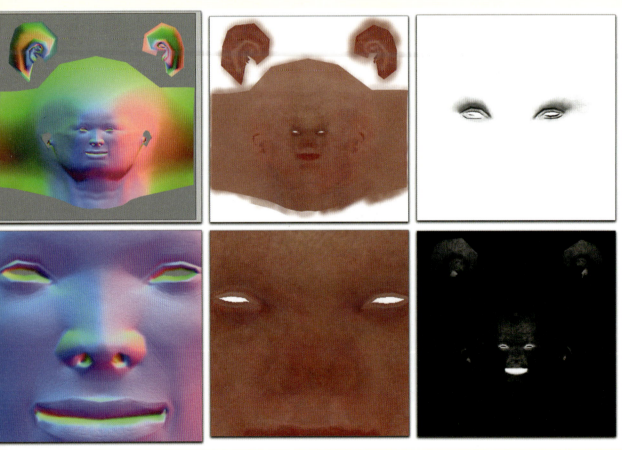

Abbildung 5.8: Alle benötigten Texturen für den Kopf

Wenn Ihnen die Berechnung einer Normalen-Map nicht zur Verfügung steht, speichern Sie einfach das besprochene Graustufenbild ab.

Nach dem gleichen Schema erstellen Sie eine weitere Textur, ebenfalls wieder nur mit Graustufen, diesmal jedoch mit Schwarz als Basisfarbe. Hellen Sie dort alle Bereiche auf, die besonders viel Licht reflektieren sollen. Dies trifft entweder auf feuchte Stellen zu – z.B. die Lippen oder die Ränder der Augenlider – oder auf fettige Stellen, z.B. die Nase und die Stirn. Diese Textur ist in Abbildung 5.8 rechts unten zu sehen.

Hilfreich kann auch eine Graustufenmaske sein, die nur den Bereich um die Augen herum durch Graustufen hervorhebt, wo später Schminke aufgetragen werden soll.

Auf diese Weise braucht die Schminke nicht direkt in die Hauttextur eingemalt zu werden, sondern sie kann über diese Maske getrennt zugewiesen werden. Dies erleichtert die Farbgebung und die Wahl der richtigen Intensität erheblich. Diese Maske ist in Abbildung 5.8 oben rechts zu erkennen.

Für den Kopf stehen uns nun also vier einzelne Texturen zur Verfügung: ein Bild für die Farbgebung, eines für die Normalenausrichtung bzw. für die Bump-Berechnung, ein Graustufenbild für die Definition glänzender Bereiche und eine ergänzende Maske für die Schminke im Augenbereich.

Eine weitere Textur folgt noch. Dazu jedoch gleich mehr. Zuerst wiederholen Sie diesen Vorgang noch für das Handmodell. Dort brauchen wir nicht ganz so sorgfältig zu sein. Eine Farb-Map reicht hier völlig aus. Eventuell können Sie noch eine Bump-Textur für die feinen Riefen auf den Knöcheln ergänzen, ich möchte mir dies hier jedoch sparen. Da ich eine Handstellung mit gebeugten Fingern realisieren möchte, werden diese Fältchen und Riefen sowieso zum größten Teil geglättet.

Die Glanzeigenschaften sind auch nicht so unterschiedlich, dass sich eine separate Textur dafür lohnen würde. Dies käme höchstens in Betracht, wenn Schweiß dargestellt werden soll, der sich weit stärker auf den Handflächen als auf dem Handrücken bildet.

Einzig die Fingernägel haben ein stark abweichendes Farb- und Glanzverhalten. Diese werden wir jedoch mit einem separaten Material belegen, um eine bessere Kontrolle über deren Aussehen zu haben. So lässt sich z.B. die Farbe des Nagellacks viel einfacher ändern.

Abbildung 5.9: Abwicklung der bemalten Hand

In Abbildung 5.9 können Sie die resultierende Farb-Map der Hand im abgewickelten Zustand erkennen. Daran wird auch deutlich, wie schwierig es gewesen wäre, direkt auf den UV-Polygonen zu malen. Die Investition in ein spezialisiertes Programm zum Bemalen von 3D-Objekten lohnt sich somit in jedem Fall.

5.3   Auf Biegen und Brechen

Wie Sie beim Bemalen der Objekte sicherlich fest-
gestellt haben, ist es sehr viel einfacher, auf offen
zugänglichen Stellen zu malen als z.B. in Auffal-
tungen, Hohlräumen oder anderen engen Stellen.
Daher werden die meisten 3D-Modelle in neutraler
Stellung modelliert, in der z.B. die Arme seitlich vom
Körper abstehen oder die Finger ausgestreckt sind.
Ist das Modell dann fertig bemalt, kann es in die

gewünschte Pose gebracht werden. Dazu kommen
häufig so genannte Bone-Objekte zum Einsatz, die
innerhalb des 3D-Modells wie virtuelle Knochen und
Gelenke eingesetzt werden. Abbildung 5.10 zeigt
diese Bones als länglich grüne Objekte an. Jedem
dieser Bones wird dann ein Bereich des umgebenden
Modells zugewiesen. Man nennt diesen Vorgang u.a.
Rigging oder auch Wichten. Die Bildfolge in Abbildung 5.10 stellt dies beispielhaft für den kleinen
Finger dar. Sind allen Bones des kleinen Fingers die

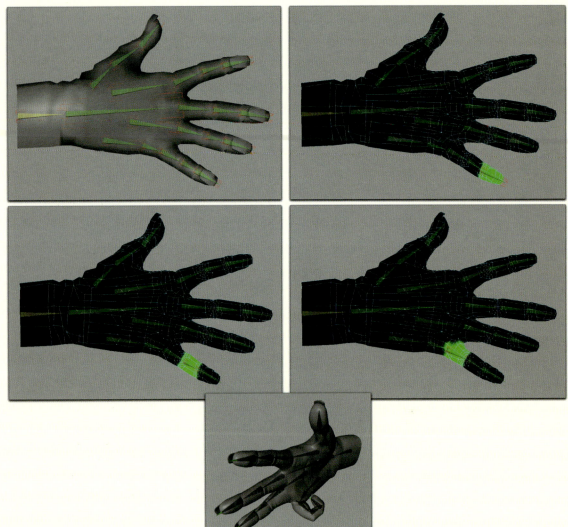

Abbildung 5.10: Bone-Deformation

entsprechenden Abschnitte am 3D-Objekt zugewiesen, wird der Finger durch Rotation der Bones beliebig bewegt.

Ist dies für alle Finger der Hand vollzogen, kann leicht eine Pose wie in Abbildung 5.11 generiert werden.

Abbildung 5.12: Die Farbtextur folgt der verformten Hand nach

Durch die zuvor bearbeiteten UV-Koordinaten folgt die aufgemalte Farbe diesen Veränderungen der Finger nach. Abbildung 5.12 zeigt dies beispielhaft.

Die Handstellung für die zweite Hand kann identisch sein. Sie brauchen sich die Arbeit für das Wichten und Rigging also nur einmal zu machen. Duplizieren Sie die in Form gebrachte Hand einfach und spiegeln Sie diese dann so, dass der Daumen wieder auf der anatomisch richtigen Seite liegt.

Unsere Figur besteht zwar bislang nur aus dem Kopf und den Händen, trotzdem würde auch dem Kopfmodell etwas mehr Bewegungsfreiheit sicher gut tun.

Dort gehen Sie also nach dem gleichen Muster vor. Weisen Sie einige Bone-Objekte so zu, dass deren Verlauf ungefähr den tatsächlichen Gelenken und Knochen im menschlichen Hals und Kopf folgt.

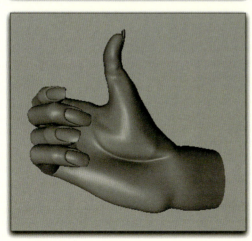

Abbildung 5.11: Die neue Handstellung

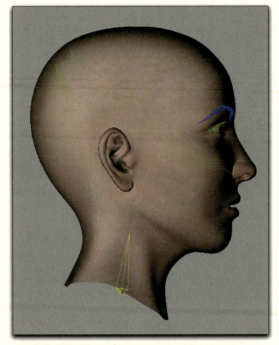

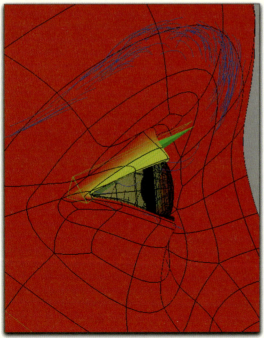

Abbildung 5.13: Die Bones im Kopfmodell und an den Lidern

Weisen Sie dann den Bones die dazu passenden Bereiche des Kopfmodells zu. Praktisch reichen hier schon zwei Gruppen aus, eine für den Hals und eine für den gesamten Schädel. Es geht hier schließlich nur um die Möglichkeit, den Kopf nachträglich leicht drehen oder neigen zu können.

Ergänzend kann es hilfreich sein, auch die oberen Augenlider mit je einem Bone zu versehen. Dieser Bone sollte seine Position exakt im Zentrum der Augenkugel haben.

Wichtet man dann den unteren Rand des Oberlids an diesen Bone, kann das Auge durch Rotation des Bone nach unten verschlossen werden.

In der unteren Darstellung von Abbildung 5.13 ist diese Wichtung gelb hervorgehoben. Dies erlaubt es uns, mit einfachsten Mitteln die Mimik leicht zu beeinflussen. Ähnlich könnte man auch beim Unterkiefer und den Lippen vorgehen. Diese Technik bietet sich überall dort an, wo ein Objekt von einem tiefer liegenden Gelenk verformt wird, also z.B. vom Unterkiefer, oder wo sich die Oberfläche auf einer Kreisbahn verschiebt, also wie die Augenlider.

Lineare Verschiebungen der Oberfläche lassen sich dagegen präziser über Morphing darstellen, also die punktweise Animation eines Objekts.

Dies jedoch nur am Rande, da die Animation von Figuren innerhalb der diversen 3D-Programme sehr verschieden gehandhabt wird und sich daher nur grob verallgemeinert darstellen lässt.

Uns soll hier ausreichen, dass wir die Hände in eine beliebige Stellung und Pose bringen und den Kopf leicht neigen und drehen können.

Bevor wir mit der Zuweisung der erstellten Texturen beginnen, möchte ich dem Gesicht noch zumindest die Behaarung um die Augen herum hinzufügen. Sie werden feststellen, wie viel Einfluss dieses kleine Detail auf den Gesamteindruck des Gesichts hat.

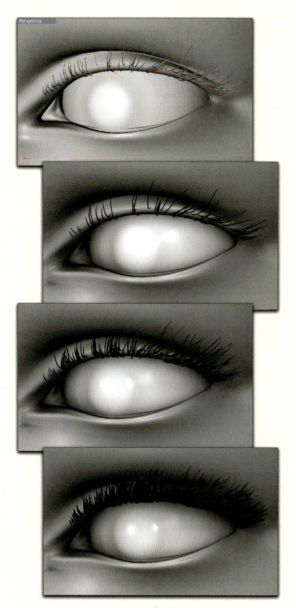

Abbildung 5.14: Die Wimpern anlegen

5.4 Wimpern und Augenbrauen

Mittlerweile bieten so viele 3D-Programme die Generierung von Haaren an, dass diese Funktion auch hier Erwähnung finden soll.

Das Konzept ist dabei immer ähnlich. Zuerst werden Bereiche des 3D-Objekts ausgewählt, auf denen Fell oder Haare sprießen sollen.

Wir beginnen hier mit den Wimpern. Selektieren Sie also einen schmalen Polygonstreifen am vorderen Rand des Oberlids. Aktivieren Sie dann die Generierung von Guides auf diesen Flächen.

> **Guides:** Darunter versteht man Splines oder Kurven, die in der Regel über spezielle Werkzeuge beliebig geformt werden können. Oftmals lassen sich auch größere Gruppen dieser Guides über Kamm- oder Bürste-Werkzeuge in einer bestimmten Richtung kämmen. In der Regel kann auch eine Kollisionserkennung zwischen Guides und der 3D-Geometrie aktiviert werden. Dies verhindert dann, dass die Guides beim Bearbeiten in das Objekt eindringen. Die Haare sollen später schließlich nicht in die Haut eindringen.

Je nach Komplexität der Haarsimulation werden oft nur wenige Guides benötigt. Abbildung 5.14 zeigt diese Guides z.B. im oberen Bild rot markiert an.

Letztlich stellen die Guides selbst nicht die Haare dar, sondern sie dienen nur als Richtschnur für deren Interpolation. Die Haare richten sich also nach den Guides in ihrer Nähe aus und übernehmen so deren Form.

Dies hat den Vorteil, dass sich sehr einfach Dichte und Anzahl der Haare einstellen lassen, ohne jedes Mal die Guides neu anlegen zu müssen. Abbildung 5.14

gibt diesen Effekt beispielhaft wieder. Sie erkennen dort, wie die Anzahl der Wimpern beliebig variiert werden kann.

Zusätzliche Einstellmöglichkeiten betreffen die Dicke der Haare und natürlich deren Farbung. Bezüglich der Färbung liegen Sie mit einem dunklen Braunton oder gar Schwarz sicher richtig. Beachten Sie zudem, dass die oberen Wimpern etwas dicker als die unteren sind.

Zudem bieten aktuelle Haarsimulationen natürlich auch dynamische Effekte, wie Gravitation oder Kollision mit Polygonobjekten. Dies kann getrost für die Wimpern und die Augenbrauen deaktiviert werden. Diese Haare sind zu kurz und liegen zu eng an dem Objekt an, um solche Effekte zeigen zu können.

Abbildung 5.15 stellt ein mögliches Resultat nach Erzeugung der Augenbrauen dar. Neben der Farbe und Dichte spielt hier im Gegensatz zu den Wimpern die Form eine wichtige Rolle.

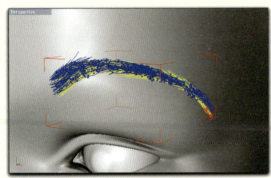

Abbildung 5.15: Die Augenbrauen

Abbildung 5.16: Verschiedene Gesichtsausdrücke durch die unterschiedliche Form der Augenbrauen

Bei den unteren Wimpern und den Augenbrauen verfahren Sie nach dem gleichen Prinzip. Je nach Haarsimulation sollten Sie jeden dieser Bereiche als separate Simulation anlegen, damit Sie Färbung, Länge, Dicke und Dichte der Haare individuell vorgeben können.

Bei den Wimpern war diese ja noch durch den Lid-rand vorgegeben. Die Augenbrauen beeinflussen jedoch durch ihren Abstand von den Augen und deren Neigung erheblich die Mimik und damit den Eindruck, den das Gesicht auf den Betrachter macht.

So kann, ohne dass sich ansonsten die Form des Gesichts verändert, schon eine kleine Verschiebung der Brauen den Gesichtsausdruck zornig, erstaunt, traurig, erschreckt oder freudig wirken lassen. Abbildung 5.16 gibt dazu Beispiele.

Suchen Sie sich also eine möglichst neutrale Stellung für die Augenbrauen aus, die zur restlichen Mimik und zum Charakter der Figur passt. Beachten Sie auch, dass sich die meisten Frauen die Augenbrauen zupfen. Die Brauen beginnen daher erst mit größerem Abstand vom Nasenbein und folgen nicht zwingend dem Verlauf des Augenwulstes.

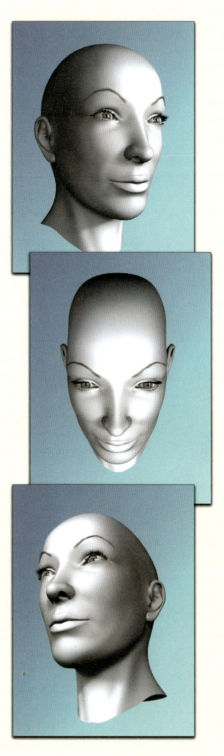

Abbildung 5.17: Der Kopf mit Wimpern und Augenbrauen

5.5   Zuweisung der Texturen und Arbeiten mit Materialien

Die verfügbaren Materialsysteme sind derart verschieden, dass ich hier nur allgemeine Informationen zum Aufbau gebe. Diese können dann von Ihnen auf das in Ihrer Software verwendete System angewendet und angepasst werden.

Allen Systemen gemeinsam ist die Trennung der Oberflächeneigenschaften in separate Kanäle. So definiert der Farb- oder Diffuskanal eines Materials die Farbgebung, der Bump-Kanal die Oberflächenrauhigkeit und der Specularity- oder Glanzkanal die Glanzeigenschaften.

Die Kunst der realistischen Materialvergabe besteht nun darin, die gewünschte Oberfläche auf diese einzelnen Komponenten herunterzubrechen und in jedem dieser Kanäle separat die richtigen Einstellungen vorzunehmen.

Wir beginnen dabei beim Gesicht mit dem Farbkanal. Um nachträglich bessere Eingreifmöglichkeiten bezüglich der Sättigung der Haut zu haben, lege ich zuerst eine Kopie der bereits erstellten Farbtextur des Gesichts an und bearbeite diese in Photoshop so, dass alle übermäßig stark geröteten Bereiche durch den normalen Hautton ersetzt werden. Einzig die Lippen können ihre Färbung behalten.

Wir haben damit zwei Texturen für die Haut, die jeweils Extremzustände darstellen. Eine Textur ist sehr ebenmäßig und die andere stark akzentuiert durch die räumlich begrenzten Rötungen an Nase, Wangen, Augen und Ohren.

Je nachdem, welche Möglichkeiten Ihnen Ihre Software zum Mischen von Texturen auf dem Objekt anbietet, legen Sie dann eine Maske an, die definiert, wo und wie stark dort die Texturen gemischt werden sollen.

Diese Maske sorgt dafür, dass die Bereiche um die Nase, die Wangen und die Ohren stärker mit den Farbwerten aus der gesättigten Textur und die

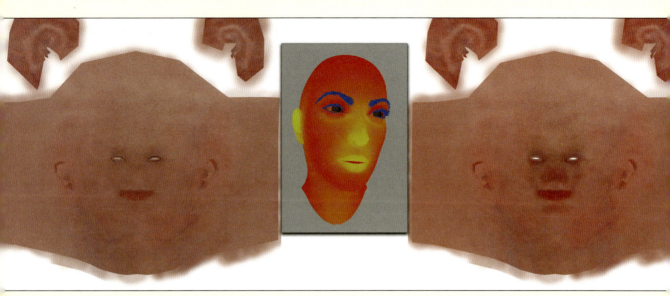

Abbildung 5.18: Die beiden Farbtexturen samt Mischungsmaske

übrigen Stellen eher mit der neutralen Hauttextur belegt werden.

Dies erlaubt es uns, durch Manipulation dieser Maske jederzeit Korrekturen an der Hauttönung vornehmen zu können, ohne dazu das Ausgangsmaterial der Texturen verändern zu müssen. Eine ideale Konstellation z.B. auch für Animationen, in denen sich durch schrittweise Veränderung dieser Maske von einem auf ein anderes Material umblenden lässt.

Abbildung 5.18 zeigt Ihnen von links nach rechts betrachtet zuerst die neutrale Hauttextur, dann in der Mitte die direkt auf den Kopf projizierte Mischungsmaske und rechts die stärker gesättigte Textur, wie wir sie ursprünglich angelegt hatten.

Damit ist die Farbgebung der Oberfläche eigentlich bereits abgeschlossen, gäbe es da nicht bestimmte Eigenschaften der Haut, die zusätzliche Einstellungen notwendig machen.

Sicherlich ist Ihnen schon einmal aufgefallen, wie rot von hinten beleuchtete Ohren oder vor eine Lichtquelle gehaltene Fingerspitzen werden können. Diese Färbung ist weitestgehend unabhängig von der Hautfarbe und rührt von der Lichtstreuung in tiefer liegenden Hautschichten.

Das Licht wird dort vor allem durch das Blut rötlich eingefärbt. Dieser Effekt tritt dann besonders stark auf, wenn das Licht tief in das Gewebe eindringen und dann wieder an der Oberfläche austreten kann.

Derartige Effekte lassen sich mithilfe der so genannten Sub Surface Scattering-Berechnung, oder auch kurz SSS, simulieren. Dabei wird eine maximale Eindringtiefe in das Objekt vorgegeben und diese an einen Farbgradienten geknüpft.

Da dies eine sehr rechenaufwändige Technik ist, gibt es inzwischen diverse auf die Darstellung von Haut spezialisierte Speziallösungen für diesen Effekt. Diese stehen mittlerweile in allen gängigen 3D-Programmen zur Verfügung.

5.5.1 Lichtstreuung im Objekt

Falls Sie bislang noch nicht mit dem SSS-Effekt gearbeitet haben, hilft Ihnen sicher Abbildung 5.19 beim Verständnis.

Wie Sie dort sehen, ist der Effekt abhängig von der Lichtrichtung und der Distanz, die das Licht innerhalb des Objekts zurücklegt. Mit zunehmender Eindringtiefe schwächt sich das Licht ab und wird zudem immer stärker eingefärbt. Wie bereits beschrieben, kann diese Streufarbe individuell bestimmt werden und muss nicht unbedingt etwas mit der Farbe der Oberfläche zu tun haben.

> **SSS-Effekt:** Unter dem Begriff SSS verbirgt sich die Abkürzung für Sub Surface Scattering, also die Streuung von Licht unter der Oberfläche eines Objekts. Simuliert man diese Streuung, so lassen sich zahlreiche Materialien, wie z. B. Kunststoffe, aber auch Marmor und Haut noch realistischer berechnen.

Damit der Effekt sichtbar wird, müssen also zwei Kriterien erfüllt sein. Einerseits muss die Beleuchtung so gesetzt werden, dass das Licht einen Teil des Objekts durchläuft, bevor es auf die Kamera trifft. Andererseits muss die maximale Eindringtiefe so gewählt werden, dass sie in Relation zu den Abmessungen des Objekts steht.

Es macht keinen Sinn, diese Werte in extreme Höhen zu treiben, um bei jeder Lichtsituation einen SSS-Effekt zu erzielen. Licht, das z.B. von einer Gesichtshälfte zur anderen durch den gesamten Kopf transportiert wird, lässt das Objekt transluzent oder wachsähnlich wirken. Setzen Sie den SSS-Effekt also immer nur unterstützend und nicht als puren Selbstzweck ein.

Wenn Sie den Effekt partiell verstärken möchten, setzen Sie zusätzliche Masken ein, um z.B. die Nasenspitze und die Ohren mit größeren Eindringtiefen als den Rest des Kopfs belegen zu können. Das Prinzip ähnelt dabei dem, das wir bereits beim Mischen der Farbtexturen angewendet haben.

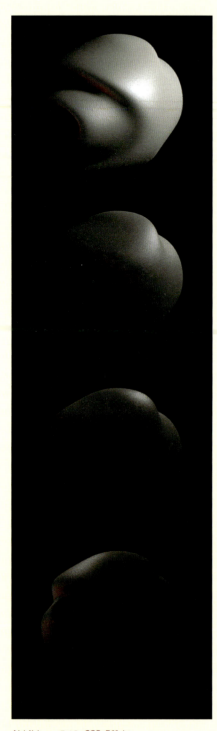

Abbildung 5.20: Definition des SSS-Effekts

In der Regel wird der SSS-Effekt über einen spezia-
lisierten Shader erzeugt, der im Illuminations- oder
Leuchtenkanal eines Materials arbeitet. Auf diese
Weise kann die Oberfläche auch dort erhellt dargestellt werden, wo eigentlich kein Licht hinkommt. Nur
so kann der SSS-Effekt z.B. auch Schatten aufhellen.
Je nach Arbeitsweise des Shaders lassen sich unterschiedliche Tiefen mit Texturen verknüpfen, um die
diversen Hautschichten darstellen zu können.

Ich beschränke mich hier auf zwei Texturen, eine
für die oberen Hautschichten, die mit der stärker
gesättigten Farbtextur belegt werden, und eine, die
mit verschiedenen Rottönen die tieferen Schichten
definiert. Beide Texturen sind in Abbildung 5.20 zu
sehen.

Was die Eindringtiefe für den SSS-Effekt angeht, so
messen Sie am besten z.B. die Dicke der Ohren oder
die Breite der Nasenspitze an Ihrem 3D-Modell aus.
Diese Entfernungen sollten Ihnen eine Richtschnur
für die maximal zulässige Eindringtiefe geben.

Abbildung 5.19: SSS-Effekt

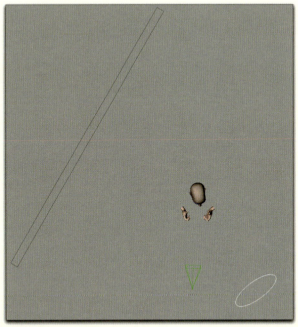

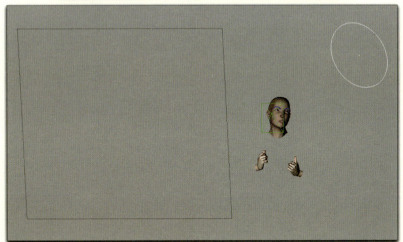

Abbildung 5.21: Einstellen der Beleuchtung

In den übrigen Materialkanälen kommen die Normal- oder die Bump-Textur für den Bump-Effekt und die Glanztextur für die Intensität der Glanzlichter zum Einsatz. Ein zweites Material mit blauer Färbung und der Schminkmaskierung wird zusätzlich zugewiesen. So können wir Intensität und Farbe der Schminke im Bereich der Augen bequem steuern.

Die Hände werden nach dem gleichen Schema texturiert, wobei dort der SSS-Effekt geringer ausfallen sollte. Dort können Sie dann als Farbe der tieferen Hautschichten pauschal Rot vergeben.

5.6   Die Beleuchtung

Für die Beleuchtung der Objekte muss zuerst klar sein, welche Lichtstimmung überhaupt simuliert werden soll. Ist es eine Studioatmosphäre oder eher eine Szene unter freiem Himmel?

In Anlehnung an die Referenzbilder soll die Figur ebenfalls draußen in einer winterlichen Landschaft platziert werden. Wir können also von einer Hauptlichtrichtung – nämlich der Sonne – ausgehen.

Der gesamte Himmel strahlt ebenfalls Helligkeit ab. Diese Beleuchtung können wir unter diffusem Licht verbuchen. Darum werden wir uns im Abschluss kümmern. Intensiver kann dagegen das direkt vom Boden reflektierte Licht der Sonne sein, besonders wenn der Boden z.B. von Wasser oder, wie in diesem Beispiel, teilweise von Schnee bedeckt ist.

Wir greifen diese Lichtrichtungen also durch zwei Lichtquellen auf, eine für die Sonne und eine für das reflektierte Licht. Die virtuelle Sonne wird in Blickrichtung der 3D-Figur leicht erhöht platziert. In Abbildung 5.21 ist diese Lichtquelle durch einen Kreis angedeutet.

Der Sonne gegenüber liegt eine größere Fläche, die das indirekte Licht abstrahlt. Beide Lichtquellen haben einen aktiven Schattenwurf, unterscheiden sich jedoch in Intensität und Färbung. Das indirekte Licht habe ich neutral weiß gehalten, wogegen die Sonne ein leicht gelbliches Licht abgibt.

Um die diffuse Beleuchtung zu simulieren, umgebe ich die Objekte mit einer großen, für die Kamera jedoch unsichtbaren Kugel und aktiviere für das Rendering die Berechnung von globaler Illumination oder Radiosity.

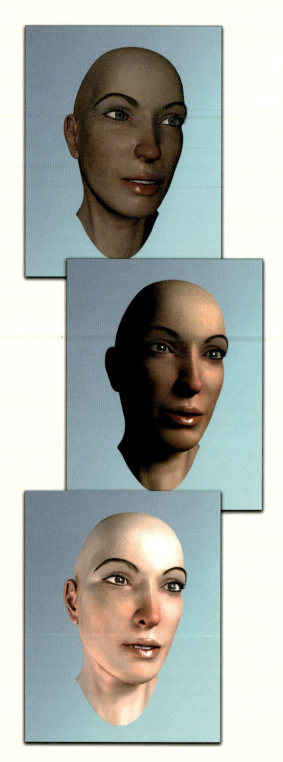

Abbildung 5.22: Beleuchtungstests

Dadurch können die Objekte das auf sie auftreffende Licht wieder reflektieren und somit auch andere Objekte beleuchten. Die hinzugefügte Kugel fängt an den Objekten vorbeigehende Strahlen auf und reflektiert diese wieder auf den Kopf und die Hände. Die von der Umgebung auf die Figur zurückgeworfene Beleuchtung ist damit simuliert.

Betrachten wir uns diese Effekte einmal im Detail in Abbildung 5.22. Ganz oben sehen Sie den Kopf, wie er sich unter einer frontalen Standardbeleuchtung ohne Schattenberechnung darstellt. Der Kopf wird dadurch flächig und unnatürlich ausgeleuchtet.

Sehr viel lebendiger wirkt das gleiche Modell bei einer gerichteten Beleuchtung, wie sie in der Mitte der Bildfolge zu sehen ist. Beachten Sie auch Details, wie die Glanzpunkte auf den Augen und Lippen, die positiv zum Gesamteindruck beitragen. Dies ist die Beleuchtung, wie sie von unserer Sonnenlichtquelle erzeugt wird.

In der unteren Einblendung sehen Sie die zusätzlich aktivierte diffuse Radiosity-Beleuchtung samt der Lichtwirkung der Lichtquelle, die der Sonnen gegenüber liegt. Die Hauptlichtrichtung der Sonne bleibt weiterhin erhalten, die vorher im Schatten liegenden Bereiche werden jedoch zusätzlich aufgehellt.

Es liegt jetzt an Ihnen, wie Sie die Stärken der Lichtquellen vorgeben. Einerseits sollte die Sonne als Hauptlichtquelle klar erkennbar bleiben. Andererseits ist ein zu intensiver Schattenwurf bei Außenszenen eher ungewöhnlich und sollte durch die diffusen und unterstützenden Lichtquellen ausgeglichen und aufgeweicht werden.

In Abbildung 5.23 sehen Sie die schließlich von mir gewählte Lichtstimmung. Dabei wurden nur die beschriebenen zwei Lichtquellen verwendet. Um die Symmetrie der Hände etwas aufzubrechen, habe ich dort zudem einfache Ringmodelle ergänzt.

Abbildung 5.23: Die finale Ausleuchtung

Kleidung und Haare

Alle vom Körper sichtbaren Teile sind bereits ausmodelliert und texturiert. Wir beschäftigen uns daher in diesem Kapitel mit den fehlenden Kleidungsstücken.

Anschließend ergänzen wir noch die Haare auf dem Kopf und lassen das finale Motiv berechnen. Damit ist dieser Workshop dann abgeschlossen.

Die Figur soll eine Jacke tragen, die zur winterlichen Stimmung passt. Hinzu kommt ein Schal und schließlich noch ein einfaches T-Shirt, so wie es auch auf den ursprünglichen Referenzfotos im ersten Workshopkapitel zu sehen ist.

6.1 Die Kleidung modellieren

Da wir es hier mit den Vorbereitungen für eine Standbildberechnung zu tun haben, müssen nicht alle Objekte aus allen nur denkbaren Richtungen gut aussehen. Es reicht, wenn die Figur später aus Sicht der gewählten Kameraperspektive glaubwürdig erscheint und auch ansonsten, beispielsweise durch den Schattenwurf der Figur auf den Boden, keine Fehler z.B. an der Rückseite der Figur sichtbar werden.

Wir setzen daher die Jacke aus verschiedenen Einzelteilen zusammen, die jedes für sich gesehen sehr einfach und schnell zu modellieren sind. Wir können somit auch auf eine komplexe Kleidungssimulation verzichten, die sicher nicht jedem Benutzer von 3D-Programmen zur Verfügung steht.

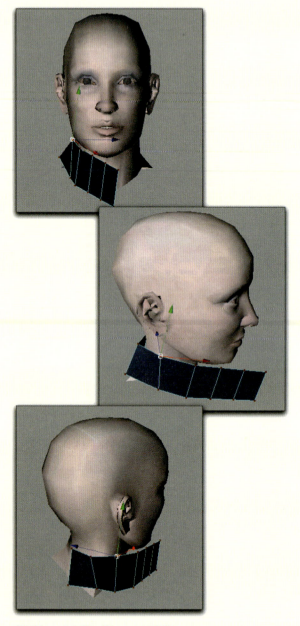

Abbildung 6.1: Den Kragen modellieren

Abbildung 6.2: Die Grundform verlängern

6.1.1 Der Schal

Wir beginnen bei der Bekleidung mit dem Schal, der unter dem Kinn durch eine Schlaufe am Hals gehalten wird.

Erzeugen Sie dazu einen einfachen Polygonstreifen aus vielleicht nur sechs bis zehn Flächen. Platzieren Sie diese Flächen hochkant neben dem Hals und biegen Sie die Form dann hinten bis zum Nacken bzw. vorne bis unter das Kinn. Das Resultat sehen Sie in Abbildung 6.1.

Verlängern Sie dann diese Polygonreihe am vorderen Ende so, dass die Form einer Krawatte ähnelt. Abbildung 6.2 zeigt diese Form aus zwei Perspektiven.

Achten Sie bereits jetzt darauf, dass sich der Polygonstreifen entsprechend seiner Form verwindet und dreht. Der Schal steht also am Hals eher senkrecht und legt sich dann im vorderen Verlauf flach auf den Körper.

Wie Sie den Abbildungen entnehmen können, modellieren wir derzeit nur eine Seite des Schals. Die noch fehlende Seite wird im nächsten Schritt aus einem separaten Objekt geformt.

Dies hat den Vorteil, dass der Knoten, oder besser die Schlaufe des Schals, einfacher zu modellieren ist. Dass der Schal dann später nicht aus einem durchgehenden Objekt besteht und unter der Jacke bereits auf der Schulter endet, fällt nicht weiter auf.

Sind Sie mit der Form der einen Schalseite zufrieden, erzeugen Sie also einen neuen Polygonstreifen. Dieser kann wieder nur aus wenigen Flächen bestehen, In unserem Fall reichen für den ersten Arbeitsschritt sogar bereits zwei Flächen aus.

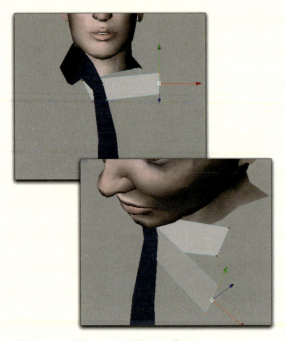

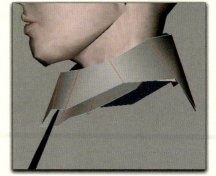

Abbildung 6.3: Die zweite Hälfte des Schals

Verschieben Sie die Eckpunkte der Polygone an diesem neuen Polygonstreifen so, dass ein spitzer Winkel zwischen den Flächen entsteht.

Dieses Gebilde verschieben Sie dann so vor den Hals der Figur, dass der erste Polygonstreifen durch die V-förmige Spitze des zweiten Objekts verläuft. Abbildung 6.3 zeigt diese Position und die Form der neuen Polygonreihe.

Diese spitze Form wird später zu der Schlaufe, die sich um das eine Ende des Schals legt.

Fügen Sie an diesem Objekt einige senkrechte Schnitte hinzu, um neue Kanten und Punkte zu erhalten. Benutzen Sie diese neuen Flächen, um die Schlaufe besonders dort, wo sie um das andere Schalende herumläuft, runder zu gestalten.

Achten Sie dabei darauf, genügend Abstand zwischen beiden Schalobjekten einzuhalten. Der Schal selbst hat schließlich eine bestimmte Dicke, die wir später noch hinzufügen werden.

Abbildung 6.4: Fortführen der zweiten Polygonreihe

Führen Sie anschließend beide Enden der Schlaufe so fort, wie es Abbildung 6.4 zeigt. Das oben liegende Ende verläuft um den Hals herum und stößt im Nacken auf den Anfang des ersten Schalobjekts. Wenn Sie mögen, können Sie dann beide Schalobjekte zu einem neuen Objekt verbinden und die Lücke im Nacken verschließen. Für unser Standbild ist dies jedoch nicht notwendig.

Abbildung 6.6: Die ausgeformte Schlaufe

Abbildung 6.5: Falten und Überlappungen formen

Fügen Sie an beiden Objekten weitere horizontale und vertikale Unterteilungen hinzu, um mehr Einfluss auf die Form nehmen zu können.

Auf diese Weise hinzugefügte kleine Überlappungen und Falten helfen dabei, die natürliche Form eines Schals herauszuarbeiten. Die Abbildungen 6.5 und 6.6 zeigen das Resultat.

Sind Sie soweit mit den Falten und dem Verlauf des Schals zufrieden, verdicken Sie beide Objekte durch Extrusion, um die Stoffdicke des Schals darzustellen. Korrigieren Sie im Anschluss gegebenenfalls einzelne Bereiche, um eventuell durch die Extrudierung entstandene Überschneidungen der Schalobjekte auszugleichen. Gleiches gilt dort, wo zu große Lücken zwischen den Stoffbahnen des Schals verblieben sind.

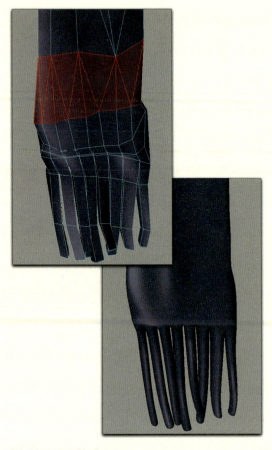

Abbildung 6.7: Die Fransen

Abbildung 6.8: Auffaltung an der Schlaufe

Wie auf den Referenzbildern zu erkennen, hat der Schal am unteren Ende lange Fransen. Diese können durch Extrudierung der Kopfpolygone erzeugt werden. Je nach Anzahl der Fransen muss dafür jedoch zuvor die Anzahl der Unterteilungen am Ende des Schals erhöht werden.

Der rot markierte Bereich in Abbildung 6.7 zeigt, wie Sie dazu vorgehen. Durch diese Dreieckstruktur können Sie einen Polygonstreifen in zwei neue Polygone übergehen lassen.

Sorgen Sie dafür, dass die Fransen nicht alle gleichmäßig nach unten hängen, sondern individuelle Unterschiede aufweisen.

Geben Sie dem herabhängenden Ende des Schals zudem im oberen Bereich einige zusätzliche Unterteilungen in der Breite, damit sich dort kleine Falten und Auffaltungen an der Schlaufe bilden können.

Der Schal wird in diesem Bereich schließlich seitlich stark eingeschnürt und in seiner Breite reduziert. Damit ist dieses Kleidungsstück bereits fertig und kann mit einem passenden Material belegt werden. Ich orientiere mich dabei an den Referenzbildern und vergebe ein dunkles Blau als Oberflächenfarbe. Dazu sollte das Glanzverhalten stark reduziert werden. Es handelt sich schließlich um eine sehr grobe Oberfläche.

Abbildung 6.9: Der fertige Schal mit zusätzlichen Fusseln

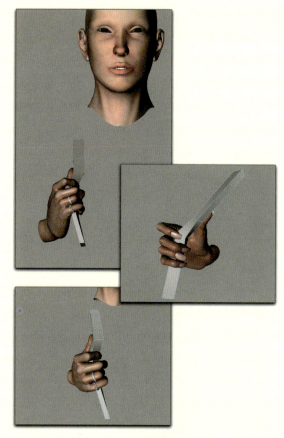

Abbildung 6.10: Der Saum der Jacke

Den letzten Schliff verleihen Sie diesem Objekt, wenn Sie die Oberfläche mithilfe einer Fell- oder Haarsimulation noch mit sehr kurzen und gekräuselten Haaren belegen.

Dies stellt die bei Wollschals üblichen Fussel und kleinen Knötchen auf der Oberfläche dar. Abbildung 6.9 zeigt das gerundete Ergebnis samt Fell im Rendering an.

6.1.2 Der Kragen der Jacke

Starten Sie mit einem neuen Objekt, um den Saum und später den Kragen der Jacke zu modellieren. Hierfür eignet sich besonders gut ein schlanker Würfel mit einigen Unterteilungen entlang seiner Senkrechten.

Platzieren Sie den Würfel in der rechten Hand der Figur, so wie es Abbildung 6.10 zeigt. Passen Sie Größe und Form des Würfels so an, dass sich das Objekt möglichst exakt an die Finger und vor allem an den ausgestreckten Daumen anschmiegt.

Abbildung 6.11: Der gerundete und verlängerte Würfel

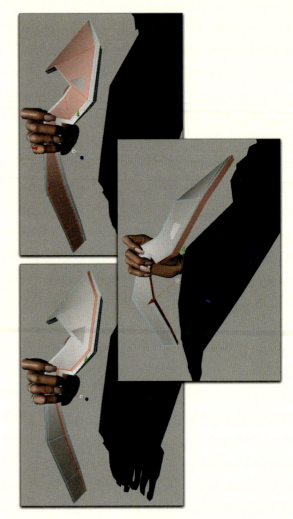

Abbildung 6.12: Übergang zum Material des Kragens

Verlängern Sie dann diesen Würfel durch Extrudierung der Stirnflächen nach oben und unten.

Weiten Sie die Form oben seitlich aus, damit ein Kragen entsteht. Unten führen Sie die Form einfach fort. Achten Sie dort jedoch darauf, das untere Ende wieder etwas näher an den Körper heranzuführen. Die Hände ziehen die Jacke schließlich nur im oberen Bereich nach vorne und vom Körper weg. Abbildung 6.11 zeigt das Resultat.

Um den Übergang vom Innenfutter zum Kragen besser erzeugen zu können, extrudieren Sie zuerst die vorne liegenden Polygone und verkleinern diese Flächen leicht. Dies unterstützt die spätere Glättung des Objekts.

Danach verbreitern Sie den seitlichen Polygonstreifen durch Extrudierung ein kleines Stück. Dadurch entsteht ein schmaler Polygonstreifen, der unten links in Abbildung 6.12 rot markiert zu sehen ist.

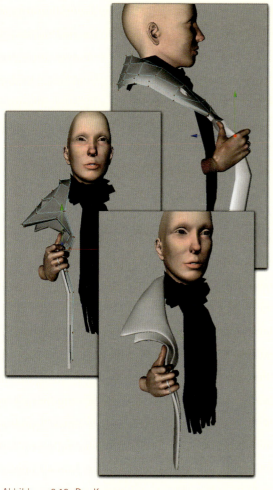

Abbildung 6.14: Durch Spiegelung entstandene zweite Hälfte des Kragens

Abbildung 6.13: Der Kragen

Kopieren Sie diese Flächen in ein neues, leeres Polygonobjekt hinein. Extrudieren Sie diese Flächen dann nach außen und im zweiten Schritt zur Seite. Dadurch entstehen Flächen, die parallel zu dem bisher modellierten Rand des Innenfutters verlaufen.

Verlängern und verbreitern Sie diese Form besonders im oberen Bereich, um dort den Kragen zu modellieren. Führen Sie diesen auch bis in den Nacken fort, so wie es Abbildung 6.13 zeigt.

Wie Sie dort erkennen können, bedarf es nur weniger Flächen für diese Form. Den Rest überlassen wir der Glättung der Flächen.

Sind Sie mit dem Ergebnis zufrieden, duplizieren Sie beide Objekte für den Kragen und das Innenfutter und spiegeln beide Kopien auf die andere Seite der Figur.

Passen Sie den Verlauf beider Objekte besonders in der linken Hand an, damit dort auch wieder eine glaubhafte Stoffführung entsteht.

Der obere Kragen kann leicht variiert werden. Ansonsten sind wir durch diese Spiegelung sehr schnell ein großes Stück vorangekommen.

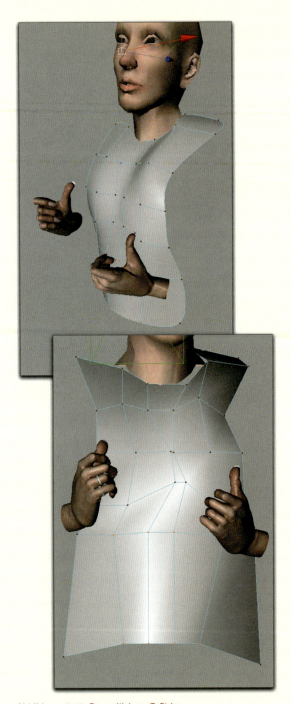

Abbildung 6.15: Das stilisierte T-Shirt

6.1.3 Das T-Shirt

Beim T-Shirt brauchen wir uns gar nicht lange mit einer komplexen Modellierung aufzuhalten. Letztlich wird hiervon nur ein kleiner Teil sichtbar bleiben. Seitlich verdeckt die Jacke einen Großteil der Form und in der Mitte ist ja auch noch der Schal.

Wir können uns also auf die wenigen sichtbaren Teile beschränken und eine einfache Ebene als Startobjekt für diese Modellierung benutzen.

Passen Sie diese Ebene grob dem vermuteten Verlauf des Oberkörpers an, so wie es Abbildung 6.15 zeigt.

Wichtig ist hierbei hauptsächlich, dass die Figur später aus Sicht der Kamera blickdicht bleibt, wir also nicht an irgendeiner Stelle auf die Rückseite der Jacke oder gar auf den Hintergrund der Szene gucken können.

Lassen Sie die Ebene auch nicht zu eben oder zu senkrecht stehen. Die Flächen sollten sich besonders an der Taille seitlich nach hinten bewegen und so die Oberfläche krümmen. Ansonsten kann später dort auftreffendes Licht zu unnatürlichen Schattierungen führen.

Durch den großen Prozentsatz an Abdeckung ist es wenig sinnvoll, einzelne Falten herauszuarbeiten oder z.B. den Bereich über der Brust detaillierter zu modellieren. Eine leichte Wölbung der Fläche nach außen reicht völlig aus.

Korrigieren Sie abschließend gegebenenfalls die Lage des Schals, damit dieser im oberen Bereich eng an dem T-Shirt anliegt.

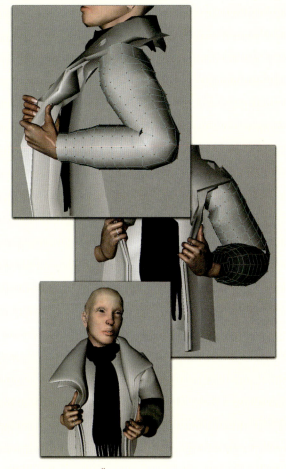

Abbildung 6.16: Die Ärmel

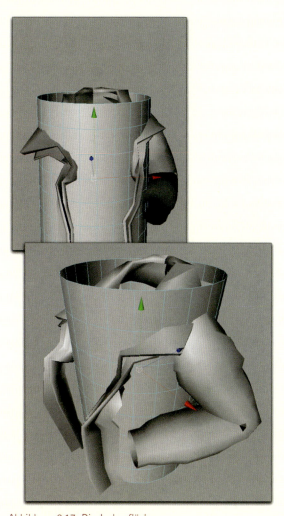

Abbildung 6.17: Die Jackenfläche

6.1.4 Die Ärmel der Jacke

Der Kragen verdeckt oben den Bereich, wo der Ärmel mit dem Rest der Jacke vernäht ist. Wir können also auch hier wieder gut mit einem separaten Objekt arbeiten. Verwenden Sie dazu einen Zylinder, der relativ hoch im Umfang und auch entlang der Länge unterteilt ist. Das Objekt lässt sich dann im nächsten Schritt besser biegen. Biegen Sie den Zylinder im Bereich des Ellenbogens, wie es Abbildung 6.16 zeigt. Verjüngen Sie den Zylinder im Bereich des Handgelenks etwas. Kopieren und spiegeln Sie diesen Ärmel schließlich auch auf die andere Körperhälfte.

6.1.5 Die restliche Jacke

Erzeugen Sie einen großen Zylinder, der den Körper der Figur ganz umgibt (siehe Abbildung 6.17).

Öffnen Sie den Zylinder an der Vorderseite durch Löschen einiger Polygonspalten. Passen Sie die dadurch entstehenden Ränder dem Verlauf des Innenfutters an, so dass eine geschlossene Fläche entsteht, die sich um die Seiten und den Rücken der Figur herum krümmt.

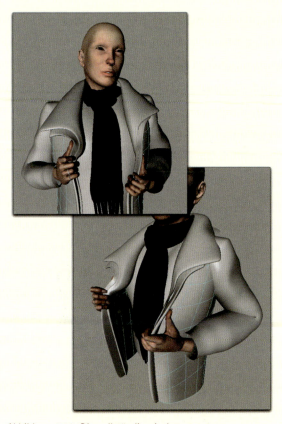

Abbildung 6.18: Die vollständige Jacke

Abbildung 6.18 zeigt diese Form aus zwei Perspektiven. Wie Sie dort in der unteren Einblendung erkennen können, dürfen die Handballen und inneren Ärmel ruhig etwas in die Jacke einsinken. Für uns entscheidend ist, dass die Szene aus Sicht der Kamera glaubhaft aussieht.

Eventuelle Schattenwürfe werden davon ebenfalls nicht negativ beeinflusst.

6.1.6 Details hinzufügen

Bislang wirkt der Stoff der Jacke noch etwas gummiartig, da sich an den gebeugten Armen keine Falten bilden. Natürlich lassen sich diese auch durch zusätzliche Schnitte in die Armzylinder hinzufügen, schneller und einfacher geht es jedoch durch Aufmalen z.B. in ZBrush. Die Abbildungen 6.19 und 6.20 zeigen die Resultate jeweils für den rechten und den linken Ärmel.

Dabei werden die Ärmel in ZBrush zusätzlich unterteilt und die Oberfläche wird mit diversen Malwerkzeugen verformt. Auf diese Weise realisieren Sie sehr schnell die wellenförmigen Auffaltungen besonders am Oberarm.

Am Ende dieser Arbeit lassen Sie sich die Verformung der Oberfläche als Displacement-Textur berechnen und können diese dann z.B. als JPEG- oder TIFF-Bild in Ihr 3D-Programm übernehmen.

Steht Ihnen diese Möglichkeit nicht zur Verfügung, benutzen Sie ein anderes Malprogramm und malen damit dort helle Bereiche auf die Ärmelobjekte, wo sich die Oberfläche nach außen wölben soll.

Laden Sie diese Textur dann in den Displacement-Kanal Ihres Materials, um die Oberfläche während des Renderings zu verformen.

Wie Sie den Abbildungen 6.19 und 6.20 entnehmen können, wurden die Bereiche um die Handgelenke und nahe den Schultern ausgespart, damit dort durch die Verformung der Oberfläche beim Displacement keine unerwünschten Durchdringungen mit umliegenden Objekten entstehen.

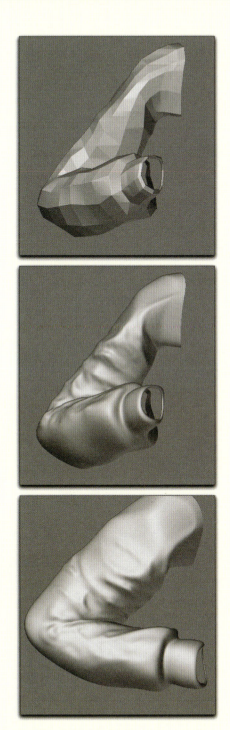

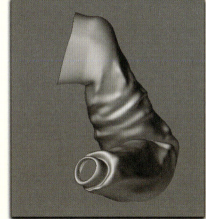

Abbildung 6.19: Falten aufmalen

Abbildung 6.20: Falten aufmalen

Abbildung 6.21: Der Ohrstecker

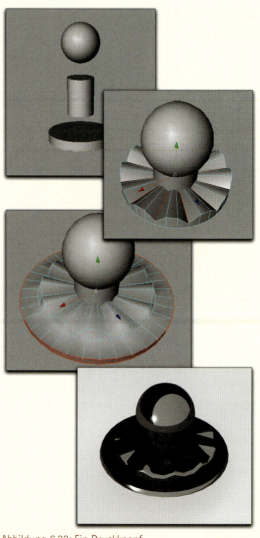

Der Ohrstecker

Das dem Betrachter zugedrehte Ohr soll noch einen kleinen Ohrstecker erhalten. Die Größe dieses Objekts macht eine aufwändige Modellierung überflüssig.

Wie Sie Abbildung 6.21 entnehmen können, benutze ich einen Zylinder als Grundkörper und extrudiere oben aus seiner Deckfläche vier gleich große Segmente. Diese bilden die Einfassung für den Diamanten, den ich aus einem geeigneten Grundkörper geformt habe.

Im Prinzip können Sie dort auch eine Kugel mit stark reduzierter Flächenzahl verwenden, damit eine ähnlich eckige Form entsteht.

Weisen Sie dem Zylinder ein Metall- und dem Edelstein ein Glasmaterial mit starker Refraktion und Reflexion zu.

Abbildung 6.22: Ein Druckknopf

Die Druckknöpfe

Um die Jacke vorne verschließen zu können, setzen wir Druckknöpfe ein. Auch diese werden aus einfachen Grundobjekten zusammengesetzt, wie Sie in Abbildung 6.22 sehen. Eine leichte Verschiebung von Kanten auf der Deckfläche des Basiszylinders erzeugt die typische Prägung.

Abbildung 6.23: Die Druckknöpfe auf der Jacke

Versehen Sie die Druckknöpfe mit einem spiegelnden Material und erzeugen Sie vier bis fünf Kopien davon. Platzieren Sie diese Objekte in regelmäßigen Abständen auf dem Rand der Jacke, so wie es Abbildung 6.23 zeigt.

Diesen Druckknöpfen gegenüber platzieren Sie eine entsprechende Anzahl von flachen Zylindern auf dem anderen Rand der Jacke. Diese stellen die Rückseiten der Aufnahmen für die Druckknöpfe dar.

Diese Objekte können in einem dunklen Material mit leichtem Glanzpunkt gehalten werden.

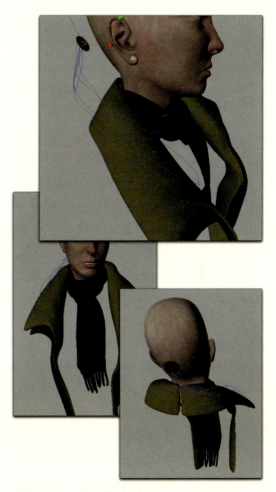

Abbildung 6.24: Der Pferdeschwanz

6.2 Die Haare

Abschließend kümmern wir uns um die Haare. Wir beginnen dabei mit dem schwierigsten Teil, dem Pferdeschwanz. Die Haare sollen nämlich nicht einfach hinter dem Kopf nach unten hängen, sondern über die Schulter nach vorne fallen.

Da Haare im Normalfall Polygone als Startbasis benötigen, erzeuge ich eine kleine Polygonscheibe und lasse darauf einige wenige Haar-Guides wachsen (siehe Abbildung 6.24).

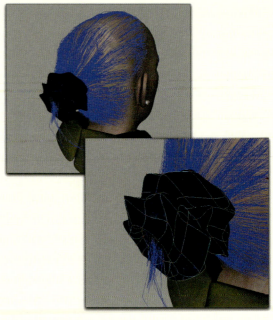

Abbildung 6.26: Ein Haargummi

Abbildung 6.25: Das Deckhaar

Diese Guides, die später den Verlauf der Haare steuern werden, führe ich in einem weichen Bogen erst zur Seite und dann über die rechte Schulter nach vorne, wo sie noch auf dem Kragen schließlich enden.

Beachten Sie, dass die Guides dabei der Jacke oder dem Hals nicht zu nahe kommen sollten. Die später erzeugten Haare werden auch noch in einiger Entfernung von den Guides entstehen und könnten ansonsten in die umliegenden Objekte eindringen.

Anschließend lassen Sie Guides auf dem Kopf und im Nacken wachsen, so wie es Abbildung 6.25 zeigt. Die Haare können dabei einfach nach hinten um den Kopf herum geführt werden. In der Regel gibt es dafür Kamm-Werkzeuge, die diesen Vorgang erleichtern.

Beachten Sie, wie die Guides im Nacken von unten nach oben verlaufen. Alle Haare treffen sich schließlich dort, wo z.B. ein Haargummi die Haare bündelt und der eigentliche Pferdeschwanz beginnt.

Sie können diesen Übergang zwischen den beiden Haargruppen z.B. mit einem leicht verformten Zylinder verdecken, wie er in Abbildung 6.26 zu sehen ist.

In unserem Beispiel ist diese Mehrarbeit jedoch nicht nötig, da die Rückseite des Kopfs und die Frisur dort komplett verdeckt bleiben.

Viel wichtiger ist für uns ein glaubwürdiger Haaransatz an den Schläfen und der Stirn. Ich habe diesen Bereich mit verschiedenen manuell gesetzten Haargruppen erzeugt. Dies hat den Vorteil, dass wir z.B. die Dicke, Kräuselung und die Farbe dieser Haare an der Stirn separat einstellen können.

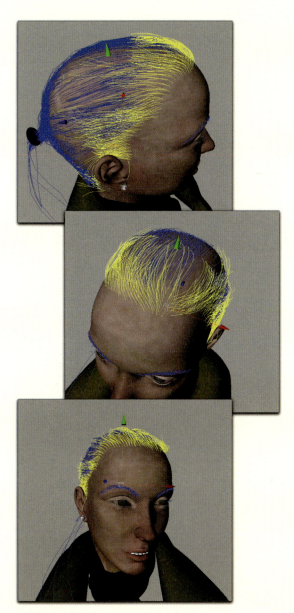

Abbildung 6.27: Der vordere Haaransatz

Diese Haare sind in Abbildung 6.27 gelb dargestellt.

Wie Sie dort erkennen können, haben diese Haare nur eine moderate Länge. Es ist nicht nötig, diese Haare wieder bis an den Hinterkopf zu führen. Konzentrieren Sie sich vielmehr darauf, den Haaransatz weniger gleichförmig zu gestalten.

So sehen Sie an der mittleren Einblendung z.B., wie dort ein Scheitel angedeutet wird. Die Haare laufen dadurch nicht alle gerade von der Wurzel aus nach hinten.

Im Bereich über den Ohren können Sie die Haare zudem leicht hinter dem Ohr nach unten führen. Teilweise sollten Sie einzelne Strähnen auch abtrennen und getrennt von den umliegenden Haaren formen.

Ich habe dies an einigen Haaren vor dem Ohr praktiziert, damit dort die Uniformität etwas aufgebrochen wird.

Ergänzen Sie auf diese Weise weitere Haargruppen, die sich schrittweise in Richtung Stirn vorverlagern. So entsteht ein vielschichtiger Haaransatz, der die oft durch die Haarsimulation etwas gleichmäßige Platzierung der Haare verschleiern kann.

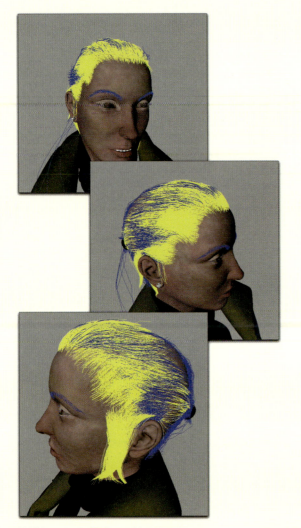

Abbildung 6.28: Die letzte Haarebene

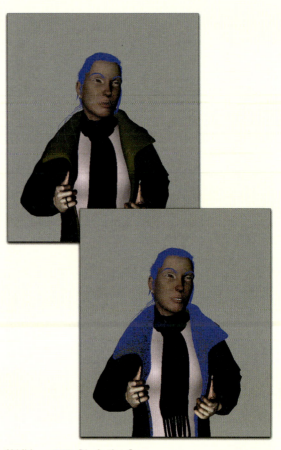

Abbildung 6.29: Die fertige Szene

Abbildung 6.28 zeigt Ihnen, wie meine letzte Haarebene aussieht. Sie erkennen dort vor allem auf der linken Gesichtshälfte eine breite Strähne, die ich vor dem Ohr nach unten führe.

Dies ist zwar nicht sonderlich realistisch, rahmt jedoch bei der Perspektive der Kamera später das Gesicht etwas auf dieser Seite ein und wirkt so natürlicher. Ansonsten würde das Gesicht für mein Verständnis zu streng wirken.

Um der Jacke noch ein etwas winterlicheres Aussehen zu verleihen, erzeuge ich zusätzliche Haare auf dem Kragen. Diese sind sehr kurz und ähneln daher einem dichten Fellbesatz.

Abbildung 6.29 zeigt die fertige Figur und unten die zusätzlichen Fellhaare auf der Jacke in blauer Färbung.

6.3   Die Berechnung

Sie können die Szene nun berechnen lassen. Dabei sollten Sie zumindest den Alpha-Kanal zusätzlich berechnen lassen, damit sich der Hintergrund leichter austauschen lässt.

Abbildung 6.30: Alpha-Maske

Wie so eine Alpha-Maske aussehen kann, sehen Sie in Abbildung 6.30. Dort sind alle Bereiche, die nicht zur Figur gehören, schwarz dargestellt.

Diese Information kann z.B. mit Photoshop als Selektion geladen werden, um die Figur aus dem berechneten Bild freizustellen und vor einem anderen Hintergrundbild zu platzieren.

Eine zweite sinnvolle Ergänzung ist die zusätzliche Berechnung einer Tiefen-Map. Diese besteht ebenfalls nur aus Graustufen, nutzt diese jedoch zur Darstellung der unterschiedlichen Abstände zwischen den berechneten Objekten und der Kamera.

Objekte, die weiter von der Kamera entfernt liegen, werden heller dargestellt als die Teile, die in unmittelbarer Nähe der Kamera platziert wurden.

Abbildung 6.31: Tiefen-Maske

Für diese Art der Berechnung ist es notwendig, vorher zumindest zwei Distanzen anzugeben, damit die Graustufen beim Rendering zwischen diesen Extremen aufgeteilt werden können.

Es muss dem 3D-Programm also mitgeteilt werden, ab welcher Distanz von der Kamera aus der Helligkeitsverlauf beginnen und auch wo er sein Maximum erreichen soll.

Ich wählte diese Entfernungen so, dass der Verlauf ungefähr auf Höhe der Augen beginnt und an den hinteren Ellenbogen sein Maximum erreicht. Auf diese Weise können wir das komplette Helligkeitsspektrum nutzen.

Der so entstandene Verlauf, der auch in der Abbildung 6.31 gezeigt wird, kann ebenfalls als Auswahl geladen und z.B. mit einem Weichzeichner kombiniert werden.

Auf diese Weise lässt sich Tiefenunschärfe simulieren. Nachfolgend finden Sie abschließend das Ergebnis dieses Arbeitsbeispiels.

Abbildung 6.32: Das finale Bild

Den weiblichen Körper modellieren

Im vorherigen Arbeitsbeispiel waren nur wenige Körperteile direkt sichtbar. Der Rest der Figur wurde von Kleidung verdeckt. In diesem Beispiel wollen wir daher den Schwerpunkt auf die Modellierung des Körpers selbst legen.

7.1   Wahl der Modellierungstechnik

Prinzipiell lassen sich dafür die gleichen Techniken anwenden, wie wir sie bereits für die Modellierung des Kopfs und der Hände genutzt haben. Alternativ dazu möchte ich Ihnen an diesem Beispiel jedoch die Arbeit mit dem so genannten Box-Modelling demonstrieren.

Dabei beginnt man die Modellierung mit einem einfachen Würfel, der dann durch Schnitte und Extrudierungen immer weiter der gewünschten Form angepasst wird. Ob man später eher mit dem Poly by Poly-Modelling, also dem stückweisen Aufbau eines Objekts, so wie wir es bei dem Kopf praktiziert haben, oder dem Box-Modelling arbeiten möchte ist oftmals reine Geschmackssache.

Das Box-Modelling arbeitet vom groben Modell ins Feine hinein während das Poly by Poly-Modelling direkt mit den Details beginnt und diese wie in einem Puzzle nach und nach zu einem Ganzen zusammenfügt. Für beide Techniken lassen sich Argumente finden. Man sollte daher beide Vorgehensweisen kennen und von Fall zu Fall entscheiden, welche schneller zum Ziel führen könnte. Natürlich sind auch Mischformen möglich.

In jedem Fall gleich bleibt die Vorarbeit, also u.a. die Suche nach geeigneten Bildvorlagen.

In diesem Beispiel greife ich auf Ganzkörperaufnahmen zurück, die mir freundlicherweise von der Internetseite *www.3d.sk* zur Verfügung gestellt wurden. Vielen Dank dafür an die Betreiber Richard Polak und Peter Levius.

Dort finden sich mittlerweile Tausende von hoch aufgelösten Referenzbildern von Männern und Frauen jeglichen Alters und jeglicher Statur. Sogar kurze Filme gibt es dort, um anhand der gezeigten Bewegungsstudien die Animation der Figuren zu perfektionieren.

Speziell für die Modellierung weiblicher Figuren bieten beide Betreiber noch eine eigene Webseite unter *www.female-anatomy-for-artist.com* an. Das Laden von Bildern ist auf beiden Seiten zwar nicht kostenfrei möglich, aber wenn Sie öfter mit der Modellierung von Menschen zu tun haben, ist es eine lohnende Investition.

Alternativ dazu gibt es auch frei verfügbare Ressourcen auf der Seite *www.fineart.sk*, die qualitativ zwar nicht so hochwertig sind, dafür aber z.B. sehr gut als Basis für eigene Skizzen dienen können.

Aus dem reichhaltigen Angebot bei *www.3d.sk* wählte ich das Modell Sonia aus. Anders als im vorangegangenen Beispiel möchte ich diesmal jedoch nicht eine möglichst exakte Kopie erstellen, sondern die Bilder eher als Hilfe für die Einhaltung der richtigen Proportionen nutzen.

Wir werden uns daher bei der Modellierung nicht sehr oft mit den Bildern beschäftigen, sondern diese nur von Zeit zu Zeit zur Überprüfung der Form heranziehen. Sie können also prinzipiell mit beliebigen Bildern arbeiten, die Sie selbst erstellt oder aus dem Netz geladen haben. Die dargestellten Techniken lassen sich auf die verschiedensten Körperformen übertragen.

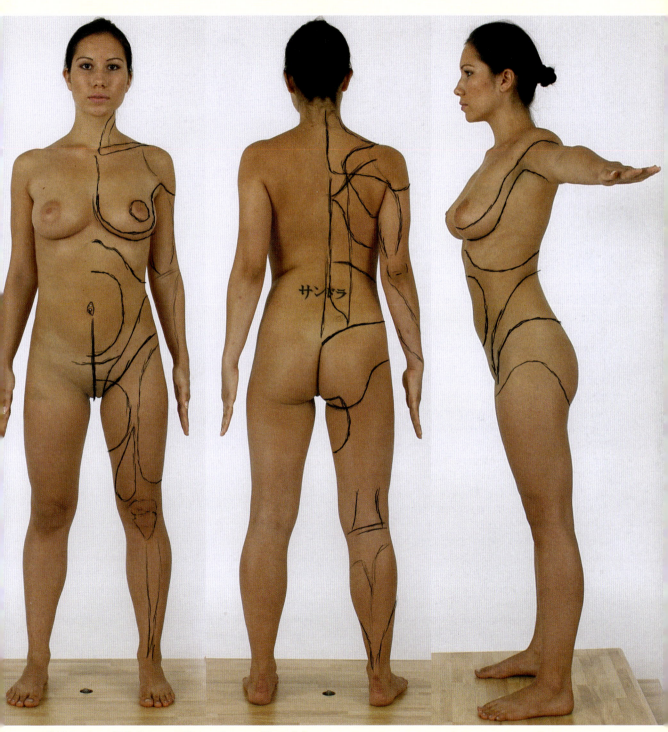

Abbildung 7.1: Bildreferenzen mit angedeuteten Konturlinien

7.2   Aufbereitung der Bildreferenzen

Wie Sie in Abbildung 7.1 sehen, habe ich drei Ganz-körperansichten in ein Bild montiert und dabei auf vergleichbare Größen geachtet.

Generell lassen sich Bilder nicht 1:1 in ein 3D-Modell übertragen, da diese immer perspektivische Verzer-rungen enthalten. Dies trifft auch auf Studioauf-nahmen wie die hier verwendeten zu, da nicht mit beliebig großer Brennweite gearbeitet werden kann.

So erkennt man z.B. an den Füßen, dass diese in der frontalen Ansicht verzerrt erscheinen. Im Idealfall würde man nur die Spitzen der Zehen erkennen und kaum etwas von den Zehnägeln sehen. An solchen Stellen müssen wir uns dann von den Bildvorlagen lösen und eventuell zusätzliches Referenzmaterial mit Detailaufnahmen dieser Körperteile einsetzen.

Wie Sie der Abbildung ebenfalls entnehmen können, habe ich dort bereits grob einige Edge-Loops einge-zeichnet, also Linien- oder Kantenzüge, die Falten, Muskeln oder anderen markanten Strukturen folgen.

Dies kann uns bei der Modellierung helfen, diese für die Gesamtform wichtigen Formen entsprechend zu berücksichtigen. Wir konnten ja bereits bei der Modellierung des Kopfs feststellen, wie wichtig und hilfreich die richtige Lage der Polygone sein kann, um den natürlichen Verlauf von Falten oder Muskeln abzubilden.

In diesem Beispiel werden wir jedoch nicht so sehr ins Detail gehen, sondern eher versuchen, mit möglichst wenig Aufwand und wenigen Polygonen zu arbeiten. Dies erleichtert Ihnen dann später eventuell die Ani-mation oder auch die nachgelagerte Verfeinerung z.B. in ZBrush.

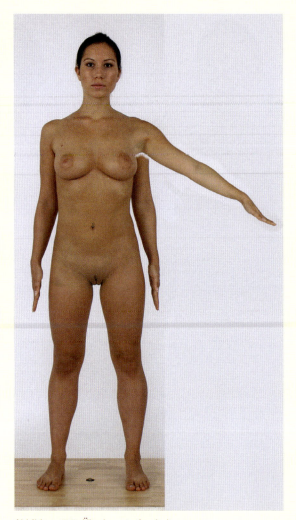

Abbildung 7.2: Überlagerte Armhaltung

Da Figuren größtenteils in der neutralen T-Stellung, also mit seitlich ausgestreckten Armen, modelliert werden, um die spätere Arbeit mit Bone-Deforma-toren und Texturen zu erleichtern, überlagere ich die frontale Bildreferenz noch mit einem seitlich abste-henden Arm, wie es Abbildung 7.2 zeigt.

Da wir die Symmetriefunktion nutzen werden, reicht uns eine Körperhälfte als Referenz aus.

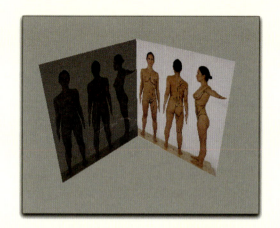

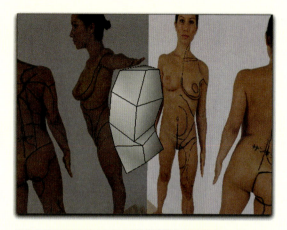

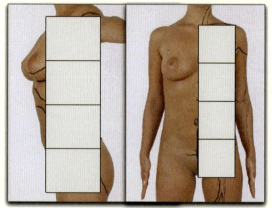

Abbildung 7.3: Ein Würfel als Ausgangsobjekt

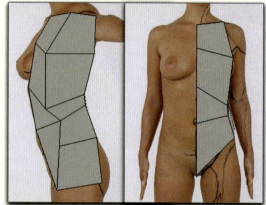

Abbildung 7.4: Formen des Quaders

7.3 Box-Modelling

Laden Sie die Bildreferenzen entweder auf zwei senkrecht zueinander stehende Ebenen oder blenden Sie die Bilder in den Hintergrund Ihres 3D-Programms ein.

Eine Bildreferenz sollte in der frontalen, eine in der seitlichen Editor-Ansicht zu sehen sein, so wie es Abbildung 7.3 zeigt.

Erzeugen Sie dann einen schlanken Quader, der in der Höhe den Torso der Figur abdeckt. Dieser Würfel sollte vier Unterteilungen entlang seiner Höhe aufweisen und in der frontalen Ansicht die rechte Körperhälfte abdecken.

Verschieben Sie dann die Punkte dieses Quaders so, dass er grob die Konturen des Torsos annimmt.

Besonders interessant ist dabei der Beinansatz, da sich dort neben dem Schultergelenk ein wichtiger Bereich für die Verformung befindet. Das Bein ist dort über das Hüftgelenk gelagert, das nicht gerade nach unten aus dem Becken ragt, sondern seitlich an der Hüfte liegt.

Daher ergibt sich beim Anwinkeln des Beins auch keine gerade Linie vom Schritt nach außen, sondern die Falte läuft vom Schritt schräg nach oben in Richtung Hüftgelenk.

Damit ist die Form des Torsos bereits grob wieder-gegeben und wir können uns um die Extremitäten kümmern, deren Ansätze direkt aus dem Modell her-ausextrudiert werden können.

7.3.1   Der Hals und der Kopf

Selektieren Sie die drei Flächen am Beinansatz, an der Schulter und am Ansatz für den Hals und extrudieren Sie diese so, wie es Abbildung 7.5 zeigt.

Verschieben Sie die neuen Punkte am Beinansatz so, dass dort ein Keil entsteht. Der Teil nahe der Mittel-linie der Figur definiert dabei den Abstand zwischen den Oberschenkeln.

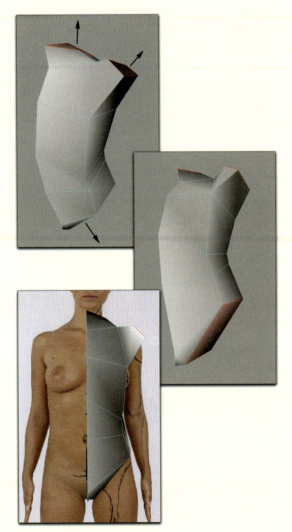

Abbildung 7.5: Die Ansätze für den Hals, den Arm und das Bein herausarbeiten

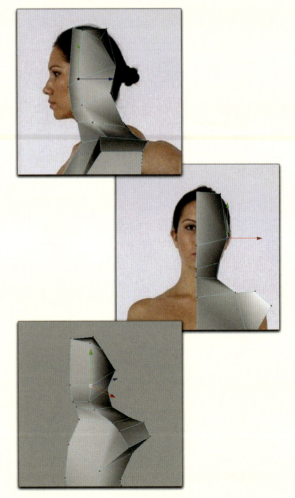

Abbildung 7.6: Hals und Kopf modellieren

Beschäftigen wir uns vorerst mit dem Hals und dem Kopf. Ergänzen Sie dazu drei weitere Extrudierungen des obersten Polygons und orientieren Sie sich bei der nachfolgenden Korrektur der Form an der frontalen und der seitlichen Bildansicht.

Wie Sie Abbildung 7.6 entnehmen können, decken diese neuen Flächen zwar den gesamten Hals, dafür aber nur die hintere Kopfhälfte ab. Dies erleichtert uns die Modellierung des Gesichts und hier besonders der vorspringenden Form des Unterkiefers und des Übergangs zum vorderen Hals.

Beachten Sie auch, dass der Kopf nicht senkrecht über dem Schultergürtel liegt, sondern der Hals leicht nach vorne geneigt ist. Die seitliche Ansicht in Abbildung 7.7 macht dies deutlich.

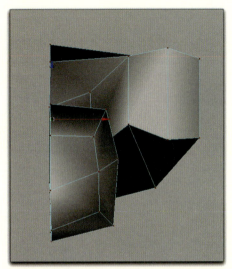

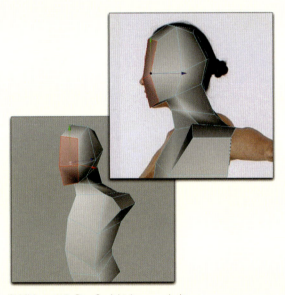

Abbildung 7.7: Das Gesicht herausarbeiten

Selektieren Sie anschließend die beiden vorderen Flächen im Bereich des Kopfs und extrudieren Sie diese nach vorne, so wie es in Abbildung 7.7 zu sehen ist.

Diese neuen Flächen sollten das komplette Gesicht bedecken und unter dem Kinn enden.

Überprüfen Sie die Form des Schädels auch in der Ansicht von oben, so wie es Abbildung 7.8 zeigt. In der jetzigen Phase sollte der Kopf einer länglichen Kugel ähneln.

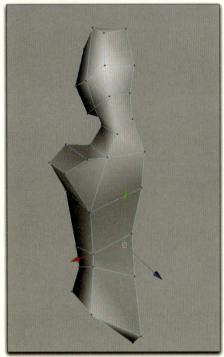

Abbildung 7.8: Ansichten des Modells

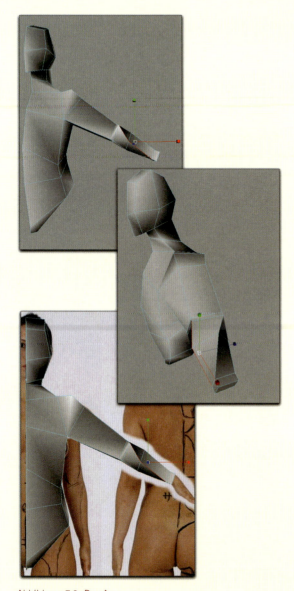

Abbildung 7.9: Der Arm

7.3.2 Der Arm bis zum Handgelenk

Wir fahren fort mit dem Arm, der ebenfalls in mehreren Schritten aus der seitlichen Schulterfläche extrudiert wird.

Überwinden Sie dabei die Distanz bis zum Ellbogen in einem einzigen Schritt. Fügen Sie eine kurze Extrudierung hinzu, um den Bereich der Armbeuge zu definieren.

Ergänzen Sie dann zwei weitere Extrudierungen, die die Strecke bis zum Ansatz des Handgelenks überwinden.

Wenn Sie sich Abbildung 7.9 genauer ansehen, werden Sie feststellen, dass die beiden letzten Querschnitte am Unterarm jeweils um die Längsachse des Arms verdreht wurden. Insgesamt beträgt diese Rotation 90°, die gleichmäßig auf die zwei Querschnitte aufgeteilt werden.

Dies ist deshalb sinnvoll, da die Hände – wie anhand der Bildvorlagen zu erkennen – mit den Handflächen nach unten modelliert werden. Diese Handstellung ist nur dann anatomisch richtig zu modellieren, wenn die Unterarme um 90° gedreht dargestellt werden.

Sie können dies einfach am eigenen Körper überprüfen. Die neutrale Handstellung bei einem seitlich ausgestreckten Arm sieht so aus, dass die Handfläche nach vorne, also in Blickrichtung zeigt. Je nach Gelenkigkeit kann die Hand aus dieser neutralen Stellung heraus durch Drehung des Unterarms um jeweils ca. 90° nach unten oder oben rotiert werden.

Greift man diese Rotation bereits bei der Modellierung mit auf, fällt es später leichter, den Arm anatomisch richtig zu animieren und dabei eine realistische Verdrehung der Oberfläche zu erzeugen.

Am Ende des Unterarms fügen Sie dann noch eine kurze Extrudierung als Abschluss an.

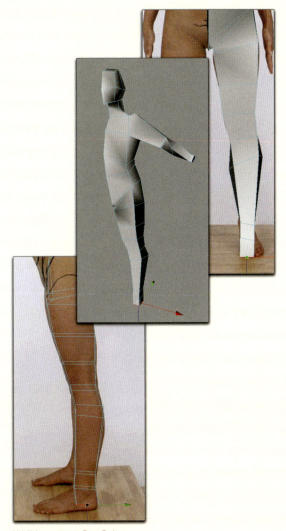

Abbildung 7.10: Das Bein

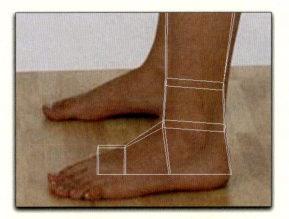

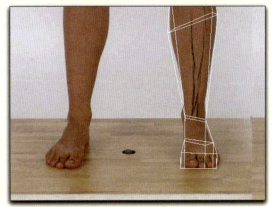

Abbildung 7.11: Der Fuß

7.3.3 Das Bein samt Fuß

Beim Bein folgen wir dem gleichen Schema und extrudieren die Fläche am Beinansatz mehrfach über die Länge des Beins hinweg bis hinunter zur Ferse. Versuchen Sie dabei bereits, die wichtigsten Merkmale der Beinform mit aufzugreifen. Zwingend nötig sind Unterteilungen am Knie und am Fußgelenk.

Zusätzliche Unterteilungen definieren die verschiedenen Querschnitte an den Waden und am Oberschenkel.

Ergänzen Sie zwei Extrudierungen an der Frontfläche des untersten Elements, um den Fuß zu definieren.

Lassen Sie dabei die Zehen selbst unberücksichtigt und bedecken Sie nur den Bereich bis zum Ansatz der Zehen. Abbildung 7.11 zeigt das Resultat aus zwei Perspektiven.

Beachten Sie die bereits eingangs angesprochene Abweichung von der Bildvorlage, die durch deren perspektivische Verzerrung verursacht wird. Der Fuß soll schließlich parallel zum Boden modelliert werden.

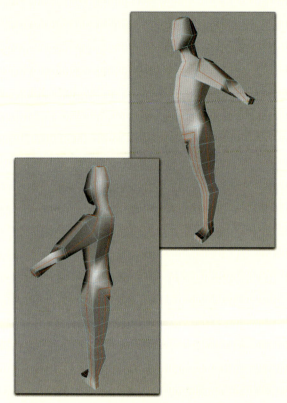

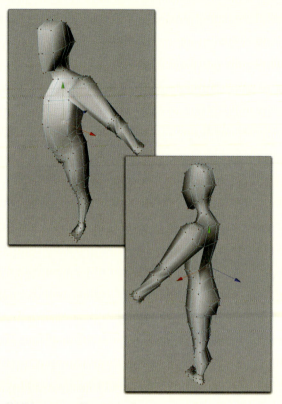

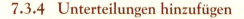
Abbildung 7.12: Umlaufende Schnitte hinzufügen

Abbildung 7.13: Glätten der Form

7.3.4 Unterteilungen hinzufügen

Damit steht bis auf die Hände bereits die Grundform des Körpers. Um weitere Details hinzuzufügen, benötigen Sie zusätzliche Unterteilungen.

Diese sollten möglichst als durchgehender Loop angelegt werden, da unser Modell derzeit noch gleichmäßig grob unterteilt ist und generell von mehr Flächen und Punkten profitieren wird.

Bei allen nachfolgenden Schritten, bei denen Schnitte und Unterteilungen hinzugefügt werden, ist darauf zu achten, alle neuen Punkte für die Abrundung der Figur zu nutzen. Ansonsten bleiben unnatürlich eckige Bereiche, die sich auch durch die Glättung nicht beseitigen lassen.

Fügen Sie also in einem ersten Schritt umlaufende Unterteilungen hinzu, so wie es Abbildung 7.12 zeigt. Dabei wurde eine Unterteilung parallel zur Symmetrieachse der Figur über Kopf, Bauch, durch den Schritt und hinten den Rücken wieder nach oben angelegt. Ein weiterer Schnitt folgt einem geschlossenen Loop über die Schulter bis zum Handgelenk und an der Rückseite des Arms wieder zurück.

Der dritte Loop teilt die seitliche Ansicht der Figur und führt daher seitlich am Bein nach oben bis zur Achsel. Dort folgt der Schnitt dem Arm bis zum Handgelenk und von dort aus an der Oberseite des Arms wieder zurück zur Schulter und den Kopf hinauf. Zwei weitere Schnitte starten am Unterbauch, laufen das Bein hinab, über den Fuß und dann hinten am Bein wieder hinauf, wo sie am Gesäß erneut auf die Symmetrieachse stoßen.

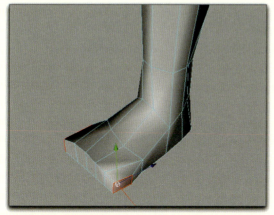

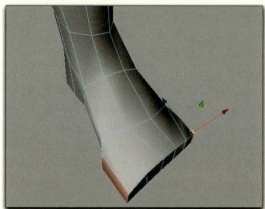

Abbildung 7.14: Vorbereitungen für die Modellierung der Zehen

7.3.5 Die Zehen hinzufügen

Durch die neu hinzugekommenen Unterteilungen hat der Fuß nun vorne drei Stirnflächen. Diese können durch seitliche Extrudierungen zu fünf Flächen aufgestockt werden.

Dabei gehen Sie wie in Abbildung 7.14 vor. Beachten Sie dort auch die Wölbung des Fußes an der Oberseite und die damit verbundene Variation der Größenverhältnisse an den Stirnflächen.

Aus den fünf neuen Stirnflächen entwickeln wir im nächsten Schritt die Zehen. Dabei sollten Sie den großen Zeh separat behandeln, da dieser aufgrund seiner Größe eine von den übrigen Zehen stark abweichende Form hat.

Selektieren Sie dafür die in der frontalen Ansicht ganz links liegende Stirnfläche am Fuß und extrudieren Sie diese Fläche in drei Schritten nach vorne.

Nutzen Sie gleich die erste Extrudierung dafür, das erste Gelenk der Zehe zu markieren, und ziehen Sie diese Unterteilung etwas nach oben.

Die nachfolgenden Extrudierungen führen diese Richtungsänderung dann zurück und bringen die Spitze der Zehe schließlich wieder auf das Niveau des Fußes.

Orientieren Sie sich für die Bestimmung der Länge der Zehe an der seitlichen Bildansicht der Figur. Abbildung 7.15 gibt diesen Arbeitsschritt nochmals aus verschiedenen Ansichten wieder.

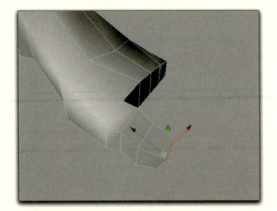

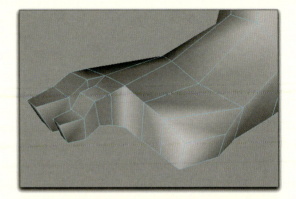

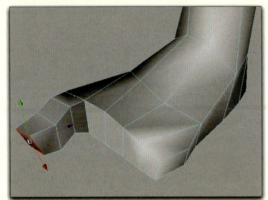

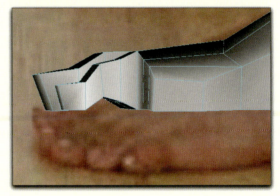

Abbildung 7.16: Die nachfolgende Zehe

Nach dem gleichen Prinzip ergänzen Sie die dem großen Zeh nachfolgende Zehe.

Wie Sie Abbildung 7.16 entnehmen können, weist diese Zehe eine Unterteilung mehr auf. Dies spiegelt die größere Beweglichkeit dieser Zehe wider.

Beachten Sie auch die Unterschiede in der Höhe im Vergleich zur großen Zehe und die etwas geringere Länge.

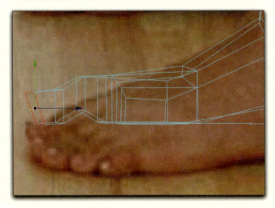

Abbildung 7.15: Die extrudierte große Zehe

Für die übrigen Zehen können Sie sich Arbeitszeit sparen, indem Sie diese zweite Zehe einfach noch dreimal kopieren und diese Kopien dann mit dem Fuß verbinden. Dabei ist nur zu beachten, dass die Zehen fortlaufend kleiner und kürzer werden und daher die Kopien auch entsprechend skaliert werden müssen.

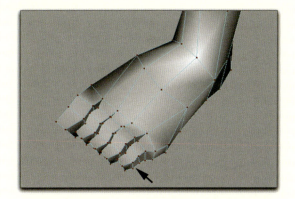

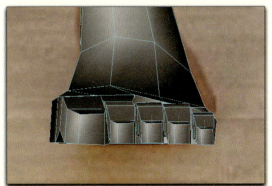

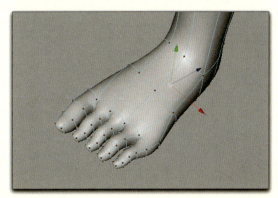

Abbildung 7.18: Verbinden der Zehen mit dem Fuß

Die Abbildungen 7.17 und 7.18 zeigen Ihnen diesen Arbeitsschritt.

Wie in Abbildung 7.18 durch den Pfeil angedeutet, sollten Sie die Zehen nicht einfach gerade mit dem Fuß verbinden, sondern leicht anschrägen. In der Regel weisen die Zehenspitzen leicht in Richtung der großen Zehe.

Abbildung 7.17: Kopien der Zehe ergänzen

Damit ist der Fuß erst einmal komplett, wenn wir auch zu einem späteren Zeitpunkt noch einige Korrekturen daran vornehmen werden.

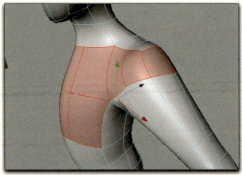

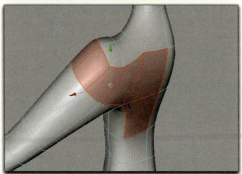

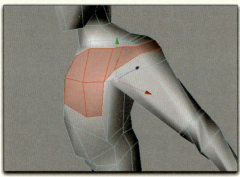

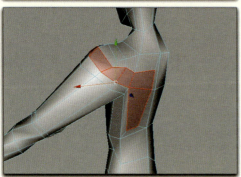

Abbildung 7.19: Extrudierungen

7.3.6 Die Brust und der Schultergürtel

Kommen wir nun zum Brustkorb und der weiblichen Brust. Dieser Bereich unterscheidet sich nun erstmals grundlegend von dem bei der Modellierung einer männlichen Figur.

Grundsätzlich sollte bei der Brust darauf geachtet werden, dass der natürliche Verlauf des Brustmuskels mit einfließt. Dieser beginnt nahe der Schulter am Bizeps und zieht sich fächerförmig bis zum Brustbein.

In der Regel ist der Großteil dieses Muskels bei Frauen zwar von Fett und Drüsengewebe bedeckt, der Ansatz des Brustmuskels an der Schulter ist aber immer erkennbar.

Unbedingt nötig sind daher zusätzliche Unterteilungen in diesem Bereich. Die dafür zu extrudierenden Flächen sind in den beiden oberen Einblendungen von Abbildung 7.19 zu erkennen.

Wie Sie dort sehen, extrudieren wir zugleich Flächen auf den Schulterblättern, da wir dort ebenfalls mehr Definition benötigen.

Die beiden unteren Bilder in der Abbildung zeigen das Resultat. Dort wurden die neuen Punkte bereits leicht verschoben, um vorne die Umrisse der Brust und hinten die des Schulterblatts zu begrenzen.

Denken Sie wie immer nach dem Hinzufügen neuer Unterteilungen auch daran, die umliegenden Flächen gegebenenfalls neu zu arrangieren, damit möglichst viel neue Information aus den Flächen gewonnen werden kann. Dies betrifft hier z.B. den Bereich der seitlichen Schulter, die durch die neuen Flächen nun ebenfalls stärker unterteilt wurde.

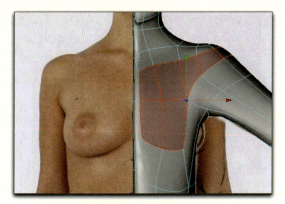

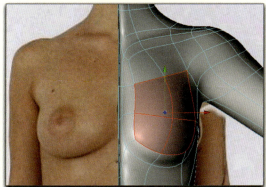

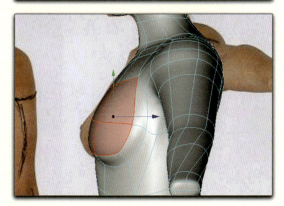

Abbildung 7.20: Die Brust extrudieren

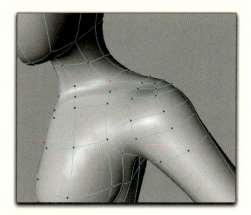

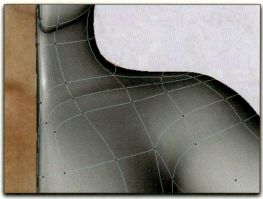

Abbildung 7.21: Das Schlüsselbein

Nutzen Sie die Flächen zwischen Hals und Brust dafür, das Schlüsselbein zu begrenzen. Dazu reicht ein Kantenzug über, einer unterhalb und einer direkt auf dem Schlüsselbein aus.

Beachten Sie in Abbildung 7.21, wie sich der Knochen nicht einfach gerade zur Schulter zieht, sondern sich in einem geschwungenen Bogen vom vorderen Brustbein bis zur oberen Schulter bewegt.

Je nach Aussehen der Figur, die z.B. eher schmächtig und schlank oder voluminös und üppig sein kann, ist dieser Knochen mehr oder weniger sichtbar. Deuten Sie dessen Verlauf im Zweifel nur an und übertreiben Sie die Wölbung nach außen nicht zu sehr.

Letztlich ist dies nur ein Detail der Figur, das sich harmonisch einpassen sollte.

Nutzen Sie dann die in Abbildung 7.20 rot markierten Flächen zu einer erneuten Extrudierung.

Die unteren vier Flächen der sich daraus ergebenden Flächen können nach vorne gezogen werden, um die eigentliche Brust zu formen.

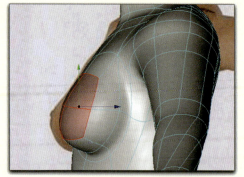

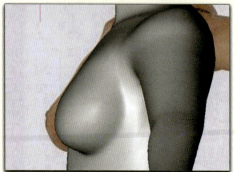

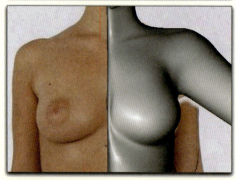

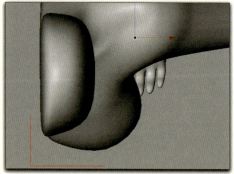

Abbildung 7.22: Die Form der Brust

Beachten Sie bezüglich der Größe der Brust, dass sie diese nicht einfach durch Ziehen der entsprechenden Flächen nach vorne formen sollten. Je größer die Brust ist, desto weiter verlagert sie sich auch nach außen und unten.

Sie erkennen dies besonders gut an der Ansicht von oben in Abbildung 7.22.

Eine Ausnahme von dieser Regel besteht bei Brüsten mit Implantaten, da man dort trotz der Vergrößerung des Brustvolumens das Hängen künstlich verhindert. Letztlich helfen in beiden Fällen Referenzbilder bei der Modellierung.

In jedem Fall sollten die Brüste so ausgerichtet werden, dass die Brustwarzen nicht frontal nach vorne weisen, sondern mit der Wirbelsäule einen Winkel zwischen 60° und 90° bilden. Dieser Winkel ist abhängig von der Brustgröße.

Im nächsten Abschnitt kümmern wir uns um den unteren Torso, also um den unteren Bauch, den Po und den unteren Rücken.

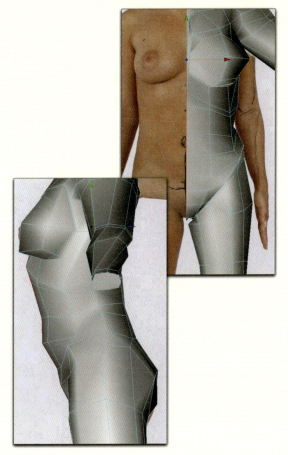

Abbildung 7.23: Die ungeglättete Ansicht des Modells

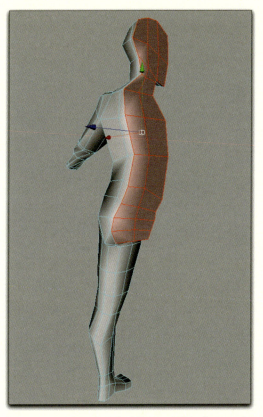

Abbildung 7.24: Löschen der Flächen auf der Symmetrieebene

7.3.7 Den Unterkörper definieren

Die Figur nimmt nun langsam weibliche Züge an. Lassen Sie uns also weitere Details hinzufügen.

Hier fällt vor allem noch der Bauch auf, der bislang wenig definiert wirkt. Beginnen Sie daher damit, den unteren Rippenbogen durch eine zusätzliche Unterteilung vom Oberbauch abzugrenzen.

Nutzen Sie die vorhandenen Kantenzüge am Bauch dazu, die für eine Frau charakteristischen Verteilungen der Fettpolster anzudeuten.

Diese befinden sich direkt unterhalb des Bauchnabels und dann über dem Schritt. Sie erkennen diese Auswölbungen besonders gut in der seitlichen Ansicht der ungeglätteten Figur in Abbildung 7.23.

Nun ist auch ein guter Zeitpunkt, um die noch aus der frühen Phase der Modellierung übrig gebliebenen Flächen an der Symmetrieebene der Figur zu selektieren und zu löschen. Diese Flächen sind in Abbildung 7.24 rot markiert hervorgehoben.

Sie können das Modell dann über eine Symmetriefunktion Ihrer Software automatisch vervollständigen lassen. Dies erleichtert uns vor allem die Arbeit an der Gesäßfalte, da wir nun die Rundung des Gesäßes besser kontrollieren können.

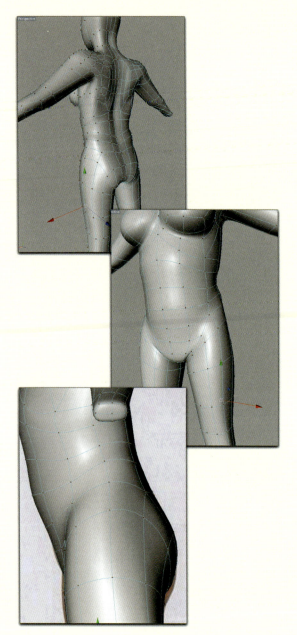

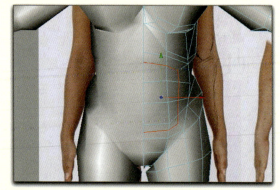

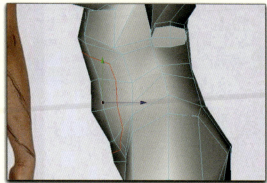

Abbildung 7.26: Hinzufügen neuer Kanten

Der Bauch

Um dem Bauch mehr Form zu geben, muss er vor allem seitlich begrenzt werden. Erzeugen Sie dazu ausgehend von der Symmetrieebene einen halbkreisförmigen Schnitt, so wie es Abbildung 7.26 zeigt.

Ziehen Sie die an der Seite des Bauchs neu entstandenen Punkte etwas zurück, um die Taille und die seitlichen Bauchmuskeln zu betonen.

Die neuen Kanten oben und unten können Sie nutzen, um den Brustkorb und das untere Fettdepot am Bauch stärker abzutrennen und herauszuarbeiten.

Abbildung 7.25: Das vervollständigte und geglättete Modell

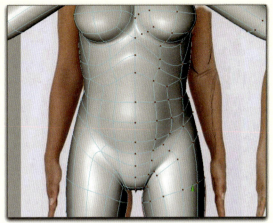

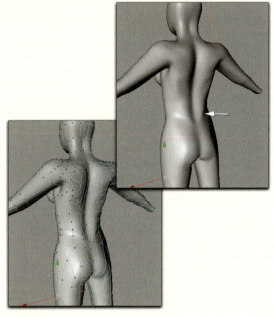

Abbildung 7.28: Der untere Rücken

Glätten Sie den Verlauf aller Punkte und Flächen, so wie es Abbildung 7.27 am durch interaktive Unterteilung geglätteten Modell zeigt.

Deutlich sollten die seitliche Begrenzung des Bauchs und seine Abgrenzung nach oben und unten herausgearbeitet werden.

Nutzen Sie auch die bereits vorhandenen Flächen an der Rückseite der Figur, um dort z.B. den Ansatz des großen Rückmuskels zu formen, der direkt über dem Steiß ansetzt und sich dann trapezförmig zu den Schulterblättern und dem Nacken ausbreitet.

Ein Pfeil deutet diesen unteren Ansatz in Abbildung 7.28 an.

Natürlich kommt es immer auf die Muskulosität der zu modellierenden Figur an, wie deutlich derartige Details herausgearbeitet werden müssen. Gegebenenfalls müssen solche Formen dann durch zusätzliche Unterteilungen noch stärker herausgearbeitet werden.

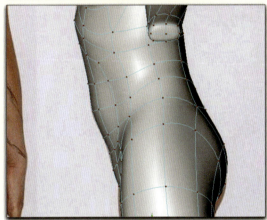

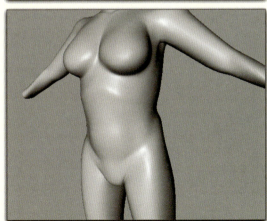

Abbildung 7.27: Die Ausformung der Bauchdecke

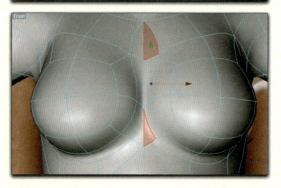

Abbildung 7.29: Flächen optimieren und zusammenfassen

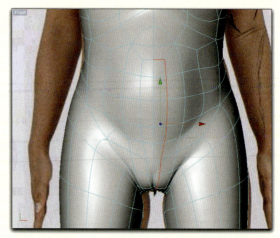

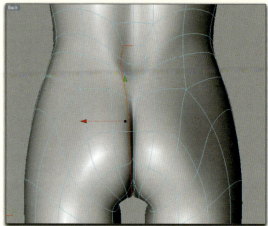

Abbildung 7.30: Anlegen der Gesäßfalte

Bevor wir nun mit dem Ausformen des Unterkörpers fortfahren, möchte ich noch kurz einige Flächen optimieren und zusammenfassen, die an der Symmetrieachse liegen. Dies betrifft vor allem den Bereich zwischen den Brüsten. Wie Sie Abbildung 7.29 entnehmen können, habe ich dort einige Flächen ganz gelöscht und andere über Dreiecke neu verknüpft. Bei der späteren Auflösung der Symmetrie werden diese Dreiecke wieder zu Vierecken und gefährden somit nicht die Qualität der Oberflächenglättung.

Die Gesäßfalte

Es kommt natürlich darauf an, wie nackt Sie diese Figur später überhaupt präsentieren möchten. Je nach der später hinzugefügten Pose oder Kleidung werden Details wie die Schamlippen oder die Gesäßfalte sowieso oftmals nicht sichtbar sein.

Der Vollständigkeit halber modellieren wir beide Details hier mit ein. Wie Sie Abbildung 7.30 entnehmen können, führe ich dazu einen Schnitt beginnend am Bauch, über den Schritt, das Gesäß hinauf bis zum Ansatz des Steißbeins. Die Absenkung der benachbarten Kante auf der Symmetrieebene erzeugt dann die sichtbare Falte.

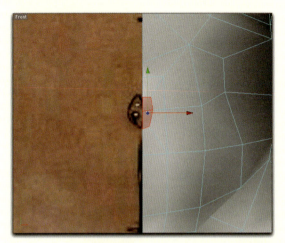

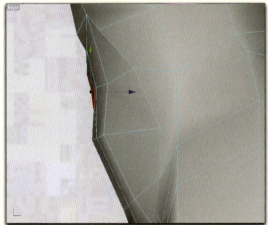

Abbildung 7.31: Der Bauchnabel

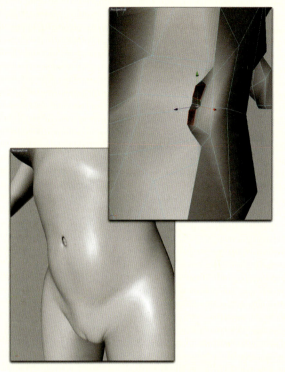

Abbildung 7.32: Der ausmodellierte Bauchnabel

Der Bauchnabel

Die neu hinzugefügten Unterteilungen kommen uns nun auch bei der Modellierung des Bauchnabels zugute – ein Grund dafür, weshalb ich den Schnitt so weit den Bauch hinaufgeführt habe. Extrudieren Sie dort auf Höhe des Bauchnabels zwei Flächen und verkleinern Sie diese anschließend. Diese Flächen sind in Abbildung 7.31 rot markiert dargestellt.

Es gibt natürlich zahlreiche unterschiedliche Bauchnabelformen, aber im Prinzip lassen sich alle durch einige wenige Polygone darstellen.

In unserem Fall extrudieren wir die beiden markierten Flächen ein weiteres Mal, nun jedoch jede für sich, so dass eine Zweiteilung stattfindet. Abbildung 7.32 zeigt das Resultat in der Ansicht von der Symmetrieebene her.

Im unteren Teil der Abbildung ist dann wieder das komplette Modell samt Oberflächenglättung zu sehen.

Tiefe und Form des Bauchnabels kann nun sehr einfach über die Verschiebung der Flächen dort beeinflusst werden.

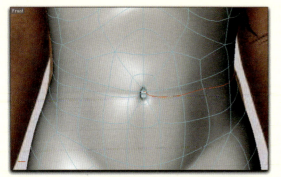

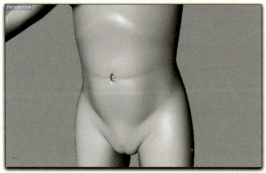

Abbildung 7.33: Hinzufügen einer Bauchfalte

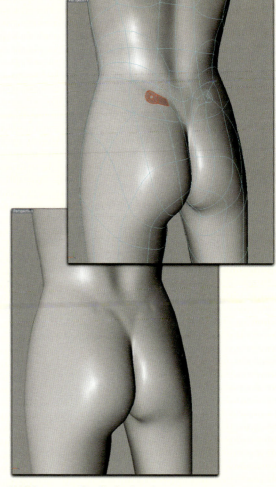

Abbildung 7.34: Der Beckenknochen

Je nachdem, wie der Bauch von Falten überzogen ist oder durch die tiefer liegenden Bauchmuskeln geformt wird, können Sie derartige Details leicht durch zusätzliche Schnitte hinzufügen, so wie es Abbildung 7.33 zeigt.

Das Steißbein

Oberhalb des Gesäßes können Sie durch Extrudierung und Verkleinerung von Flächen die charakteristischen Strukturen herausarbeiten, die sich oft vom Steißbein und dem Beckenknochen durch die Haut abbilden (siehe Abbildung 7.34).

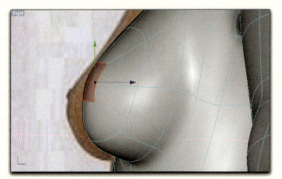

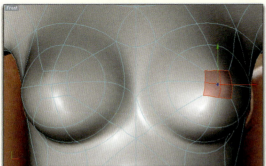

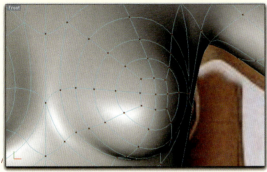

Abbildung 7.36: Die Brustwarze

Die Brustwarze

Im Prinzip wird die Modellierung der Brustwarze nur für die Darstellung der nackten Figur benötigt.

Sie können diese Erhebung bei Bedarf direkt aus den Frontflächen der Brust extrudieren, sollten vorher jedoch ausreichend viele ringförmige Unterteilungen an der Brust hinzufügen, damit die Form der übrigen Brust erhalten bleibt.

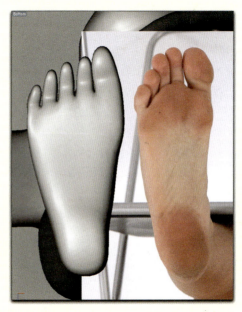

Abbildung 7.37: Referenz für den Fuß

Korrektur der Fußform

Wie bereits an mehreren Stellen betont, kann die Benutzung von Referenzen nicht oft genug empfohlen werden. Bei der Modellierung des Fußes unterliefen uns nämlich einige Fehler, die bei Benutzung der üblichen seitlichen und frontalen Ansicht nicht besonders aufgefallen sind.

Legen wir jedoch einmal das Bild einer Fußsohle neben unser Modell, werden die Unterschiede deutlich (siehe Abbildung 7.37).

Der Fuß ist am Ballen viel zu breit geraten. Wir korrigieren dies durch eine zusätzlich hinzugefügte Unterteilung oberhalb der Fußsohle und durch Verkleinerung der vorderen Hälfte des Fußes.

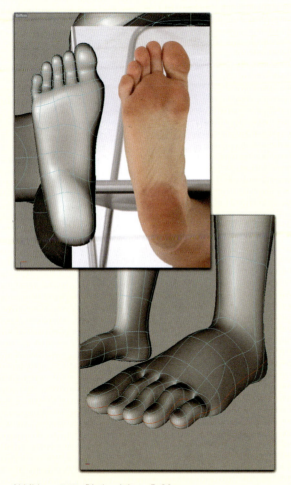

Abbildung 7.38: Die korrigierte Fußform

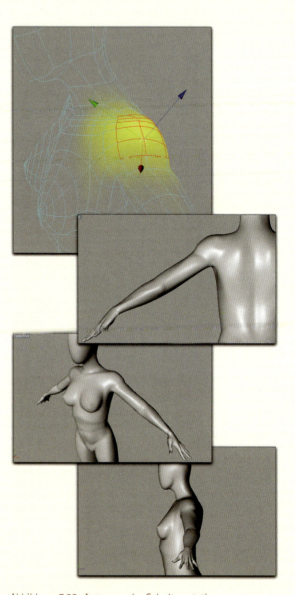

Abbildung 7.39: Anpassen der Schulterrotation

Abbildung 7.38 zeigt das korrigierte Fußmodell und in der unteren Hälfte den erwähnten zusätzlichen Schnitt nahe der Fußsohle rot markiert an.

Dieser Schnitt erlaubt es uns, die Außenkanten der Zehen stärker zu definieren und die Begrenzung der Fußsohle besser herauszuarbeiten.

Abschluss der Körpermodellierung

Abschließend werfen wir noch einmal einen prüfenden Blick auf die gesamte Figur. Die fehlende Hand ergänzen wir, um Zeit zu sparen, einfach mit dem Modell aus dem ersten Workshop. Achten Sie dabei auf die passende Skalierung. Auch hier helfen wieder die Bildreferenzen.

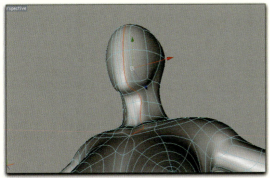

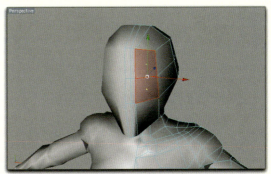

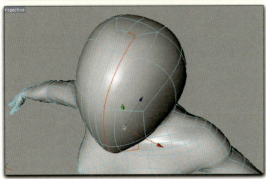

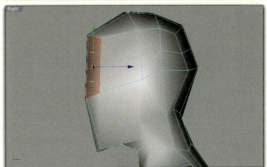

Abbildung 7.40: Unterteilungen am Kopf hinzufügen

Kleine Fehlstellungen wie in Abbildung 7.39 am Beispiel der Schulter demonstriert, lassen sich aufgrund
der geringen Polygondichte schnell korrigieren.

7.3.8 Der Kopf und das Gesicht

Die Modellierung des Gesichts haben wir uns bis
zuletzt aufgehoben. Auch hier arbeiten wir mit der
bislang eingesetzten Methode des Extrudierens und
Unterteilens. Die Bildvorlagen werden hierbei eher
als Referenz für die richtigen Proportionen genutzt,
als zum exakten Abmodellieren.

Wir beginnen damit, einen zusätzlichen Kantenzug
neben der Mittellinie des Kopfs zu platzieren. Wir
führen diese Unterteilung nicht wie sonst um die
gesamte Figur herum, da wir den restlichen Körper
möglichst nicht mehr beeinflussen wollen.

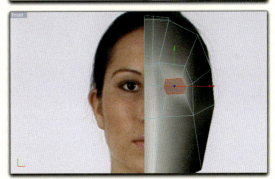

Abbildung 7.41: Das Auge vorbereiten

Stattdessen beginnen wir den Schnitt oben am Scheitel des Schädels und führen ihn am Schlüsselbein wieder zurück auf die Symmetrieebene. Abbildung 7.40
zeigt diese Schnittführung.

Das Auge

Die Basis für die Modellierung des Auges bilden die
beiden äußeren Flächen in der oberen Hälfte des
Gesichts. Diese sind in Abbildung 7.41 rot markiert
dargestellt.

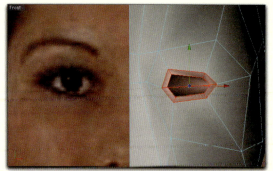

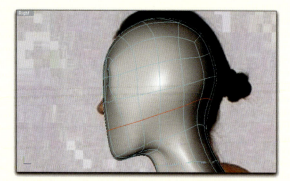

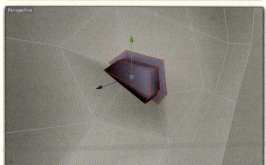

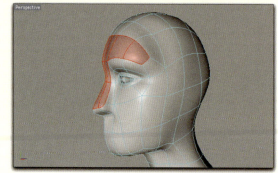

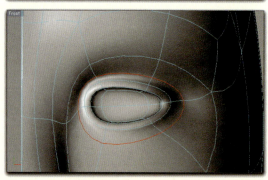

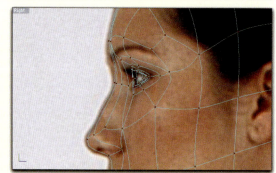

Abbildung 7.43: Augenwulst und Nasenrücken

Extrudieren und verkleinern Sie diese beiden Flächen, um die äußere Begrenzung der Augenlider darzustellen. Eine weitere, verkleinernde Extrudierung bestimmt die Dicke der Augenlider. Eine letzte Extrudierung in den Kopf hinein bildet schließlich die Augenhöhle.

Abbildung 7.42: Formung der Lider

Ergänzen Sie eine umlaufende Unterteilung um das Auge herum und nutzen Sie dann alle Flächen in diesem Bereich, um die Augenlider zu formen.

Die Bildfolge in Abbildung 7.42 auf der vergangenen Seite dokumentiert diese Arbeitsschritte.

Die Stirn und die Nase

Über den Augen wölbt sich der Schädel leicht nach vorne. Gleichzeitig geht dieser Wulst zwischen den Augen in das Nasenbein über. Es ist daher sinnvoll, diese beiden Teile in einem Arbeitsgang zu erzeugen.

Selektieren Sie dafür die Polygone über den Augen und die Flächen neben der Symmetrieachse, wo später die Nase platziert werden soll. Die mittlere Einblendung von Abbildung 7.43 gibt diese Flächenselektion farbig markiert wieder.

Extrudieren Sie diese Flächen leicht nach vorne. Die Verschiebung sollte am Nasenrücken naturgemäß stärker ausfallen als an der Stirn. Orientieren Sie sich dabei besonders an der seitlichen Bildvorlage, so wie es unten in Abbildung 7.43 zu sehen ist. Um die Nasenspitze und die Nasenlöcher kümmern wir uns dann etwas später noch.

Der Mund

Für den Mund benötigen wir zuerst eine Mittellinie. Ergänzen Sie dazu eine umlaufende Unterteilung, so wie es die oberste Einblendung von Abbildung 7.43 zeigt.

Achten Sie wie immer beim Hinzufügen von neuen Unterteilungen darauf, dass Sie alle neuen Punkte nutzen, um mehr Informationen in das Modell zu prägen. In diesem Fall betrifft dies z.B. auch die Rückseite des Schädels. Ansonsten wirkt der Hinterkopf später bei der glättenden Unterteilung zu eckig.

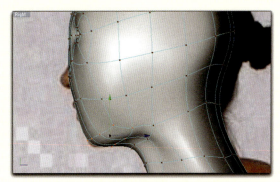

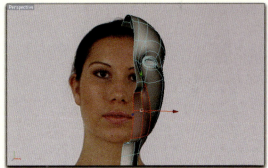

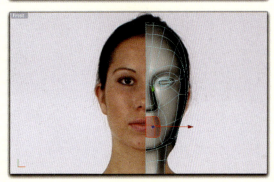

Abbildung 7.44: Den Mund extrudieren

Nutzen Sie danach die vier Flächen zwischen Nase und Kinn dazu, durch Extrudierung und nachfolgende Verkleinerung die Umrisse des Munds zu definieren.

Die neue Unterteilung erlaubt es Ihnen zudem, das vordere Kinn etwas besser als bisher an die Bildvorlage anzugleichen. Beide Arbeitsschritte sind in Abbildung 7.44 dokumentiert.

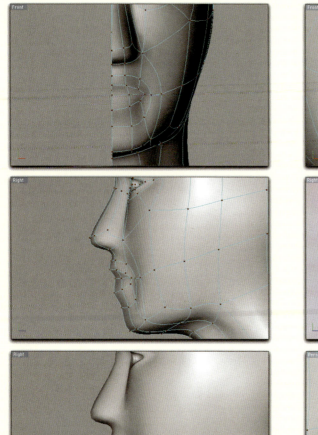
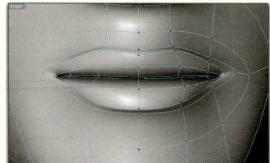

Abbildung 7.45: Die Lippen formen

Abbildung 7.46: Die Lippen definieren

Verkleinern Sie die Flächen in der Lippenregion ein weiteres Mal durch Extrudierung und nutzen Sie die neuen Punkte dazu, die äußere Begrenzung der Lippen zu definieren.

Wie Abbildung 7.45 zeigt, lassen sich dadurch bereits die Form der Lippen und des Munds sehr gut annähern.

Fügen Sie zwei weitere Extrudierungen von Flächen-Loops innerhalb der nun abgegrenzten Lippen durch und nutzen Sie diese Flächen, um die Form der Lippen herauszuarbeiten.

Abbildung 7.46 zeigt das Resultat aus verschiedenen Perspektiven. Ganz unten erkennen Sie vom Inneren des Kopfs aus betrachtet, wie sich die Lippen nach innen stülpen.

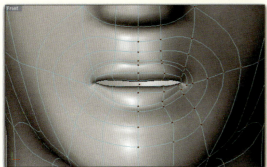

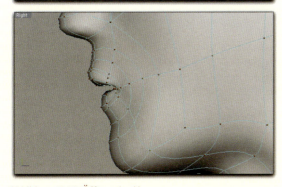

Abbildung 7.47: Öffnen der Lippen

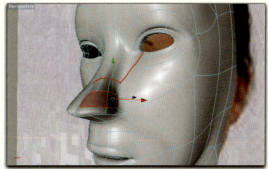

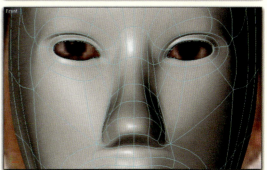

Abbildung 7.48: Ausformung der Nase

Die Nasenspitze

Um die notwendige Unterteilung der Nasenspitze räumlich besser eingrenzen zu können, legen Sie einen Schnitt vom inneren Augenwinkel über den Nasenrücken an. Abbildung 7.48 zeigt die Schnittführung durch eine rote Linie an.

Danach selektieren Sie die drei Flächen, die die Nasenspitze bilden, und extrudieren diese. Nach der Verkleinerung der resultierenden Flächen passen Sie diese durch Verschieben der Eckpunkte besser in den Verlauf der Nase ein und nutzen die neuen Flächen zur örtlich begrenzten Verbreiterung der Nasenspitze. Dies ist ebenfalls in Abbildung 7.48 zu sehen.

Löschen Sie anschließend die Punkte, an denen sich die Oberlippe und die Unterlippe im Mundraum treffen. Die Lippen trennen sich dadurch voneinander, was es Ihnen später ermöglicht, diverse Mundstellungen – auch solche mit geöffneten Lippen – zu formen.

Führen Sie den nun offenen Rand beider Lippen durch Extrudierung wieder etwas tiefer in den Mundraum hinein, um das komplette Profil der Lippen zu modellieren. Das Ergebnis ist in Abbildung 7.47 zu sehen.

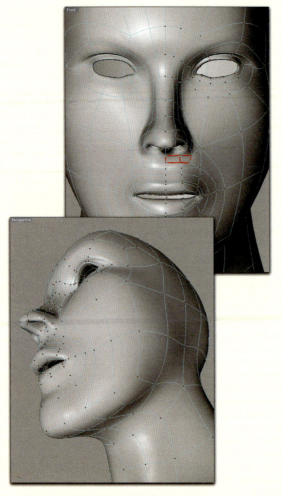

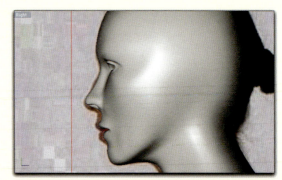

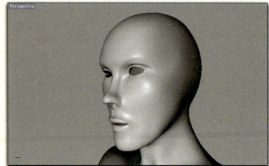

Abbildung 7.50: Stand der Modellierung

Abbildung 7.49: Die Nasenlöcher formen

Extrudieren Sie die Fläche unter der Nasenspitze nach innen, um die Nasenlöcher zu formen. Ergänzen Sie anschließend eine Flächenextrudierung unterhalb der Nase, um den Übergang zur Oberlippe besser ausformen zu können.

Die entsprechenden Flächen sind in Abbildung 7.49 rot markiert dargestellt. Dort können Sie auch die nach innen und oben extrudierten Nasenlöcher erkennen.

Arbeiten an der geglätteten Form

Bis zu diesem Zeitpunkt war ich mir noch nicht ganz im Klaren darüber, welche Frisur die Figur bekommen sollte. Ich hatte mir daher bisher die Arbeit der Ohrmodellierung gespart, da längere Haare dieses Element sowieso wieder verdecken würden.

Mittlerweile entstand jedoch die Idee, die Figur als farbige Disco-Queen im Stil der siebziger Jahre umzusetzen. Dazu passt natürlich sehr gut eine kurze Afro-Frisur, die die Ohren nicht verdeckt. Wir müssen also die Ohren später noch ergänzen.

Zuvor sollten wir jedoch die vorhandene Geometrie noch einmal überprüfen und etwas markanter gestalten. Das Modell ist mit relativ wenigen Polygonen realisiert worden. Das hat den Nachteil, dass es durch die Subdivision Surfaces, also die Glättung durch Polygonunterteilung, sehr weich und rund wirkt.

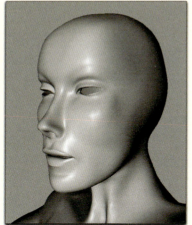

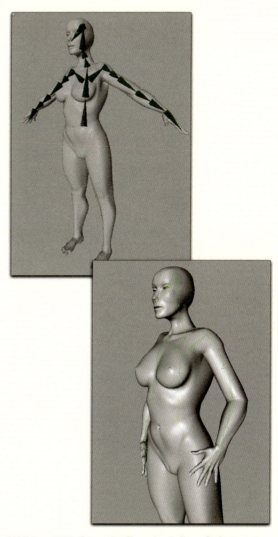

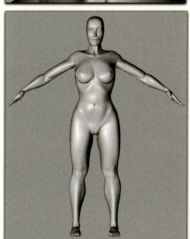

Abbildung 7.52: Posen der Figur durch Bone-Deformatoren

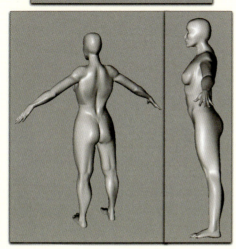

Abbildung 7.51: Das fertige Modell

Dies lässt sich ändern, indem wir einige der Punkte am Modell etwas extremer positionieren. Das bietet sich z.B. am Kinn, an den Wangenknochen oder an der Wölbung über dem Auge an. Am besten führen Sie das direkt am geglätteten Objekt durch, da Sie dort den Effekt sofort sehen können. Die Figur bekommt dadurch einen eigenen Charakter. Lösen Sie sich hierbei ruhig von den Bildvorlagen und arbeiten Sie nach Ihren eigenen Vorstellungen.

Natürlich sollten dabei die Proportionen erhalten bleiben, aber ansonsten haben Sie freie Hand bei der Gestaltung. Sie werden sehen, wie Sie mit relativ wenig Aufwand sehr verschiedene Gesichtsausdrücke und verschiedene Charaktertypen erzeugen können – ein Vorteil der geringen Polygondichte. Das Modell eignet sich somit auch sehr gut für die weitere Detaillierung z.B. in ZBrush.

Wir belassen es hier jedoch bei der weiteren Verfeinerung der Form. Ein mögliches Ergebnis ist in der Bildfolge auf der vergangenen Seite zu sehen. Dabei wurden nur vorhandene Punkte etwas verschoben und keine neuen hinzugefügt.

7.3.9   Anlegen der Pose

Da nun die gröbsten Arbeiten an der Figur abgeschlossen sind, sollten wir uns Gedanken über die Pose der Figur und die Szene machen. Um zu einem möglichst schnellen Ergebnis zu kommen, sollte die Figur mit Bones ausgestattet werden. Wir hatten diese Deformatoren bereits bei der Verformung der Hand im ersten Workshop eingesetzt.

Im Prinzip könnte ein komplettes Skelett in die Figur gelegt werden, um größtmögliche Kontrolle über die Pose und eine eventuell folgende Animation der Figur zu erzielen. In unserem Fall reicht jedoch das Verbonen des Oberkörpers aus, um Arme und Kopf in eine beliebige Stellung bringen zu können.

In Abbildung 7.52 erkennen Sie die Bone-Objekte als kurze grüne Blöcke. Dabei ist es oft sinnvoll, Körperteile mit mehreren Bones darzustellen. So habe ich z.B. die Ober- und Unterarme der Figur jeweils mit zwei Bone-Objekten unterteilt. Dies gibt uns eine bessere Kontrolle über die Längsrotation dieser Abschnitte.

In der unteren Einblendung der Abbildung erkennen Sie dann schließlich die Pose der Figur, die durch Rotation des Bone erzeugt wurde.

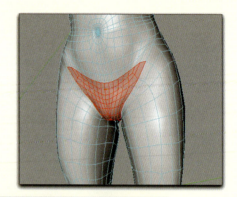

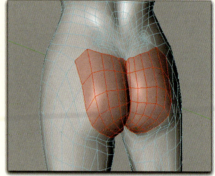

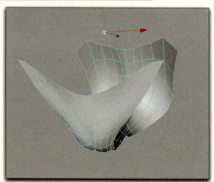

Abbildung 7.53: Vorlage für die Modellierung der Hose

7.3.10   Die Bekleidung der Figur

So schön der Körper auch sein mag, ganz nackt sollten wir unsere Schönheit doch sicher nicht präsentieren. Um dennoch nicht zu viel von den mühsam modellierten Rundungen zu verbergen, entscheide ich mich für eng anliegende Kleidungsstücke.

Diese haben zudem den Vorteil, dass sie sich recht einfach aus Kopien der vorhandenen Oberfläche modellieren lassen.

Ich habe dabei an einen Fantasie-Bikini gedacht, der vom Stil her zu der Figur passen könnte.

Beginnen wir damit, diejenigen Flächen am Unterbauch, zwischen den Beinen und am Gesäß zu selektieren, die später von dem Bikini verdeckt werden sollen. Um mehr Kontrolle über diese Flächen zu erhalten, habe ich dazu eine etwas höher unterteilte Kopie der Figur benutzt und dort die Selektion der Flächen vorgenommen. Sie erkennen diese selektierten Flächen rot markiert in Abbildung 7.53.

Löschen Sie anschließend alle nicht selektierten Flächen – dies betrifft natürlich nur die höher unterteilte Kopie der Figur –, um die Grundform für die Bikini-Hose zu erhalten. Diese Form ist ganz unten in Abbildung 7.53 zu sehen.

Um die Hose auch an den Hüften zu halten, benötigen wir nun noch ein Element, das die Vorder- und die Rückseite seitlich verbindet.

Damit diese Flächen ebenfalls eng an der Haut anliegen, können wir hier nicht frei arbeiten, sondern müssen uns an der Form des Körpers orientieren. Leider laufen die vorhandenen Polygone des Körpers im Bereich des Beinansatzes schräg und nicht horizontal. Wir müssen daher improvisieren.

Erzeugen Sie als Hilfsobjekt eine Spline-Kurve, die Sie auf der Höhe des Beckenknochens ringförmig um die Figur legen. Je nach Möglichkeit Ihrer 3D-Software projizieren Sie dann diesen Spline auf die Oberfläche der Figur oder passen dessen Form manuell durch Verschieben seiner Punkte möglichst exakt an die Figur an.

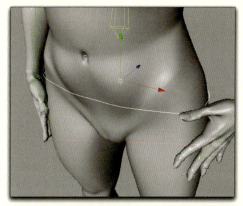

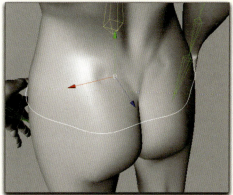

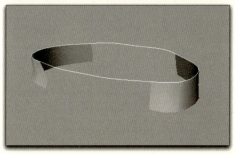

Abbildung 7.54: Vervollständigen der Hose

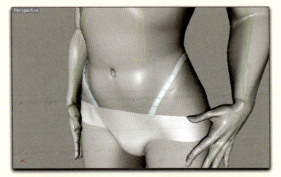

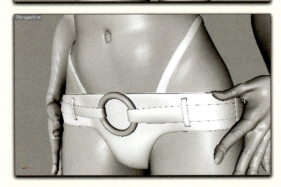

Abbildung 7.55: Die fertige Hose

Extrudieren Sie diesen Spline dann so, dass ein Polygonstreifen der gewünschten Breite entsteht. Verbinden Sie diesen Polygonstreifen mit den bereits vorhandenen Flächen für die Hose, um diese zu komplettieren. Das Resultat ist in Abbildung 7.54 zu sehen.

Auf die gleiche Weise ergänze ich noch zwei Riemchen für einen angedeuteten Slip unter der Hose (siehe Abbildung 7.55).

Ergänzen Sie weitere Designelemente nach Ihren eigenen Vorstellungen.

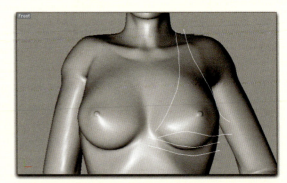

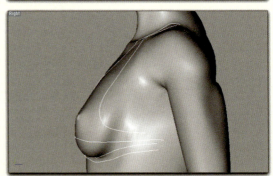

Abbildung 7.56: Projizierte Begrenzungen für das Oberteil

Denken Sie in jedem Fall daran, allen Elementen auch eine Dicke zu geben, damit die Kleidungsstücke realistisch wirken. Sie sollten zudem die Flächen der Hose so vereinfachen, dass intime Details der Figur, wie z.B. die Gesäßfalte, nicht mehr sichtbar sind. Ganz so eng sollte die Kleidung dann sicherlich doch nicht anliegen.

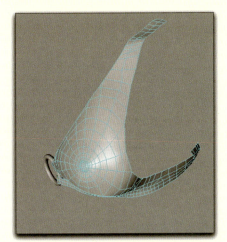

Das Oberteil

Die Begrenzungen der Form des Oberteils lege ich als projizierte Splines an, so, wie es Abbildung 7.56 zeigt. Danach trenne ich die darin eingeschlossenen Flächen als Kopie aus der Figur und passe die Ränder dieser Flächen über eine Snapping-Funktion an die Splines an (siehe Abbildung 7.57).

Abbildung 7.57: Das Oberteil

Abbildung 7.58: Die komplette Bekleidung

Vergessen Sie auch hierbei nicht, allen Teilen eine Dicke zu geben und bei Bedarf zusätzliche Designelemente hinzuzufügen. Ich habe hier z.B. das ringförmige Schließelement der Hose auch wieder vorne am Oberteil eingesetzt (siehe Abbildung 7.58).

7.3.11 Wimpern und Zähne

Nicht immer muss auf Haarsimulationen zurückgegriffen werden. Da die Figur nicht in einer Nahaufnahme gezeigt wird, reichen einige wenige Flächen aus, auf die eine gezeichnete Wimperntextur gelegt wird.

Die Zähne, die sowieso nur als schmaler Streifen zwischen den Lippen sichtbar sind, stelle ich durch einen Zylinder im Mundraum dar (siehe Abbildung 7.59).

Die Augenbrauen lege ich ähnlich einfach an. Ich verwende dafür gebogene und abgerundete Würfel, die ich an die Oberfläche der Figur anpasse. Ein Material mit dunkler Färbung reicht hier völlig aus. Einzelne Haare müssen nicht erkennbar sein.

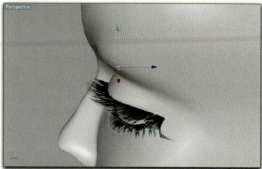
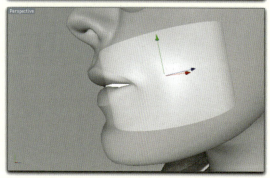

Abbildung 7.59: Wimpern und Zähne

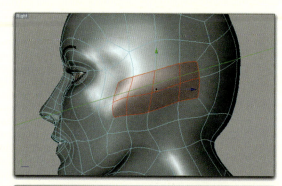
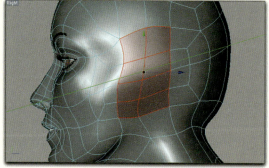

Abbildung 7.60: Neue Flächen für das Ohr

7.3.12 Das Ohr

Wie bereits beschrieben, bietet sich für den Typ dieser Figur eine Kurzhaarfrisur an. Das macht es nun doch notwendig, die Ohren sichtbar zu modellieren. Wir brauchen uns damit aber nicht lange zu beschäftigen. Die Grundform des Ohrs lässt sich mit einigen wenigen Handgriffen darstellen.

Wir benötigen dafür jedoch ein paar Unterteilungen mehr an der Seite des Schädels. Fügen Sie diese neuen Flächen durch Extrudierung der acht Polygone hinzu, wie es die obere Einblendung in der Abbildung oben zeigt.

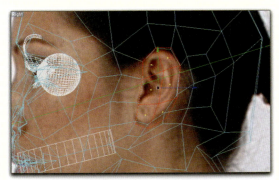

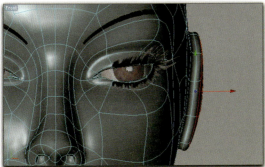

Abbildung 7.61: Das Ohr extrudieren

Selektieren Sie die acht Flächen, die unten in Abbildung 7.60 rot markiert sind, und verschieben Sie deren Eckpunkte so, dass die äußere Umrandung des Ohrs auf der Bildreferenz begrenzt wird.

Ein mögliches Resultat ist in Abbildung 7.61 zu sehen. Verschieben Sie die weiterhin selektierten Flächen dann durch eine erneute Extrudierung nach außen, vom Kopf weg, um die Dicke des äußeren Ohrs und dessen Abstand vom Schädel darzustellen. Dies ist ebenfalls in Abbildung 7.61 zu sehen.

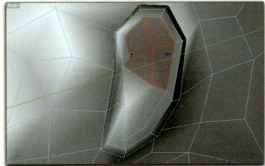

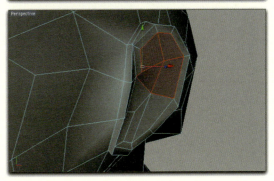

Abbildung 7.62: Formen der Ohrmuschel

Rotieren Sie die Flächen des Ohrmodells so, dass das Ohr hinten weiter vom Schädel absteht als vorne. Nutzen Sie die selektierten Flächen abermals für eine

Extrudierung und eine anschließende Verkleinerung, um diesmal die Dicke des Ohrrands zu modellieren.

Innerhalb der Ohrmuschel liegende Punkte werden zum Schädel hin verschoben, um die eigentliche Ohrmuschel anzudeuten.

Selektieren Sie anschließend die Flächen im oberen Bereich der Ohrmuschel, so wie es Abbildung 7.62 zeigt.

Nutzen Sie diese Flächen erneut für eine verkleinernde Extrudierung, um mehr Punkte im Inneren des Ohrs zur Verfügung zu haben. Es sind zwar noch immer nur wenige Kanten und Punkte am Ohr vorhanden, diese sollten jedoch bereits ausreichen, um die markantesten Merkmale des Ohrs, wie z.B. das Ohrläppchen, die Tiefe der Ohrmuschel oder den Rand des Ohrs herauszuarbeiten. Falls die Flächen dafür nicht ausreichen, fügen Sie einfach weitere Extrudierungen hinzu.

Letztlich extrudieren Sie die über dem Gehörgang liegende Fläche in den Schädel hinein, so wie es in Abbildung 7.63 zu sehen ist. Damit ist das Ohr für unsere Zwecke bereits ausreichend detailgetreu modelliert.

7.3.13 Fertigstellen der Figur

Somit ist unsere Arbeit an der Figur fast abgeschlossen. Wie Sie die Haare erzeugen, ist Ihnen freigestellt. Wenn Sie über ein Haarmodul in Ihrer Software verfügen, erzeugen Sie auf dem Schädel sehr kurze Haare, die mit einem schwarzen Material belegt werden.

Abbildung 7.63: Das fertige Ohr

Abbildung 7.64: Die fertige Figur

Sollten Sie diese Möglichkeit nicht haben, können Sie die Haare z.B. auch einfach als kleine dunkle Punkte direkt auf den Schädel malen bzw. über einen Shader als Material zuweisen. Die Haare sind so kurz, dass der Unterschied kaum auffallen wird.

Abbildung 7.65: Detailansichten der Figur

Weitere Details lassen sich nun nach Belieben ergänzen. So zeigt die Abbildung 7.65, dass ich noch einen zu den üblichen Designelementen an der Kleidung passenden Ohrschmuck samt Armreifen hinzugefügt habe.

Die Augen der Figur sind aus unserem ersten Arbeitsbeispiel übernommen und nur bezüglich der Farbe der Pupille angepasst. Ich habe mich hier für einen sehr dunklen Braunton entschieden.

Zudem versuche ich, die Symmetrie der Figur durch kleine Details wie den unter den Slip geschobenen Daumen und die leichte Schrägstellung des Kopfs aufzubrechen.

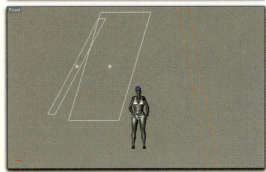

Abbildung 7.66: Beleuchtung der Figur

7.3.14 Die Ausleuchtung der Figur

Bei der Beleuchtung entscheide ich mich für relativ starke Flächenlichter, also Lichtquellen, die Licht über eine bestimmte Fläche verteilt abgeben. Diese Lichter haben den Vorteil einer natürlicheren Beleuchtung und machen sich zudem oftmals besser auf reflektierenden Oberflächen.

Ich habe nämlich die Bekleidung mit einem stark glänzenden weißen Lackmaterial bedeckt, um den reizvollen Kontrast zu der dunklen Hautfarbe zu nutzen.

Die Platzierung der Lichtquellen entnehmen Sie Abbildung 7.66. Zwei weiße Lichtquellen zur Linken der Figur sorgen für die Grundausleuchtung und eine starke Glanzwirkung auf der Haut und der Kleidung.

Ein weiteres Flächenlicht, diesmal jedoch mit rötlicher Einfärbung, befindet sich rechts von der Figur und hellt die Schatten der ersten Lichtquellen auf. Zudem unterstützt die Färbung dieser Lichtquelle die Schattierung der Figuroberfläche, für die ich nur ein dunkelrotes Material mit starkem Glanzverhalten vorsehe.

Für das Glanzlicht auf den Augen setze ich eine separate Punktlichtquelle, die aber keine Auswirkung auf die Beleuchtung der Objekte hat, sondern nur bezüglich des Glanzpunkts ausgewertet wird.

Abgerundet wird die Szene durch einige flache Zylinder aus farbigem Glas, die im Hintergrund der Figur als Hommage an die Disco-Zeit der siebziger Jahre platziert werden.

Sie finden das fertige Bild auf der folgenden Seite.

Glossar

Bump: als Graustufenbild kodierte Höheninformation der Oberfläche. Wird zur Beeinflussung der Oberflächenschattierung eingesetzt.

Displacement: Hierbei werden die Eckpunkte der Polygone verschoben, um die Oberfläche zu verformen. Dieser Effekt wird über ein Graustufenbild gesteuert. Auf diese Weise können Details einfach aufgemalt werden, was sehr viel einfacher zu handhaben ist, als wenn diese tatsächlich modelliert werden müssten.

Echtzeit: In Verbindung mit der Bearbeitung von 3D-Objekten spricht man von Echtzeit, wenn die Ergebnisse einer Manipulation nahezu augenblicklich erfolgen. Man muss also nicht auf die Berechnung einer Aktion wie z.B. der Verformung der Oberfläche warten, sondern kann das Ergebnis sofort begutachten.

Extrudieren: Bei diesem Arbeitsschritt werden einzelne Flächen oder größere, zusammenhängende Abschnitte der Oberfläche verdoppelt und verschoben. So können sehr schnell Vertiefungen oder Ausstülpungen erzeugt werden.

Fresnel: Unter diesem Begriff versteht man die Auswertung der Oberflächenneigung in Relation zum Blickwinkel. Flächen, die frontal zur Kamera stehen, können dann anders berechnet werden als diejenigen, die flacher zur Kamera liegen und somit vom Blick nur gestreift werden.
Dieser Effekt wird plastisch nachvollziehbar, wenn Sie sich vor eine Glasscheibe stellen und gerade hindurchsehen. Die Scheibe selbst wird dabei im Idealfall unsichtbar und wir können uns ganz auf die Objekte hinter dem Glas konzentrieren.
Blicken wir dann aber einmal parallel zur Glasscheibe oder in einem flacheren Winkel, wirkt das Glas plötzlich wie ein Spiegel und wir können kaum noch etwas von den Objekten hinter dem Glas erkennen.
Diesen Effekt kann man nun in 3D-Programmen für viele Zwecke einsetzen. Einerseits kann darüber das Verhältnis zwischen Transparenz und Spiegelung geregelt werden, so wie oben im Beispiel der Glasscheibe beschrieben. Zusätzlich kann aber z.B. auch die Helligkeit eines Objekts damit so gesteuert werden, dass die Umrisse des Modells heller als die frontal betrachteten Flächen wirken. Dies gaukelt dem Auge vor, dass die Oberfläche von feinen Strukturen wie z.B. von Fusseln oder Härchen bedeckt ist, die zusätzliches Licht einfangen.
Der Effekt ist daher auch sinnvoll bei verschiedenen Stoffen, wie z.B. Samt oder Wolle.

GI: Dies ist eine Weiterentwicklung von Radiosity, bei der Licht nicht nur von Lichtquellen, sondern auch von Objekten ausgehen kann.
Über aufgebrachte Materialien kann so z.B. sehr einfach das vom Himmel auf eine Landschaft geworfene Licht simuliert werden, indem man ein Himmelspanorama auf einer Halbkugel als Lichtquelle benutzt. Oftmals wird GI auch zusammen mit den bereits erwähnten HDR-Bildern verwendet, die eine noch natürlichere Farb- und Helligkeitswiedergabe ermöglichen.

Guides: Darunter versteht man Splines oder Kurven, die in der Regel über spezielle Werkzeuge beliebig geformt werden können. Oftmals lassen sich auch größere Gruppen dieser Guides über Kamm- oder Bürste-Werkzeuge in einer bestimmten Richtung kämmen. In der Regel kann auch eine Kollisionserkennung zwischen Guides und der 3D-Geometrie aktiviert werden. Dies verhindert dann, dass die Guides beim Bearbeiten in das Objekt eindringen. Die Haare sollen später schließlich nicht in die Haut eindringen.

HDR-Bilder: HDR ist die Abkürzung für High Dynamic Range und steht für Bilder mit einem sehr hohen Dichteumfang. In der Regel haben solche Bilder 16 bis 32 Bit an Farbinformationen pro Kanal, im Vergleich zu den ansonsten üblichen 8 Bit. Per Definition können noch sehr viel höhere Bittiefen in solchen Bildformaten gespeichert werden, aber der dadurch stark ansteigende Speicherbedarf steht nicht mehr in Relation zum erzielten Mehrwert. Bilder mit diesem Mehr an Farbinformation können in 3D-Programmen z.B. für die Beleuchtung von Objekten oder die Simulation von Spiegelungen eingesetzt werden, um sehr exakte Umgebungssimulationen zu erzielen. HDR-Bilder können z.B. durch Überlagerung von Belichtungsserien eines Motivs selbst in Photoshop erstellt werden.

Mesh: allgemeine Umschreibung für das aus Polygonen zusammengesetzte 3D-Objekt.

Morphing: Darunter versteht man allgemein das Verformen eines Objekts von einem Ausgangs- in einen Zielzustand. In der Praxis wird dies oft so gehandhabt, dass ausgehend von einem Modell mit neutraler Mimik mehrere Kopien erzeugt werden, die dann individuell andere Gesichtszüge modelliert bekommen. So werden häufig verschiedene Lippenstellungen z.B. für die Aussprache verschiedener Laute oder Buchstaben erzeugt. Ebenso gängig sind verschiedene Modelle z.B. für das Rümpfen der Nase, Lächeln oder Stirnrunzeln. Damit das Morphing funktionieren kann, müssen alle Objekte mit den Zielzuständen aus dem gleichen Ausgangsobjekt hervorgegangen sein. Es dürfen weder Punkte gelöscht noch neue hinzumodelliert werden. Daher ist es wichtig, auch beim Modellieren einer entspannten Pose bereits die notwendigen Unterteilungen z.B. für Falten mit einzubauen.
Bei der Animation können die verschiedenen Gesichter dann prozentual zu einem neuen zusammengemischt werden. Es reicht daher oft eine relativ geringe Anzahl gut ausgewählter mimischer Posen bereits aus, um eine Vielzahl an typischen Gesichtsausdrücken reproduzieren zu können.

Normaltextur: Die Ausrichtung der Oberfläche kann als Farbbild kodiert werden. Auf diese Weise lassen sich feine Details eines stark unterteilten Objekts auf ein Objekt mit nur wenigen Flächen realistisch übertragen. Diese Technik wird vor allem bei Computerspielen angewendet.

Orthogonal: Dies bedeutet, dass Objekte ohne optische Verzerrung betrachtet werden. Am Objekt parallele Linien werden dann tatsächlich auch parallel angezeigt und die ansonsten gewohnte perspektivische Verzerrung auf einen Fluchtpunkt hin entfällt.
Orthogonale Ansichten werden massiv in 3D-Programmen eingesetzt, um Objekte verzerrungsfrei modellieren und platzieren zu können.

Passes: Darunter versteht man die Aufsplittung eines Bilds in eine Auswahl an Bestandteilen, wie z.B. die Glanzlichter oder auch den Tiefenkanal. Auf diese Weise können Nachbearbeitungen beispielsweise bei der Tiefenunschärfe oder bei den Farbwerten vorgenommen werden, ohne nach jeder Veränderung eines Werts das Bild in dem 3D-Programm neu berechnen zu müssen.

Polygone: Dieser Begriff beschreibt allgemein die kleinsten Einheiten, aus denen eine Oberfläche in 3D-Programmen aufgebaut wird. Praktisch sind dies Dreiecke und Vierecke. Es gibt aber auch so genannte N-Gone, die über beliebig viele Eckpunkte verfügen können.
Allen Polygonarten gemein ist die Bedingung, dass alle Eckpunkte in einer Ebene liegen müssen. Es kann ansonsten zu unschönen Helligkeitsveränderungen bei der Berechnung dieser Oberflächen kommen. Da alle Polygone also kleine Ebenen darstellen, müssen gekrümmte Oberflächen aus einer Vielzahl von Polygonen zusammengesetzt werden. Die Modellierung organischer Formen erfordert daher besondere Planung, um mit möglichst wenigen Polygonen auskommen zu können.

Radiosity: Dies ist eine Rechenmethode für 3D-Szenen, wobei das Licht beliebig oft von Flächen abprallen und wieder auf andere Objekte treffen kann. Das Licht wird dadurch in die Szene gestreut und simuliert so das natürliche Verhalten von Licht. Derart berechnete Szenen wirken oft sehr realistisch, benötigen jedoch je nach Einstellung auch sehr viel länger für die Berechnung. Diese Technik kommt daher meist nur bei der Berechnung von Standbildern und weniger bei Animationen zum Einsatz.

Raytracer: Dies ist die wohl am häufigsten benutzte Berechnungsmethode, bei der ausgehend von der Position des virtuellen Betrachters Strahlen ausgesendet werden. Trifft einer dieser Strahlen auf eines der Objekte in der Szene, kann der Raytracer an diesem Punkt die Helligkeit berechnen und mit den vergebenen Oberflächeneigenschaften verrechnen.
Bei transparenten oder spiegelnden Objekten werden von diesem Auftreffpunkt aus weitere Strahlen losgeschickt, um z.B. hinter dem transparenten Objekt liegende Objekte auf die gleiche Weise abzutasten. Im Vergleich zu physikalisch noch exakteren Methoden, die z.B. diffuse Lichtstreuung und Reflexion mit einbeziehen können, bietet der Raytracer eine gute Alternative, da damit recht schnell hochwertige Bilder berechnet werden können. Die Nachteile der nicht ganz exakten Lichtsimulation lassen sich oft mit etwas Erfahrung durch Setzen zusätzlicher Lichtquellen ausgleichen.

Refraktion: Abweichung der ursprünglichen Lichtrichtung in transparenten Materialien. Man spricht auch von der Brechung des Lichts. Die Stärke dieses Effekts kann numerisch über den Brechungsindex angegeben werden. So hat z.B. Luft bei Raumtemperatur einen Wert von 1.0, flüssiges Wasser ca. 1.33 und Glas ungefähr einen Brechungsindex von 1.6.

Shader: Dies sind Muster oder Oberflächeneigenschaften, die praktisch in der 3D-Software schon eingebaut sind. Es sind also oftmals keine Bilder nötig, um Oberflächen zu gestalten. Der Vorteil an Shadern ist das im Vergleich zu Bildern geringere Speicheraufkommen und die weitestgehende Unabhängigkeit von Auflösungen. Eine mit Shadern belegte Oberfläche zeigt daher auch in extremen Nahaufnahmen oder Vergrößerungen keine Aufpixelung, wie man es sonst bei der Skalierung von Pixelbildern gewohnt ist. Es gibt zahllose Shader, die z.B. automatisch Metalle, Holz oder Stoff darstellen.

Spline: Dies sind Kurven oder Pfade. Es gibt diverse Interpolationsarten für Spline-Kurven. Diese legen fest, wie sich die Kurve zwischen den gesetzten Punkten verhält. Die einfachste Spline-Art ist ein linearer Spline. Dort werden die vorgegebenen Punkte durch Geraden untereinander verbunden.
Andere Spline-Typen benutzen z.B. Tangenten, um die Kurve auch zwischen den gesetzten Punkten individuell steuern zu können. Ähnliche Funktionen stehen ebenfalls in 2D-Programmen zur Verfügung, um z.B. Zeichen- oder Freistellungspfade zu definieren.
Splines lassen sich für diverse Funktionen nutzen. Sie können z.B. die Form von Objekten definieren, Bewegungspfade vorgeben oder das zeitliche Verhalten von Parametern während der Animation steuern.

SSS-Effekt: Unter dem Begriff SSS verbirgt sich die Abkürzung für Sub Surface Scattering, also die Streuung von Licht unter der Oberfläche eines Objekts. Simuliert man diese Streuung, so lassen sich zahlreiche Materialien, wie z. B. Kunststoffe, aber auch Marmor und Haut noch realistischer berechnen.

T-Stance: Eine Pose, bei der die Arme seitlich parallel zum Boden gehalten werden. Die Beine sind gestreckt und die Füße stehen eng zusammen.

Texturierung: Dieser Begriff bezeichnet das Belegen der Oberfläche eines 3D-Objekts mit Eigenschaften. Diese Eigenschaften bestimmen also das spätere Aussehen des Objekts und beeinflussen z.B. das Glanzverhalten, die Oberflächenrauhigkeit, die Transparenz, die Spiegelung oder natürlich die Färbung.

UV-Koordinaten: Jedem Polygon kann ein bestimmter Abschnitt eines Bilds oder eines Materials zugewiesen werden. Dies stellt sicher, dass bei der Bewegung der Figur das Material nicht auf der Haut „verrutscht". Dafür ist es jedoch notwendig, jedem Polygon seine exakte Position auf dem Material zuzuordnen. Diese Information wird in den UV-Koordinaten gesichert. Dieses Prinzip funktioniert dann am besten, wenn jedes Polygon des Objekts seinen eigenen Materialabschnitt hat. Es sollten also keine Überlappungen zwischen diesen Abschnitten bestehen.

Wichten: Hierunter versteht man das Binden der Polygon-Eckpunkte der Oberfläche an eine Deformation. Dabei kann prozentual für jeden Punkt festgelegt werden, wie stark er sich von einer Deformation beeinflussen lässt. Durch abgestufte Wichtungsverläufe können weiche Deformationen über eine gewisse Wegstrecke erzielt werden, die sehr natürlich wirken und nicht abrupt, wie bei einem mechanischen Gelenk.

Wireframe: Eine Darstellungsart von 3D-Objekten, bei denen die Polygonflächen selbst unsichtbar bleiben. Es werden nur die Kanten der Polygone eingeblendet. Man erkennt dadurch z.B., wie ein Objekt an der gegenüberliegenden Seite strukturiert ist, da man durch die fehlenden Polygone auch auf ansonsten verdeckte Flächen blicken kann.

Weblinks

Co-Autoren

Andrea Bertaccini: *www.tredistudio.com*
Sze Jones – Blur Studio: *www.blur.com*
Daniel Moreno: *www.guanny.com*
K. C. Lee: *www.gumfx.com*
Liam Kemp: *www.this-wonderful-life.com*
Marco Patrito: *www.sinkha.com*
Steven Stahlberg: *www.androidblues.com*

Internetseiten mit Bildreferenzen

www.3d.sk
www.female-anatomy-for-artists.com
www.human-anatomy-for-artists.com
www.fineart.sk

Interessante Abhandlungen über das »schöne« Gesicht

*www.uni-regensburg.de/Fakultaeten/phil_Fak_II/
Psychologie/Psy_II/beautycheck/index.htm*
www.beautyanalysis.com

Eine Auswahl von 3D-Programmen, die sich für die Arbeit an Figuren eignen

Autodesk Maya: *www.alias-systems.de*
Autodesk 3ds Max: *www.autodesk.de*
Softimage XSI: *www.softimage.com*
MAXON Cinema 4D: *www.maxon.net*
NewTek LightWave 3D: *www.newtek.com*
Modo: *www.luxology.com*
Hash Animation Master: *www.hash.com*
Silo: *www.nevercenter.com*
Pixologic ZBrush: *www.zbrush.de*

Speziallösungen zum Posen und Animieren von Figuren

Autodesk MotionBuilder: *www.alias-systems.de*
Credo Interactive Live Forms: *www.charactermotion.com*
Poser: *www.e-frontier.com*

Einige Internet-Communities und Foren zum Thema 3D-Grafik

www.cgsociety.org
http://forums.creativecow.net
www.3d-worxx.com

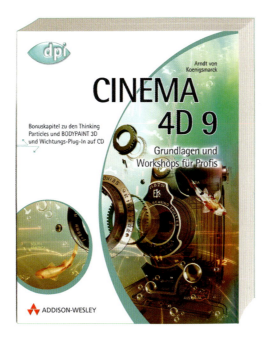

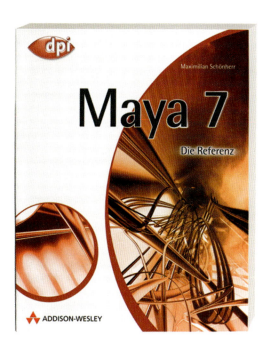